9급/7급 공무원 시험대비 **최신판** 동영상강의 www.pmg.co.kr

브랜드만족 **1위** 박문각

2024

박문각 공무원

박혜선 국어

亦功 기본서

출좋포 어휘·한자

출제자가 좋아하는 어휘·한자 포인트

특별부록 '박혜선 국어 한손 어휘책' 수록
APP '2024 박혜선 국어 공무원 최빈출 어휘·한자' 앱 제공

만점 릴레이 신화! 평균 90.88

박문각

PREFACE
이 책에 들어가기 전에

**한자를 1도 모르는 역공이들을 위해
박문각 국어 1위 亦功 국어 박혜선 선생님이 준비했습니다!
공무원 한자는 야매(꼼수)로, 심플하고, 신속하게 외워야 합니다.**

안녕하세요. 박문각에서 국어를 가르치는 박혜선입니다.
2023년에 치러진 국가직, 지방직 시험에서는 한자 출제 방식의 변화가 눈에 띄게 보였습니다.

첫째, 가장 눈에 띈 부분은 '지방직' 시험이었습니다.
국가직은 기존의 방식대로 '한자 성어 1문제, 2글자 한자 표기 1문제'가 나왔지만
'지방직'의 경우에는 2글자 한자 표기가 2문제가 나옴으로써 '2글자 한자 표기'의 중요성이 떠오르게 되었습니다.

둘째, 독해와 한자의 접목이었습니다.
두 시험 모두에 독해 유형에 '한자'가 함께 접목되어 나옴으로써 한자를 어느 정도는 알아야 잘 풀 수 있는 문제 유형이 나오게 되었습니다.

자, 그럼 한자는 어떻게 대비해야 할까요?

우선 우리가 거쳐 온 교육과정을 보면 '한자'의 중요성이 크지 않았기 때문에 대부분의 역공이들은 한자를 어떻게 공부해야 하는지조차 알지 못합니다.
"쌤, 획까지 다 외워야 해요? ㅠ 기본적인 것도 잘 모르는데 어떡하나요?
한자 성어마저 너무 어렵습니다."라고 말하곤 합니다.

이 물음에 대한 혜선 쌤의 답변은
"저만 따라오세요. 콤팩트하게, 정말 배워야 하는 적은 분량만, 야매 혜선, 꼼수 혜선의 방법으로
한자 무지렁이도 공무원 한자는 다 맞힐 수 있게끔 해드리겠습니다."

'출좋포 어휘·한자'의 전신이었던 '한자의 왕도'에서
'고유어, 속담, 관용 표현'까지 추가하고, 한자도 최고로 잘 외워질 수밖에 없는 구성으로
확실히 재구성했기 때문에 역공이들은 한자가 잘 풀리는 마법을 보게 되실 겁니다.

처음은 고단할 수 있으나, 한자를 꼭 정복할 수 있도록 혜선 쌤이 체계적인 학습 시스템으로 역공이 여러분들을 인도하겠습니다.

**亦功 기본서
출좋포 어휘·한자**

🔍 역공 국어의 관전 포인트 1
점점 콤팩트해지는 출제자들이 좋아하는 포인트 완벽 커리! 무료 적중 특강으로 만점 릴레이!

혜선 쌤 수강생의 점수가 높을 수밖에 없는 이유는 시험에 다다를수록 '콤팩트, 적중'에 집중하는 혜선 쌤의 완벽한 커리 때문입니다. 기본서부터 최근 경향을 보면 공부량을 늘리는 공부 방식은 올바른 공부 방법이 아님을 알 수 있습니다. 공부량을 줄이면서도, 적중이 될 수밖에 없는 '무료 적중 특강'과 '출좋포 어휘·한자'를 통해 학습하면 단기합격이 될 수밖에 없습니다. 시험이 점점 가까워질수록 1년의 커리를 4시간 안에 뇌에 발라주는, 그러면서도 100% 적중이 이루어지는 혜선 쌤의 커리를 기대해 주세요.

🔍 역공 국어의 관전 포인트 2
한자 성어는 최빈출 순으로, 딱 외워야 하는 340개만!

10개년 내의 모든 직렬의 기출을 분석하여 3번 이상 출제, 2번 이상 출제, 1번 이상 출제, 미출제지만 출제 가능성이 있는 모든 한자 성어를 모아보니 340개! 단기합격을 하고 싶다면 무조건 콤팩트하게 범위를 늘리지 않는 것이 포인트입니다. 그렇기 때문에 혜선 쌤은 최대한 체계적인 분석하에 그리고 최고의 구성으로, 외워질 수밖에 없는 한자 성어 340개를 나열했습니다. 이를 통해 단기합격에 들어갈 수 있는 하나의 관문을 통과하게 될 것입니다.

🔍 역공 국어의 관전 포인트 3
한자 표기, 고유어, 속담, 관용 표현은 혜선 쌤의 꼼수 방식을 따라가 보기

한자를 원래부터 잘하지 않는 이상은 2글자 한자 표기가 매우 어렵게 느껴지실 겁니다. 하지만 이런 경우에 혜선 쌤이 알려주는 방식을 익히고 훈련하시게 되면 어떤 문제가 나오더라도 대응이 가능해질 겁니다. 특히 시험에 다가올수록 혜선 쌤이 내는 2글자 표기는 꼭 눈여겨보시길 바랍니다. 적중이 될 확률이 크기 때문입니다.

🔍 역공 국어의 관전 포인트 4
망각을 방지하는 박문각 일일 모의고사, 하프 모의고사

하프 모고와 일일 모고에서는 적중이 될 수 있는 한자 표기나 한자 성어, 관용 표현을 출제하고 있습니다. 꾸준히 하는 것이 관건인 언어 과목인 만큼, 틀린 한자 성어, 한자 표기, 관용 표현 등은 반드시 오답을 하셔야 합니다. 오답한 문제들을 모았다가 주기마다 오답을 하게 되면 망각이 방지되면서 약점이 채워져 점수가 상승됩니다.

🔍 역공 국어의 관전 포인트 5
오픈 카톡, 네이버 카페 등 혜선 쌤과의 직접적인 소통

제 카페에 놀러 오면 볼 수 있으시겠지만, 저는 참 수강생들을 애정합니다. 그들을 "亦功"이들이라고 다정하게 부르며 시험에 필요한 모든 자원과 관심을 아끼지 않습니다. 현강 학생들은 물론, 인강 학생들도 '인증 게시판, 커리큘럼 및 상담, 학습 질문'까지 할 수 있습니다. 오픈 카톡방을 이용하여 학생들과 직접적인 소통을 하며 오프라인 상담을 잡기도 합니다. 여러분들이 합격까지 가길 누구보다 간절히 원하는 저는 항상 여러분들에게 열려 있습니다.
박혜선 교수의 카페와 오픈 카톡방으로 연결되는 QR 코드는 책 뒤 수강 후기 아래에 있습니다.

이 박혜선 출좋포 어휘·한자(강의명: [2단계] 출좋포 어휘·한자) 책을 통해 꼭 단기 합격을 이루시길 바랍니다.
여러분들의 단기합격을 간절하게 응원합니다.

2023년 7월 편저자

박혜선 惠旋

GUIDE
구성과 특징

① 콤팩트 亦功 한자 성어 340

- 시험에 나오는 한자 성어 예시를 빈출 순위별로 배열하여 수업을 듣고 공부해야 할 한자 성어를 바로 캐치할 수 있습니다.
- 가장 쉬운 한자를 하나 잡아서 이 한자가 중복으로 나온 한자들을 묶어서 학습함으로써 수업만 들어도 한자 성어가 외워질 수 있도록 교재를 구성하였습니다.

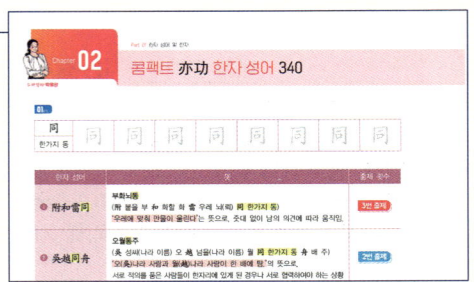

② 주제가 같은 한자 성어 모음

주제가 같고 출제 가능성이 높은 한자 성어를 빈출 순위별로 배열하여 구성 있게 암기하도록 하였습니다.

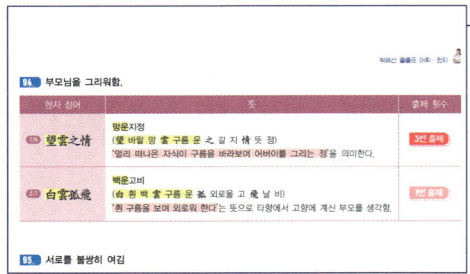

③ 亦功 기출 2글자 한자(혼동 한자)

- 기출은 특히 필수! 11개년의 기출한자를 봄으로써 어떤 한자가 나와도 풀 수 있도록 혜선 쌤이 출제 원리와 풀이 전략을 알려드립니다.
- 정말 꼼꼼한 해설을 통해 시험에 나올 수 있는 한자 표기를 점검합니다.

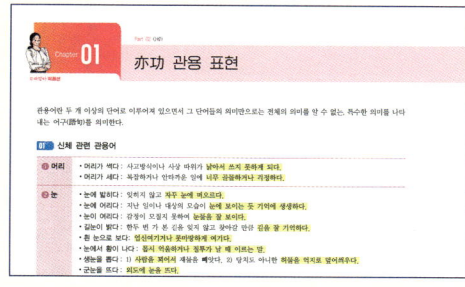

亦功 관용 표현

각 챕터 중 시험에 나올 확률이 가장 큰 관용어를 정리한 표입니다.

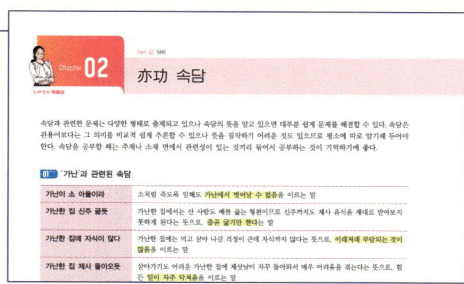

亦功 속담

각 챕터 중 시험에 나올 확률이 가장 큰 속담을 정리한 표입니다.

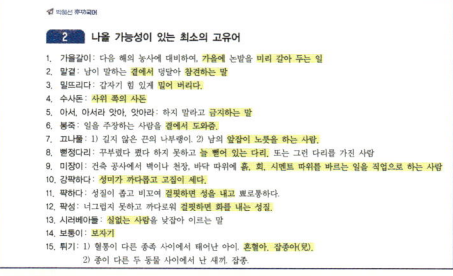

亦功 고유어

각 챕터 중 시험에 나올 확률이 가장 큰 고유어를 정리했습니다.

CONTENTS
이 책의 차례

Part 01
한자 성어 및 한자

CHAPTER 01
가장 중요한 〈한자 성어〉 기출 대표 문제 ······ 10

CHAPTER 02
콤팩트 亦功 한자 성어 340 ······ 12

CHAPTER 03
속담과 관련된 한자 성어 ······ 78

CHAPTER 04
亦功 기출 혼동 한자 표기 ······ 80

CHAPTER 05
亦功 기출 2글자 한자(혼동 한자) ······ 82

CHAPTER 06
亦功 기출 2글자 한자(기타 직렬) ······ 120

亦功 기본서
출좋포 어휘·한자

Part 02

어휘

CHAPTER 01
亦功 관용 표현 — 146

CHAPTER 02
亦功 속담 — 154

CHAPTER 03
亦功 고유어 — 167

박혜선
국 어

亦功 기본서
출좋포 어휘·한자

PART

01

한자 성어 및 한자

CHAPTER 01　가장 중요한 〈한자 성어〉 기출 대표 문제
CHAPTER 02　콤팩트 亦功 한자 성어 340
CHAPTER 03　속담과 관련된 한자 성어
CHAPTER 04　亦功 기출 혼동 한자 표기
CHAPTER 05　亦功 기출 2글자 한자(혼동 한자)
CHAPTER 06　亦功 기출 2글자 한자(기타 직렬)

Chapter 01 가장 중요한 <한자 성어> 기출 대표 문제

Part 01 한자 성어 및 한자

TYPE 1 제시문을 읽고 관련 한자 성어를 고르는 유형

01 다음 글의 빈칸에 들어갈 사자성어로 적절한 것은? 2023 국가직 9급

> 세상에는 어려운 일들이 많지만 외국 여행 다녀온 사람의 입을 막는 것도 그중 하나이다. 특히 그것이 그 사람의 첫 외국 여행이었다면, 입 막기는 포기하고 미주알고주알 늘어놓는 여행 경험을 들어 주는 편이 정신 건강에 좋다. 그 사람이 별것 아닌 사실을 ▢▢▢▢하거나 특수한 경험을 지나치게 일반화한들, 그런 수다로 큰 피해를 입는 것도 아니지 않은가?

① 刻舟求劍 ② 捲土重來 ③ 臥薪嘗膽 ④ 針小棒大

[정답풀이] 제시문에 따르면 여행을 다녀온 사람이 '별것 아닌 사실'을 과장하는 것을 들어주는 내용이 나오므로 빈칸에 들어갈 한자성어는 '침소봉대(針小棒大)'이다. '침소봉대(針小棒大 : 針 바늘 침 小 작을 소 棒 막대 봉 大 클 대)'는 작은 일을 크게 불리어 떠벌린다는 뜻이다.

[오답풀이] ① '각주구검(刻舟求劍: 刻 새길 각 舟 배 주 求 구할 구 劍 칼 검)'은 초나라 사람이 배에서 칼을 물속에 떨어뜨리고 그 위치를 뱃전에 표시하였다가 나중에 배가 움직인 것을 생각지 않고 칼을 찾았다는 데서 유래한 말로, 융통성 없이 낡은 생각을 고집하는 어리석음을 이르는 말이다.
② '권토중래(捲土重來 : 捲 거둘 권 土 흙 토 重 무거울 중 來 올 래(내))'는 땅을 말아 일으킬 것 같은 기세로 다시 온다는 뜻으로, 어떤 일에 실패한 뒤에 힘을 가다듬어 다시 그 일에 착수함을 이르는 말이다.
③ '와신상담(臥薪嘗膽 : 臥 누울 와 薪 섶 신 嘗 맛볼 상 膽 쓸개 담)'은 불편한 섶에 몸을 눕히고 쓸개를 맛본다는 뜻으로, 원수를 갚거나 마음먹은 일을 이루기 위하여 온갖 어려움과 괴로움을 참고 견딤을 비유적으로 이르는 말이다.

▶ ④

02 밑줄 친 부분에 어울리는 한자 성어로 가장 적절한 것은? 2022 지방직 9급

> 추사 김정희의 '세한도'는 글씨를 쓰다 남은 먹을 버리기 아까워 그린 듯이 갈필(渴筆)의 거친 선 몇 개로 이루어져 있다. 정말 큰 기교는 겉으로 보기에는 언제나 서툴러 보이는 법이다. 그러나 대가의 덤덤한 듯, <u>툭 던지는 한마디는 예리한 비수가 되어 독자의 의식을 헤집는다.</u>

① 巧言令色 ② 寸鐵殺人 ③ 言行一致 ④ 街談巷說

[정답풀이] 제시문에 따르면 '툭 던지는 한마디는 예리한 비수가 되어 독자의 의식을 헤집는' 것과 관련된 한자 성어는 '촌철살인(寸鐵殺人)'이다. '촌철살인(寸鐵殺人 : 寸 마디 촌 鐵 쇠 철 殺 죽일 살 人 사람 인)'이란 한 치의 쇠붙이로도 살인한다는 뜻으로, 간단한 말로도 남을 감동시키거나 남의 약점을 찌를 수 있음을 이르는 말이다.

[오답풀이] ① 교언영색(巧言令色 : 巧 공교할 교 言 말씀 언 令 하여금 령(영) 色 빛 색)
: 남의 환심을 사려고 아첨하는 교묘한 말과 보기 좋게 꾸미는 얼굴빛.
③ 언행일치(言行一致 : 言 말씀 언 行 다닐 행 一 한 일 致 이를 치) : 말과 행동이 같음. 또는 말한 대로 실행함.
④ 가담항설(街談巷說 : 街 거리 가 談 말씀 담 巷 거리 항 說 말씀 설) : 거리나 항간에 떠도는 소문.

▶ ②

TYPE 2 문맥상 판단하는 사자성어의 쓰임

03 사자성어의 쓰임이 적절하지 않은 것은? 2022 국가직 9급

① 그는 구곡간장(九曲肝腸)이 끊어지는 듯한 슬픔에 빠졌다.
② 학문의 정도를 걷지 않고 곡학아세(曲學阿世)하는 이가 있다.
③ 이유 없이 친절한 사람은 구밀복검(口蜜腹劍)일 수 있으니 조심해야 한다.
④ 신중한 태도로 문제의 본질에 접근하는 당랑거철(螳螂拒轍)의 자세가 필요하다.

[정답풀이] '당랑거철(螳螂拒轍 : 螳 사마귀 당, 螂 사마귀 랑, 拒 막을 거, 轍 바퀴 자국 철)'은 '제 분수를 모르고 강적에게 반항함'을 의미한다.
≪'장자'에 나오는 말로, 중국 제나라의 장공(莊公)이 사냥을 나가는데 사마귀가 앞발을 들고 수레바퀴를 멈추려 했다는 데서 유래함≫
하지만 ④는 신중한 태도로 문제의 본질에 접근하는 긍정적인 자세를 의미하므로 '당랑거철'은 문맥상 옳지 않다. '심사숙고(深思熟考)'로 고쳐야 자연스럽다.

[오답풀이] ① 구곡간장(九曲肝腸 : 九 아홉 구 曲 굽을 곡 肝 간장 간 腸 창자 장)이란 굽이굽이 서린 창자라는 뜻으로, 깊은 마음속이나 시름이 쌓인 마음을 의미하므로 옳다.
② 곡학아세(曲學阿世 : 曲 굽을 곡 學 배울 학 阿 언덕 아 世 인간 세)는 '바른 길에서 벗어난 학문으로 세상 사람들에게 아첨함.'을 의미하므로 옳다.
③ 구밀복검(口蜜腹劍 : 口 입 구 蜜 꿀 밀 腹 배 복 劍 칼 검)은 '입에는 꿀이 있고 배 속에는 칼이 있다는 뜻으로, 말로는 친한 체하나 속으로는 해칠 생각을 가짐을 이르는 말'이므로 옳다.

▶ ④

Part 01 한자 성어 및 한자

콤팩트 亦功 한자 성어 340

01

同 한가지 동	同	同	同	同	同	同	同

한자 성어	뜻	출제 횟수
❶ 附和雷同	부화뇌동 (附 붙을 부 和 화할 화 雷 우레 뇌(뢰) 同 한가지 동) '우레에 맞춰 만물이 울린다'는 뜻으로, 줏대 없이 남의 의견에 따라 움직임.	3번 출제
❷ 吳越同舟	오월동주 (吳 성씨(나라 이름) 오 越 넘을(나라 이름) 월 同 한가지 동 舟 배 주) '오(吳)나라 사람과 월(越)나라 사람이 한 배에 탐.'의 뜻으로, 서로 적의를 품은 사람들이 한자리에 있게 된 경우나 서로 협력하여야 하는 상황	2번 출제
❸ 異口同聲	이구동성 (異 다를 이(리) 口 입 구 同 한가지 동 聲 소리 성) '입은 다르나 목소리는 같다'는 뜻으로, 여러 사람의 말이 한결같음을 이르는 말. = 이구동음(異口同音 : 異 다를 이 口 입 구 同 한가지 동 音 소리 음)	1번 출제

02

羊
양 양

羊 羊 羊 羊 羊 羊 羊 羊

한자 성어	뜻	출제 횟수
❹ 亡羊補牢	망양보뢰 (亡 망할 망 羊 양 양 補 고칠 보 牢 우리 뢰(뇌)) '양을 잃고서 그 우리를 고친다'는 뜻으로, 1) 실패한 후에 일을 대비함. 2) 이미 어떤 일을 실패한 뒤에 뉘우쳐도 소용이 없음.	3번 출제
❺ 羊頭狗肉	양두구육 (羊 양 양 頭 머리 두 狗 개 구 肉 고기 육) '양의 대가리를 내어놓고 실은 개고기를 판다'는 뜻으로, 겉으로는 훌륭하게 내세우나 속은 변변찮음. 겉과 속이 서로 다름.	3번 출제
❻ 九折羊腸	구절양장 (九 아홉 구 折 꺾을 절 羊 양 양 腸 창자 장) '아홉 번 꼬부라진 양의 창자'라는 뜻으로, 꼬불꼬불하고 험한 산길을 일컫는 말.	미출제

03

| 交 (사귈 교) | 交 | 交 | 交 | 交 | 交 | 交 | 交 | 交 |

한자 성어	뜻	출제 횟수
❼ 刎頸之交	문경지교 (刎 목 벨 문 頸 목 경 之 갈 지 交 사귈 교) '목을 벨 수 있는 벗'이라는 뜻으로, 생사를 같이할 수 있는 아주 가까운 벗	3번 출제
❽ 膠漆之交	교칠지교 (膠 아교 교 漆 옻 칠 之 갈 지 交 사귈 교) '아교(阿膠)와 옻의 사귐'이라는 뜻으로, 아주 친밀하여 떨어질 수 없는 교분.	1번 출제
❾ 桑麻之交	상마지교 (桑 뽕나무 상 麻 삼 마 之 갈 지 交 사귈 교) '뽕나무와 삼나무를 벗 삼으며' 부귀영화를 버리고 시골 사람들과 사귀며 지냄.	1번 출제
❿ 水魚之交	수어지교 (水 물 수 魚 물고기 어 之 갈 지 交 사귈 교) '물과 물고기의 사귐'이란 뜻으로, 아주 친밀해서 떨어질 수 없는 사이. = 관포지교(管鮑之交: 管 대롱 관 鮑 절인 물고기 포 之 갈 지 交 사귈 교): '중국 춘추 시대의 관중(管仲)과 포숙아(鮑叔牙)의 사귐이 매우 친밀하였다'는 고사에서 나온 말로, 아주 친한 친구 사이의 다정한 교제를 일컬음.	1번 출제
⓫ 金蘭之交	금란지교 (金 쇠 금 蘭 난초 란(난) 之 갈 지 交 사귈 교) '단단하기가 황금과 같고 아름답기가 난초향기와 같은 사귐'이라는 뜻으로, 매우 절친한 벗의 사귐 = 금란지계(金蘭之契: 金 쇠 금 蘭 난초 란 之 갈 지 契 맺을 계)	1번 출제
⓬ 芝蘭之交	지란지교 (芝 지초 지 蘭 난초 란(난) 之 갈 지 交 사귈 교) '지초(芝草)와 난초(蘭草)의 교제'라는 뜻으로, 벗 사이의 맑고도 고귀한 사귐을 이르는 말	1번 출제
⓭ 貧賤之交	빈천지교 (貧 가난할 빈 賤 천할 천 之 갈 지 交 사귈 교) '가난하고 천할 때' 가깝게 사귄 사이.	미출제
⓮ 金石之交	금석지교 (金 쇠 금 石 돌 석 之 갈 지 交 사귈 교) '쇠나 돌처럼' 굳고 변함없는 사귐.	미출제
[유의어] ⓯ 傾蓋如舊	경개여구 (傾 기울 경 蓋 덮을 개 如 같을 여 舊 예 구) '처음 만나 잠깐 사귄 것이 마치 오랫동안 알고 지낸 사이처럼 가까움.'	미출제

04

歎(嘆) 탄식할 탄	歎(嘆)	歎(嘆)	歎(嘆)	歎(嘆)	歎(嘆)	歎(嘆)	歎(嘆)

한자 성어	뜻	출제 횟수
⑯ 髀肉之歎	**비육지탄** (髀 넓적다리 비 肉 고기 육 之 갈 지 歎 탄식할 탄) '넓적다리에 살이 붙음을 탄식(歎息)한다.'는 뜻으로, 재능을 발휘하지 못하고 허무하게 세월만 보냄을 탄식함.	3번 출제
⑰ 晩時之歎	**만시지탄** (晩 늦을 만 時 때 시 之 갈 지 歎 탄식할 탄) '시기에 늦어 기회를 놓쳤음을 안타까워하는 탄식'	3번 출제
⑱ 麥秀之歎	**맥수지탄** (麥 보리 맥 秀 빼어날 수 之 갈 지 歎 탄식할 탄) '빈터에 보리만 자란 것을 탄식함.'이라는 뜻으로, 고국의 멸망을 한탄함을 이르는 말	2번 출제
⑲ 亡羊之歎	**망양지탄** (亡 망할 망 羊 양 양 之 갈 지 歎 탄식할 탄) '갈림길이 많아 잃어버린 양을 찾지 못함을 탄식한다'는 뜻으로, 학문의 길이 여러 갈래여서 하나의 진리도 얻기 어려움을 이르는 말	1번 출제
⑳ 黍離之歎	**서리지탄** (黍 기장 서 離 떠날 리(이) 之 갈 지 歎 탄식할 탄) '빈터에 기장만이 자라 황폐해진 것을 보고 하는 탄식'이라는 뜻으로, 세상의 영고성쇠가 무상함을 탄식하며 이르는 말	미출제

05

| 孤 외로울 고 | | | | | | | | |

한자 성어	뜻	출제 횟수
㉑ 孤立無援	고립무원 (孤 외로울 고 立 설 립(입) 無 없을 무 援 도울 원) '고립되어 구원을 받을 데가 없음.'	1번 출제
㉒ 孤掌難鳴	고장난명 (孤 외로울 고 掌 손바닥 장 難 어려울 난 鳴 울 명) '외손뼉은 울릴 수 없다'는 뜻으로, 1) 혼자서는 어떤 일을 이룰 수 없다는 말 2) 상대 없이는 싸움이 일어나지 않음을 이르는 말	1번 출제

06

| 曲 굽을 곡 | | | | | | | | |

한자 성어	뜻	출제 횟수
㉓ 曲學阿世	곡학아세 (曲 굽을 곡 學 배울 학 阿 언덕 아 世 인간 세) '배움을 굽히어 세상에 아첨(阿諂)한다'는 뜻으로, 바른 길에서 벗어난 학문으로 세상 사람에게 아첨함.	2번 출제
㉔ 不問曲直	불문곡직 (不 아닐 불 問 물을 문 曲 굽을 곡 直 곧을 직) 옳고 그름을 묻지 않고 함부로 일을 처리함.	1번 출제
㉕ 반대말 *是是非非	시시비비 (是 이 시 非 아닐 비) *不問曲直(불문곡직)의 반대말 1) 여러 가지의 잘잘못 2) 옳고 그름을 따지며 다툼	2번 출제

07

生								
날 생	生	生	生	生	生	生	生	生

한자 성어	뜻	출제 횟수
26 後生可畏	후생가외 (後 뒤 후 生 날 생 可 옳을 가 畏 두려워할 외) '젊은 후학들을 두려워할 만하다'는 뜻으로, 후진들이 선배들보다 젊고 기력이 좋아, 학문을 닦음에 따라 큰 인물이 될 수 있으므로 가히 두렵다는 말	2번 출제
27 生寄死歸	생기사귀 (生 날 생 寄 부칠 기 死 죽을 사 歸 돌아갈 귀) '삶은 잠시 머무르는 것이고, 죽음은 돌아간다.'는 뜻으로, 사람이 이 세상에 사는 것은 잠시 머무는 것일 뿐이며 죽는 것은 원래 자기가 있던 본집으로 돌아가는 것임을 이르는 말	1번 출제
28 利用厚生	이용후생 (利 이로울 이(리) 用 쓸 용 厚 두터울 후 生 날 생) '기구를 편리하게 쓰고 먹을 것과 입을 것을 넉넉하게 하여,' 국민의 생활을 나아지게 함.	1번 출제
29 白面書生	백면서생 (白 흰 백 面 낯 면 書 글 서 生 날 생) 글만 읽고 세상일에는 경험이 없는 사람.	미출제
30 生者必滅	생자필멸 (生 날 생 者 놈 자 必 반드시 필 滅 꺼질 멸) [불교] 생명이 있는 것은 반드시 죽음.	미출제
31 捨生取義	사생취의 (捨 버릴 사 生 날 생 取 가질 취 義 옳을 의) '목숨을 버리고 의리(義理)를 취한다.'는 뜻으로, 목숨을 버릴지언정 옳은 일을 함.	미출제

08

離	離	離	離	離	離	離	離	離
떠날 리(이)								

한자 성어	뜻	출제 횟수
㉜ 支離滅裂	지리멸렬 (支 지탱할 지 離 떠날 리(이) 滅 꺼질 멸 裂 찢을 렬(열)) '이리저리 흩어지고 찢기어' 갈피를 잡을 수 없음.	1번 출제
㉝ 會者定離	회자정리 (會 모일 회 者 놈 자 定 정할 정 離 떠날 리(이)) '만난 자는 반드시 헤어짐.' 모든 것이 무상함을 나타내는 말.	미출제

09

手	手	手	手	手	手	手	手	手
손 수								

한자 성어	뜻	출제 횟수
㉞ 手不釋卷	수불석권 (手 손 수 不 아닐 불 釋 풀 석 卷 책 권) '손에서 책을 놓지 아니하고 늘 글을 읽음.'	1번 출제
㉟ 赤手空拳	적수공권 (赤 붉을 적 手 손 수 空 빌 공 拳 주먹 권) '맨손과 맨주먹'이라는 뜻으로, 아무것도 가진 것이 없음을 이르는 말.	미출제

10

花	花	花	花	花	花	花	花	花
꽃 화								

한자 성어	뜻	출제 횟수
36 花朝月夕	화조월석 (花 꽃 화 朝 아침 조 月 달 월 夕 저녁 석) '꽃 피는 아침과 달 밝은 밤'이라는 뜻으로, 경치가 좋은 시절을 이르는 말	1번 출제
37 錦上添花	금상첨화 (錦 비단 금 上 윗 상 添 더할 첨 花 꽃 화) '비단 위에 꽃을 더한다'는 뜻으로, 좋은 일 위에 또 좋은 일이 더하여짐.	1번 출제
38 花容月態	화용월태 (花 꽃 화 容 얼굴 용 月 달 월 態 모습 태) 아름다운 여인의 얼굴과 맵시를 이르는 말.	미출제

11

世	世	世	世	世	世	世	世	世
인간 세								

한자 성어	뜻	출제 횟수
39 蓋世之才	개세지재 (蓋 덮을 개 世 인간 세 之 갈 지 才 재주 재) 세상을 마음대로 다스릴 만한 뛰어난 재기. 또는 그러한 재기를 가진 사람	1번 출제
40 炎涼世態	염량세태 (炎 불꽃 염 涼 서늘할 량(양) 世 인간 세 態 모습 태) '불꽃처럼 뜨거웠다가 서늘해지는 세태(世態)'라는 뜻으로 세력이 있을 때는 아첨하여 따르고 세력이 없어지면 푸대접하는 세상인심	1번 출제

| 不 아닐 부(불) | 不 | 不 | 不 | 不 | 不 | 不 | 不 |

한자 성어	뜻	출제 횟수
㊶ 釣而不網	조이**불**망 (釣 낚을 조 而 말 이을 이 **不 아닐 불** 網 그물 망) '낚시질은 해도 그물질은 하지 않는다'는 뜻으로 무슨 일을 하든 바른 수단으로 가려는 어진 성품을 의미함.	2번 출제
㊷ 吾不關焉	오**불**관언 (吾 나 오 **不 아닐 불** 關 관계할 관 焉 어찌 언) '나는 그 일에 상관하지 아니함.'	2번 출제
㊸ 不偏不黨	**불**편**부**당 (**不 아닐 불** 偏 치우칠 편 **不 아닐 부** 黨 무리 당) 1) '어느 한 쪽으로 기울어짐 없이 공평(公平)함.' 2) 늘 그러한 자연의 길의 본질을 말함 = 무편무당(無偏無黨: 無 없을 무 偏 치우칠 편 黨 무리 당).	2번 출제
㊹ 欲速不達	욕속**부**달 (欲 하고자 할 욕 速 빠를 속 **不 아닐 부** 達 통달할 달) '일을 서두르면 도리어 이루지 못함.'	1번 출제
㊺ 戀戀不忘	연연**불**망 (戀 그리워할 련(연) **不 아닐 불** 忘 잊을 망) '그리워서 잊지 못함.' = 오매불망(寤寐不忘: 寤 잠 깰 오 寐 잘 매 不 아닐 불 忘 잊을 망)	1번 출제
㊻ 衆寡不敵	중과**부**적 (衆 무리 중 寡 적을 과 **不 아닐 부** 敵 대적할 적) '무리가 적으면 대적할 수 없다'는 뜻으로, 적은 사람으로는 많은 사람을 이기지 못함.	미출제

13

斷
끊을 단

斷 斷 斷 斷 斷 斷 斷 斷

한자 성어	뜻	출제 횟수
47 斷機之戒	단기지계 (斷 끊을 단 機 틀 기 之 갈 지 戒 경계할 계) 맹자가 수학(修學) 도중 집으로 돌아왔을 때 그의 어머니가 짜던 베틀의 실을 끊어 훈계하였다는 데서, 학문을 중도에서 그만둠은 짜던 베의 날을 끊는 것과 같다.	1번 출제
48 一刀兩斷	일도양단 (一 한 일 刀 칼 도 兩 두 양(량) 斷 끊을 단) 1) 칼로 무엇을 대번에 쳐서 두 도막을 냄. 2) 어떤 일을 머뭇거리지 아니하고 선뜻 결정함을 비유적으로 이르는 말	1번 출제
49 優柔不斷	우유부단 (優 넉넉할 우 柔 부드러울 유 不 아닐 부 斷 끊을 단) 어물어물하며 결단을 내리지 못함.	1번 출제

14

衣
옷 의

한자 성어	뜻	출제 횟수
50 天衣無縫	**천의무봉** (天 하늘 천 衣 옷 의 無 없을 무 縫 꿰맬 봉) '천사의 옷은 꿰맨 흔적이 없다'는 뜻으로, 일부러 꾸민 데 없이 자연스럽고 아름다우면서 완전함을 이르는 말. 완전무결해 흠이 없음을 의미하기도 함.	3번 출제
51 錦衣夜行	**금의야행** (錦 비단 금 衣 옷 의 夜 밤 야 行 다닐 행) 1) '비단옷을 입고 밤길을 다닌다'는 뜻으로, 자랑삼아 하지 않으면 생색이 나지 않음을 이르는 말 2) 아무 보람이 없는 일	1번 출제
52 解衣推食	**해의추식** (解 풀 해 衣 옷 의 推 밀 추 食 밥 식) '옷을 벗어주고 음식을 밀어 준다'는 뜻으로, 남에게 은혜를 베푸는 것을 이르는 말	1번 출제
53 斑衣之戲	**반의지희** (斑 아롱질 반 衣 옷 의 之 갈 지 戲 놀이 희) '늙은 아들이 늙은 부모를 위로하려고 색동저고리를 입고 다녔다'는 고사에서, 늙어서 효도함을 이르는 말.	1번 출제
54 布衣寒士	**포의한사** (布 베 포 衣 옷 의 寒 찰 한 士 선비 사) '베옷을 입은 가난한 선비'라는 뜻으로, 벼슬이 없는 가난한 선비를 이르는 말.	미출제

15

策
꾀 책

한자 성어	뜻	출제 횟수
55 束手無策	**속수무책** (束 묶을 속 手 손 수 無 없을 무 策 꾀 책) '손을 묶인 듯이 어찌 할 방책(方策)이 없어 꼼짝 못하게 된다'는 뜻으로, 뻔히 보면서 어찌할 바를 모르고 꼼짝 못한다.	1번 출제

	한자 성어	뜻	출제 횟수
56	糊口之策	호구지책 (糊 풀칠할 호 口 입 구 之 갈 지 策 꾀 책) '가난한 살림에서 그저 겨우 먹고살아 가는 방책.'	미출제
유의어 57	草根木皮	초근목피 (草 풀 초 根 뿌리 근 木 나무 목 皮 가죽 피) '풀뿌리와 나무껍질'이라는 뜻으로, 맛이나 영양 가치가 없는 거친 음식을 비유적으로 이르는 말	1번 출제

16

中								
가운데 중	中	中	中	中	中	中	中	中

	한자 성어	뜻	출제 횟수
58	鏡中美人	경중미인 (鏡 거울 경 中 가운데 중 美 아름다울 미 人 사람 인) '거울에 비친 미인'이란 뜻으로, 실속 없는 일	1번 출제
59	暗中摸索	암중모색 (暗 어두울 암 中 가운데 중 摸 본뜰 모 索 찾을 색) 1) '어둠 속에서 해결책을 찾아내려 함' 2) 어림으로 무엇을 알아내거나 찾아내려 함.	1번 출제
60	雪中松柏	설중송백 (雪 눈 설 中 가운데 중 松 소나무 송 柏 측백 백) '눈 속의 소나무와 잣나무'라는 뜻으로, 높고 굳은 절개를 이르는 말	1번 출제
61	閑中眞味	한중진미 (閑 한가로울 한 中 가운데 중 眞 참 진 味 맛 미) '한가한 가운데 깃드는 참다운 맛.'	미출제
62	中原逐鹿	중원축록 (中 가운데 중 原 언덕 원 逐 쫓을 축 鹿 사슴 록(녹)) '중국(= 중원)에서 벌어지는 권력을 얻으려고 다투는 일'로 넓은 들판 한가운데서 사슴을 쫓는다는 뜻으로, 군웅(群雄)이 제왕의 지위를 얻으려고 다투는 일을 이르는 말	미출제

17

| 空
빌 공 | 空 | 空 | 空 | 空 | 空 | 空 | 空 | 空 |

	한자 성어	뜻	출제 횟수
63	空理空論	공리공론 (空 빌 공 理 다스릴 리(이) 空 빌 공 論 논할 론(논)) 실천이 따르지 아니하는, '헛된 이론이나 논의'	1번 출제
64	空中樓閣	공중누각 (空 빌 공 中 가운데 중 樓 다락 루(누) 閣 집 각) '아무런 근거나 토대가 없는 사물이나 생각.' = 신기루(蜃氣樓: 蜃 큰 조개 신 氣 기운 기 樓 다락 루)	미출제
65	卓上空論	탁상공론 (卓 높을 탁 上 윗 상 空 빌 공 論 논할 론(논)) '현실성이 없는 허황한 이론이나 논의.'	미출제

18

| 反
돌이킬 반 | 反 | 反 | 反 | 反 | 反 | 反 | 反 | 反 |

	한자 성어	뜻	출제 횟수
66	反哺之孝	반포지효 (反 돌이킬 반 哺 먹을 포 之 갈 지 孝 효도 효) '까마귀 새끼가 자라서 늙은 어미에게 먹이를 물어다 주는 효(孝)'라는 뜻으로, 자식이 성장하여 어버이의 은혜를 갚는 효성을 이르는 말.	1번 출제
67 [유의어]	昏定晨省	혼정신성 (昏 어두울 혼 定 정할 정 晨 새벽 신 省 살필 성) 아침저녁으로 부모의 안부를 물어서 살핌.	3번 출제
68	賊反荷杖	적반하장 (賊 도둑 적 反 돌이킬 반 荷 멜 하 杖 지팡이 장) '도둑이 도리어 매를 든다'는 뜻으로, 잘못한 사람이 아무 잘못도 없는 사람을 나무람을 이르는 말.	1번 출제

19

口	口	口	口	口	口	口	口	口
입 구								

한자 성어	뜻	출제 횟수
(69) 如出一口	여출일구 (如 같을 여 出 날 출 一 한 일 口 입 구) 한 입에서 나오는 것처럼 여러 사람의 말이 같음을 이르는 말.	1번 출제
(70) 口尚乳臭	구상유취 (口 입 구 尚 오히려 상 乳 젖 유 臭 냄새 취) '입에서 아직 젖내가 난다'는 뜻으로, 말이나 하는 짓이 아직 어림을 일컫는 말.	1번 출제
(71) 口如懸河	구여현하 (口 입 구 如 같을 여 懸 달 현 河 물 하) '입이 급(急)히 흐르는 물과 같다.'는 뜻으로, 거침없이 말을 잘하는 것.	1번 출제

20

上	上	上	上	上	上	上	上	上
윗 상								

한자 성어	뜻	출제 횟수
(72) 雪上加霜	설상가상 (雪 눈 설 上 윗 상 加 더할 가 霜 서리 상) '눈 위에 서리가 덮인다'는 뜻으로, 난처한 일이나 불행한 일이 잇따라 일어남을 이르는 말	1번 출제
(73) 沙上樓閣	사상누각 (沙 모래 사 上 윗 상 樓 다락 누(루) 閣 집 각) '모래 위의 다락집'이라는 뜻으로, 기초가 튼튼하지 못하여 오래 견디지 못할 일이나 물건	미출제

21

| 十 열 십 | 十 | 十 | 十 | 十 | 十 | 十 | 十 | 十 |

한자 성어	뜻	출제 횟수
74 權不十年	권불십년 (權 권세 권 不 아니 불 十 열 십 年 해 년) '권세는 십 년을 가지 못한다'는 뜻에서, 아무리 권세가 높다 해도 오래가지 못한다.	1번 출제
75 十匙一飯	십시일반 (十 열 십 匙 숟가락 시 一 한 일 飯 밥 반) '밥 열 술이 한 그릇이 된다'는 뜻으로, 여러 사람이 조금씩 힘을 합하면 한 사람을 돕기 쉬움을 이르는 말.	1번 출제
76 十日之菊	십일지국 (十 열 십 日 날 일 之 갈 지 菊 국화 국) '국화(菊花)는 9월 9일이 절정기(絕頂期)이니 십일 날의 국화(菊花)'라는 뜻으로, 무엇이나 한창 때가 지나 때늦은 것을 비유(比喩·譬喩)함.	미출제
77 十伐之木	십벌지목 (十 열 십 伐 칠 벌 之 갈 지 木 나무 목) '열 번 찍어 베는 나무'라는 뜻으로, 열 번 찍어 넘어가지 않는 나무가 없음을 이르는 말.	미출제

22

| 大 클 대 | | | | | | | | |

한자 성어	뜻	출제 횟수
78 針小棒大	침소봉대 (針 바늘 침 小 작을 소 棒 막대 봉 大 클 대) 작은 일을 크게 불리어 떠벌림.	2번 출제
79 能小能大	능소능대 (能 능할 능 小 작을 소 大 클 대) 모든 일에 두루 능함.	미출제
80 大同小異	대동소이 (大 클 대 同 한가지 동 小 작을 소 異 다를 이(리)) 거의 같고 조금 다름. 서로 비슷비슷함.	미출제
81 大器晩成	대기만성 (大 클 대 器 그릇 기 晩 늦을 만 成 이룰 성) 크게 될 사람은 늦게 이루어진다는 말.	미출제

23

| 知 알 지 | | | | | | | | |

한자 성어	뜻	출제 횟수
82 格物致知	격물치지 (格 격식 격 物 물건 물 致 이를 치 知 알 지) 실제 사물의 이치를 연구하여 '지식을 완전하게 함.'	1번 출제
[유의어] 83 頓悟漸修	돈오점수 (頓 조아릴 돈 悟 깨달을 오 漸 점점 점 修 닦을 수) 한번 깨달음을 얻었다고 해도 아직은 부족(不足)하기 때문에 '계속 부족(不足)함을 닦아 나가야 함.'	1번 출제
84 知彼知己	지피지기 (知 알 지 彼 저 피 己 몸 기) '적의 사정과 나의 사정을 자세히 앎.'	미출제

24

心 마음 심								

	한자 성어	뜻	출제 횟수
85	心機一轉	심기일전 (心 마음 심 機 틀 기 一 한 일 轉 구를 전) '어떤 동기가 있어 이제까지 가졌던 마음가짐을 버리고 완전히 달라짐.'	1번 출제
86	羞惡之心	수오지심 (羞 부끄러울 수 惡 미워할 오 之 갈 지 心 마음 심) '옳지 못함을 부끄러워하고 착하지 못함을 미워하는 마음.'	1번 출제
87	首丘初心	수구초심 (首 머리 수 丘 언덕 구 初 처음 초 心 마음 심) '여우가 죽을 때 머리를 자기가 살던 굴 쪽으로 둔다'는 뜻으로, 고향을 그리워하는 마음을 일컫는 말.	미출제

25

雲 구름 운								

	한자 성어	뜻	출제 횟수
88	雲泥之差	운니지차 (雲 구름 운 泥 진흙 니(이) 之 갈 지 差 다를 차) '구름과 진흙의 차이'라는 뜻으로, 서로 간의 차이가 매우 심함.	1번 출제

26

| 患 근심 환 | 患 | 患 | 患 | 患 | 患 | 患 | 患 |

한자 성어	뜻	출제 횟수
89 識字憂患	식자우환 (識 알 식 字 글자 자 憂 근심 우 患 근심 환) '학식이 있는 것이 오히려 근심을 사게 됨.'	1번 출제
90 有備無患	유비무환 (有 있을 유 備 갖출 비 無 없을 무 患 근심 환) '미리 준비가 되어 있으면 걱정할 것이 없음'	미출제

27

| 破 깨뜨릴 파 | 破 | 破 | 破 | 破 | 破 | 破 | 破 |

한자 성어	뜻	출제 횟수
91 敝袍破笠	폐포파립 (敝 해질 폐 袍 도포 포 破 깨뜨릴 파 笠 삿갓 립(입)) '해진 옷과 부서진 갓'이라는 뜻으로, 초라한 차림새의 비유. = 폐의파관(敝衣破冠: 敝 해질 폐 衣 옷 의 破 깨뜨릴 파 冠 갓 관), 폐의파립 (敝衣破笠: 敝 해질 폐 衣 옷 의 破 깨뜨릴 파 笠 삿갓 립)	1번 출제
92 破竹之勢	파죽지세 (破 깨뜨릴 파 竹 대 죽 之 갈 지 勢 형세 세) '대를 쪼개는 기세'라는 뜻으로, 적을 거침없이 물리치고 쳐들어가는 기세를 이르는 말.	미출제
93 破壁飛去	파벽비거 (破 깨뜨릴 파 壁 벽 벽 飛 날 비 去 갈 거) '벽을 깨고 날아갔다'는 뜻으로, 평범한 사람이 갑자기 출세함을 이르는 말	미출제

28

| 殺 죽일 살 | | | | | | | | |

한자 성어	뜻	출제 횟수
94 矯角殺牛	교각살우 (矯 바로잡을 교 角 뿔 각 殺 죽일 살 牛 소 우) '쇠뿔을 잡으려다 소를 죽인다.'라는 뜻으로 잘못된 점을 고치려다가 그 방법이나 정도가 지나쳐 오히려 일을 그르침.	2번 출제
95 殺身成仁	살신성인 (殺 죽일 살 身 몸 신 成 이룰 성 仁 어질 인) '자기의 몸을 희생하여 인(仁)을 이룸.'	1번 출제
96 寸鐵殺人	촌철살인 (寸 마디 촌 鐵 쇠 철 殺 죽일 살 人 사람 인) '한 치의 쇠붙이로도 사람을 죽일 수 있다'는 뜻으로, 간단한 말로도 남을 감동하게 하거나 남의 약점을 찌를 수 있음을 이르는 말.	1번 출제

29

| 重 무거울 중 | | | | | | | | |

한자 성어	뜻	출제 횟수
97 捲土重來	권토중래 (捲 거둘 권 土 흙 토 重 무거울 중 來 올 래(내)) '흙먼지를 날리며 다시 온다'는 뜻으로, 한 번 실패하였으나 힘을 회복하여 다시 쳐들어옴.	3번 출제
98 隱忍自重	은인자중 (隱 숨을 은 忍 참을 인 自 스스로 자 重 무거울 중) '밖으로 드러내지 아니하고 참고 감추어 몸가짐을 신중(愼重)히 함.'	미출제

30

| 女 여자 녀(여) | | | | | | | | |

한자 성어	뜻	출제 횟수
99 男負女戴	남부여대 (男 사내 남 負 질 부 女 여자 녀(여) 戴 일 대) '남자는 지고 여자는 인다'는 뜻으로, 사람들이 살 곳을 찾아 세간을 이고 지고 이리저리 떠돌아다님.	3번 출제

31

| 蟲 벌레 충 | | | | | | | | |

한자 성어	뜻	출제 횟수
100 螳螂拒轍	당랑거철 (螳 사마귀 당 螂 사마귀 랑(낭) 拒 막을 거 轍 바퀴 자국 철) 제 역량을 생각하지 않고, 강한 상대나 되지 않을 일에 덤벼드는 무모한 행동거지를 비유적으로 이르는 말. 중국 제나라 장공(莊公)이 사냥을 나가는데 사마귀가 앞발을 들고 수레바퀴를 멈추려 했다는 데서 유래한다. ≪장자≫의 〈인간세편(人間世篇)〉에 나오는 말이다.	3번 출제

32

事
일 사

한자 성어	뜻	출제 횟수
101 **事**必歸正	**사**필귀정 (事 일 사 必 반드시 필 歸 돌아갈 귀 正 바를 정) '모든 일은 반드시 바른길로 돌아감.'	3번 출제
102 實**事**求是	실**사**구시 (實 열매 실 事 일 사 求 구할 구 是 이 시) '사실에 토대를 두어 진리를 탐구하는 일.' 공리공론을 떠나서 정확한 고증을 바탕으로 하는 과학적·객관적 학문 태도를 이른 것으로, 중국 청나라 고증학의 학문 태도에서 볼 수 있다. 조선 시대 실학파의 학문에 큰 영향을 주었다.	1번 출제
103 蓋棺**事**定	개관**사**정 (蓋 덮을 개 棺 널 관 事 일 사 定 정할 정) '시체를 관에 넣고 뚜껑을 덮은 후에야 비로소 그 사람의 살아 있을 때의 가치를 알 수 있다'는 말.	미출제
104 **事**親以孝	**사**친이효 (事 일 사 親 친할 친 以 써 이 孝 효도 효) 세속 오계의 한 가지. '어버이를 효도로 섬김.'	미출제
105 好**事**多魔	호**사**다마 (好 좋을 호 事 일 사 多 많을 다 魔 마귀 마) '좋은 일에는 흔히 방해되는 일이 많음.' 또는 그런 일이 많이 생김.	미출제

33

| 難
어려울 난 | 難 | 難 | 難 | 難 | 難 | 難 | 難 |

한자 성어	뜻	출제 횟수
106 難兄難弟	난형난제 (難 어려울 난 兄 형 형 弟 아우 제) '누구를 형이라 하고 누구를 아우라 하기 어렵다'는 뜻으로, 두 사물의 낫고 못함을 분간하기 어려움의 비유.	1번 출제
[유의어] 107 莫上莫下	막상막하 (莫 없을 막 上 윗 상 下 아래 하) 더 낫고 더 못함의 차이가 거의 없음.	1번 출제
108 百難之中	백난지중 (百 일백 백 難 어려울 난 之 갈 지 中 가운데 중) 온갖 역경과 고난을 겪는 중이라는 뜻이다.	1번 출제

34

| 功
공 공 | 功 | 功 | 功 | 功 | 功 | 功 | 功 |

한자 성어	뜻	출제 횟수
109 論功行賞	논공행상 (論 논할 논(론) 功 공 공 行 다닐 행 賞 상줄 상) 공적의 크고 작음 따위를 논의하여 그에 알맞은 상을 줌.	1번 출제
110 螢雪之功	형설지공 (螢 반딧불이 형 雪 눈 설 之 갈 지 功 공 공) '반딧불·눈과 함께하는 노력'이라는 뜻으로, 고생을 하면서 부지런하고 꾸준하게 공부하는 자세를 이르는 말	1번 출제

35

| 兔(兎) 토끼 토 | 兔(兎) | 兔(兎) | 兔(兎) | 兔(兎) | 兔(兎) | 兔(兎) | 兔(兎) |

한자 성어	뜻	출제 횟수
111 守株待兔	수주대토 (守 지킬 수 株 그루 주 待 기다릴 대 兔 토끼 토) '그루터기를 지키는 옛날 방법으로 토끼를 기다린다.'는 뜻으로, 한 가지 일에만 얽매여 발전을 모르는 어리석은 사람을 비유적으로 이르는 말	2번 출제
112 兔死狗烹	토사구팽 (兔 토끼 토 死 죽을 사 狗 개 구 烹 삶을 팽) '토끼가 죽으면 사냥개도 필요 없게 되어 삶아 먹히게 된다'는 뜻으로, 필요할 때는 쓰고 필요 없을 때는 야박하게 버리는 경우를 이르는 말	1번 출제

36

| 虎 범 호 | 虎 | 虎 | 虎 | 虎 | 虎 | 虎 | 虎 | 虎 |

한자 성어	뜻	출제 횟수
113 狐假虎威	호가호위 (狐 여우 호 假 거짓 가 虎 범 호 威 위엄 위) '여우가 호랑이의 위세를 빌려 호기를 부린다'는 뜻으로, 남의 권세를 빌려 위세를 부림의 비유.	3번 출제
114 騎虎之勢	기호지세 (騎 말 탈 기 虎 범 호 之 갈 지 勢 형세 세) '호랑이를 타고 달리는 형세'라는 뜻으로, 이미 시작한 일을 중도에서 그만둘 수 없는 경우를 이르는 말	2번 출제
115 暴虎馮河	포호빙하 (暴 해칠 포 虎 범 호 馮 탈 빙(성씨 풍) 河 물 하) '맨손으로 범을 때려잡고 걸어서 황허강을 건넌다'는 뜻으로, 용기는 있으나 무모함을 이르는 말	미출제

37

食
밥 식

한자 성어	뜻	출제 횟수
116 三旬九食	삼순구**식** (三 석 삼 旬 열흘 순 九 아홉 구 **食 밥 식**) '삼십 일 동안 아홉 끼니만 먹는다'는 뜻으로 몹시 가난함	2번 출제
117 發憤忘食	발분망**식** (發 필 발 憤 분할 분 忘 잊을 망 **食 밥 식**) '끼니까지도 잊을 정도로 어떤 일에 열중하여 노력함.'	1번 출제

38

楚
초나라 초

한자 성어	뜻	출제 횟수
118 四面楚歌	사면**초**가 (四 넉 사 面 낯 면 **楚 초나라 초** 歌 노래 가) '사면(四面)에서 들리는 적군인 초나라의 노래'라는 뜻으로, 아무에게도 도움을 받지 못하는, 외롭고 곤란한 지경에 빠진 형편을 이르는 말 = 진퇴양난(進退兩難: 進 나아갈 진 退 물러날 퇴 兩 두 양 難 어려울 난), 　진퇴유곡(進退維谷: 進 나아갈 진 退 물러날 퇴 維 벼리 유 谷 골 곡)	3번 출제
119 間於齊楚	간어제**초** (間 사이 간 於 어조사 어 齊 가지런할 제 **楚 초나라 초**) '약한 자가 강한 자들 사이에 끼여 괴로움을 받음'을 이르는 말. 중국의 주나라 말엽 등나라가 제나라와 초나라 사이에 끼어서 괴로움을 겪었다는 데서 유래한다.	1번 출제

39

笑 웃음 소								
	笑	笑	笑	笑	笑	笑	笑	笑

한자 성어	뜻	출제 횟수
120 談笑自若	담**소**자약 (談 말씀 담 笑 웃음 소 自 스스로 자 若 같을 약) 위험(危險)에 직면(直面)해도 변(變)함없이 평상시와 같은 태도를 가짐.	1번 출제
121 破顔大笑	파안대**소** (破 깨뜨릴 파 顔 낯 안 大 클 대 笑 웃음 소) 매우 즐거운 표정으로 활짝 웃음.	미출제
122 拍掌大笑	박장대**소** (拍 칠 박 掌 손바닥 장 大 클 대 笑 웃음 소) 손뼉을 치며 크게 웃음.	미출제

40

膽 쓸개 담								
	膽	膽	膽	膽	膽	膽	膽	膽

한자 성어	뜻	출제 횟수
123 臥薪嘗膽	와신상**담** (臥 누울 와 薪 섶 신 嘗 맛볼 상 膽 쓸개 담) '불편한 섶에 몸을 눕히고 쓸개를 맛본다'는 뜻으로, 원수를 갚거나 마음먹은 일을 이루기 위하여 온갖 어려움과 괴로움을 참고 견딤을 이르는 말	3번 출제
124 肝膽相照	간**담**상조 (肝 간 간 膽 쓸개 담 相 서로 상 照 비칠 조) '간과 쓸개를 내놓고 서로에게 내보인다'라는 뜻으로, 서로 마음을 터놓고 친밀(親密)히 사귐	3번 출제

41

| 恥 부끄러울 치 | | | | | | | | |

한자 성어	뜻	출제 횟수
125 不恥下問	불치하문 (不 아닐 불 恥 부끄러울 치 下 아래 하 問 물을 문) '손아랫사람이나 지위나 학식이 자기만 못한 사람에게 모르는 것을 묻는 일을 부끄러워하지 아니함.'	2번 출제
126 厚顔無恥	후안무치 (厚 두터울 후 顔 낯 안 無 없을 무 恥 부끄러울 치) '뻔뻔스러워 부끄러움이 없음.'	1번 출제
127 破廉恥漢	파렴치한 (破 깨뜨릴 파 廉 청렴할 렴(염) 恥 부끄러울 치 漢 한수 한) '체면이나 부끄러움을 모르는 뻔뻔스러운 사람'	미출제

42

| 相 서로 상 | | | | | | | | |

한자 성어	뜻	출제 횟수
128 類類相從	유유상종 (類 무리 유(류) 相 서로 상 從 좇을 종) '같은 무리끼리 서로 사귐.'	2번 출제
129 敎學相長	교학상장 (敎 가르칠 교 學 배울 학 相 서로 상 長 길 장) '가르침과 배움이 서로 진보(進步)시켜 준다.'는 뜻으로, 1) 사람에게 가르쳐 주거나 스승에게 배우거나 모두 자신의 학업을 증진시킴. 2) 가르치는 일과 배우는 일이 서로 자신의 공부를 진보시킴.	미출제
130 名實相符	명실상부 (名 이름 명 實 열매 실 相 서로 상 符 확실할 부) '이름과 실상이 서로 꼭 맞음.'	미출제

43

自
스스로 자

한자 성어	뜻	출제 횟수
131 自家撞着	**자가당착** (自 스스로 자 家 집 가 撞 칠 당 着 붙을 착) '자신의 말이나 행동이 앞뒤가 서로 맞지 아니하고 모순됨.'	3번 출제
132 登高自卑	등고**자**비 (登 오를 등 高 높을 고 自 스스로 자 卑 낮을 비) 1) '높은 곳에 오르려면 낮은 곳에서부터 오른다'는 뜻으로, 일을 순서대로 하여야 함을 이르는 말 2) 지위가 높아질수록 자신을 낮춤을 이르는 말	2번 출제
133 自繩自縛	**자**승**자**박 (自 스스로 자 繩 노끈 승 自 스스로 자 縛 얽을 박) '자기의 줄로 자기 몸을 옭아 묶는다'는 뜻으로, 자기가 한 말과 행동에 자기 자신이 옭혀 곤란하게 됨을 이르는 말.	1번 출제
134 自中之亂	**자**중지란 (自 스스로 자 中 가운데 중 之 갈 지 亂 어지러울 란(난)) '같은 편끼리 하는 싸움.'	1번 출제
135 各自圖生	각**자**도생 (各 각각 각 自 스스로 자 圖 도모할 도 生 날 생) '제각기 살길을 도모함.'	1번 출제
136 自屈之心	**자**굴지심 (自 스스로 자 屈 굽힐 굴 之 갈 지 心 마음 심) '스스로 자기를 굽히는 마음.'	미출제
137 茫然自失	망연**자**실 (茫 아득할 망 然 그럴 연 自 스스로 자 失 잃을 실) '멍하니 정신을 잃음.'	미출제

44

無 없을 무								

한자 성어	뜻	출제 횟수
138 傍若無人	방약**무**인 (傍 곁 방 若 같을 약 無 없을 무 人 사람 인) '곁에 사람이 없는 것처럼 아무 거리낌 없이 함부로 말하고 행동하는 태도가 있음.'	2번 출제
139 有名無實	유명**무**실 (有 있을 유 名 이름 명 無 없을 무 實 열매 실) '이름만 그럴듯하고 실속은 없음.'	1번 출제
140 四顧無親	사고**무**친 (四 넉 사 顧 돌아볼 고 無 없을 무 親 친할 친) '의지할 데가 도무지 없음.'	미출제
141 眼下無人	안하**무**인 (眼 눈 안 下 아래 하 無 없을 무 人 사람 인) '눈 아래에 사람이 없다'는 뜻으로, 방자하고 교만하여 남을 업신여김을 이르는 말. = 안중무인(眼中無人: 眼 눈 안 中 가운데 중 無 없을 무 人 사람 인)	미출제

45

絶 끊을 절								

한자 성어	뜻	출제 횟수
142 伯牙絶絃	백아**절**현 (伯 맏 백 牙 어금니 아 絶 끊을 절 絃 줄 현) '백아가 거문고 줄을 끊어 버렸다.'는 뜻으로, 자기(自己)를 알아주는 절친(切親)한 벗, 즉 지기지우(知己之友)의 죽음을 슬퍼함을 이르는 말.	1번 출제
143 韋編三絶	위편삼**절** (韋 가죽 위 編 엮을 편 三 석 삼 絶 끊을 절) '공자가 주역을 즐겨 읽어 책의 가죽끈이 세 번이나 끊어졌다'는 뜻으로, 책을 열심히 읽음을 이르는 말	1번 출제

46

強
강할 강

	한자 성어	뜻	출제 횟수
144	牽強附會	견강부회 (牽 이끌 견 強 강할 강 附 붙을 부 會 모일 회) '이치에 맞지 않는 말을 억지로 끌어 붙여 자기에게 유리하게 함.'	3번 출제
145	自強不息	자강불식 (自 스스로 자 強 강할 강 不 아닐 불 息 쉴 식) '스스로 힘써 몸과 마음을 가다듬어 쉬지 아니함.'	2번 출제

47

頭
머리 두

	한자 성어	뜻	출제 횟수
146	去頭截尾	거두절미 (去 갈 거 頭 머리 두 截 끊을 절 尾 꼬리 미) 1) 머리와 꼬리를 자름. 2) '요점만 간단히 말함.'	1번 출제
147	烹頭耳熟	팽두이숙 (烹 삶을 팽 頭 머리 두 耳 귀 이 熟 익을 숙) '머리를 삶으면 귀까지 익는다'는 뜻으로, 한 가지 일이 잘되면 다른 일도 저절로 이루어짐의 비유.	미출제
148	猫頭懸鈴	묘두현령 (猫 고양이 묘 頭 머리 두 懸 달 현 鈴 방울 령(영)) '쥐가 고양이 목에 방울을 단다'는 뜻으로, 실행할 수 없는 헛된 논의를 이르는 말.	미출제
149	龍頭蛇尾	용두사미 (龍 용 룡(용) 頭 머리 두 蛇 긴 뱀 사 尾 꼬리 미) '용의 머리와 뱀의 꼬리'라는 뜻으로, 처음은 왕성하나 끝이 부진한 현상을 이르는 말.	미출제

48

| 齒 이 치 | | | | | | | | |

한자 성어	뜻	출제 횟수
150 脣亡齒寒	순망치한 (脣 입술 순 亡 망할 망 齒 이 치 寒 찰 한) '입술이 없으면 이가 시리다'는 뜻으로, 서로 이해관계가 밀접한 사이에 어느 한쪽이 망하면 다른 한쪽도 그 영향을 받아 온전하기 어려움을 이르는 말	2번 출제
151 丹脣皓齒	단순호치 (丹 붉을 단 脣 입술 순 皓 흴 호 齒 이 치) '붉은 입술과 흰 이'의 뜻으로, 아름다운 여자 = 경국지색(傾國之色: 傾 기울 경 國 나라 국 之 갈 지 色 빛 색), 　절세가인(絶世佳人: 絶 끊을 절 世 인간 세 佳 아름다울 가 人 사람 인)	1번 출제
152 角者無齒	각자무치 (角 뿔 각 者 놈 자 無 없을 무 齒 이 치) '뿔이 있는 짐승은 이가 없다'는 뜻으로, 사람이 여러 가지 복을 겸하지 못함을 이름.	1번 출제

49

| 刻 새길 각 | | | | | | | | |

한자 성어	뜻	출제 횟수
153 刻舟求劍	각주구검 (刻 새길 각 舟 배 주 求 구할 구 劍 칼 검) '나라 사람이 칼이 떨어진 위치를 배에 표시하였다가 칼을 찾았다'는 데서 유래하는 말로, 세상일(世上-)에 어리석으며 융통성이 없음을 의미함.	2번 출제
154 命在頃刻	명재경각 (命 목숨 명 在 있을 재 頃 이랑 경 刻 새길 각) '목숨이 경각(頃刻)에 달렸다.'는 뜻으로 거의 죽게 되어 곧 숨이 끊어질 지경에 이름.	1번 출제
155 刻骨難忘	각골난망 (刻 새길 각 骨 뼈 골 難 어려울 난 忘 잊을 망) '입은 은혜(恩惠)에 대한 고마움이 뼈에 사무쳐 잊히지 아니함.'	1번 출제
156 刻苦勉勵	각고면려 (刻 새길 각 苦 쓸 고 勉 힘쓸 면 勵 힘쓸 려(여)) '고생을 무릅쓰고 부지런히 힘씀.'	1번 출제

50

千 一
일천 천 / 한 일

한자 성어	뜻	출제 횟수
157 千慮一失	**천려일실** (**千** 일천 천 慮 생각할 려(여) **一** 한 일 失 잃을 실) '천 번 생각에 한 번 실수'라는 뜻으로, 슬기로운 사람이라도 여러 가지 생각 가운데에는 잘못되는 것이 있을 수 있음을 이르는 말.	1번 출제
158 千載一遇	**천재일우** (**千** 일천 천 載 실을 재 **一** 한 일 遇 만날 우) '천 년 동안 단 한 번 만난다'는 뜻으로, 좀처럼 만나기 어려운 좋은 기회를 이르는 말.	미출제
159 千慮一得	**천려일득** (**千** 일천 천 慮 생각할 려(여) **一** 한 일 得 얻을 득) '천 번을 생각하여 하나를 얻는다'는 뜻으로, 어리석은 사람이라도 많은 생각을 하면 그 과정에서 한 가지쯤은 좋은 것이 나올 수 있음을 이르는 말.	미출제

51

東
동녘 동

한자 성어	뜻	출제 횟수
160 東奔西走	**동분서주** (**東** 동녘 동 奔 달릴 분 西 서녘 서 走 달릴 주) '동쪽으로 뛰고 서쪽으로 뛴다.'는 뜻으로, 이리저리 바쁘게 돌아다님.	1번 출제
161 聲東擊西	**성동격서** (聲 소리 성 **東** 동녘 동 擊 칠 격 西 서녘 서) '소리를 동녘에서 낸 후 적(敵)은 서쪽에서 친다'는 뜻으로, 적을 유인하여 이쪽을 공격하는 체하다가 그 반대쪽을 치는 전술.	1번 출제

52 言 (말씀 언)

한자 성어	뜻	출제 횟수
162 巧言令色	교언영색 (巧 공교할 교 言 말씀 언 令 하여금 영(령) 色 빛 색) '말을 교묘(巧妙)하게 하고 얼굴빛을 꾸민다.'라는 뜻으로 아첨하는 말과 알랑거리는 태도.	3번 출제
163 言中有骨	언중유골 (言 말씀 언 中 가운데 중 有 있을 유 骨 뼈 골) '말 속에 뼈가 있다'는 뜻으로, 예사로운 말 속에 단단한 속뜻이 들어 있음을 이르는 말.	미출제
164 有口無言	유구무언 (有 있을 유 口 입 구 無 없을 무 言 말씀 언) '입은 있어도 말이 없다'는 뜻으로, 변명할 말이 없음을 이르는 말.	미출제
165 緘口無言	함구무언 (緘 봉할 함 口 입 구 無 없을 무 言 말씀 언) '입을 다물고 아무 말도 하지 아니함.'	미출제
166 豪言壯談	호언장담 (豪 호걸 호 言 말씀 언 壯 장할 장 談 말씀 담) '호기롭고 자신 있게 말함. 또는 그 말.'	미출제

53

| 馬
말 마 | 馬 | 馬 | 馬 | 馬 | 馬 | 馬 | 馬 |

한자 성어	뜻	출제 횟수
167 指鹿爲馬	지록위마 (指 가리킬 지 鹿 사슴 록(녹) 爲 할 위 馬 말 마) '사슴을 가리켜 말이라고 한다.'는 뜻으로, 1) 가짜를 사실로 만들어 강압으로 인정하게 만듦. 2) 윗사람을 농락하여 권세를 마음대로 함을 이르는 말.	3번 출제
168 走馬看山	주마간산 (走 달릴 주 馬 말 마 看 볼 간 山 메 산) '말을 타고 달리며 산천을 구경한다'는 뜻으로, 자세히 살피지 아니하고 대충대충 보고 지나감을 이르는 말.	2번 출제
169 犬馬之勞	견마지로 (犬 개 견 馬 말 마 之 갈 지 勞 일할 로(노)) '개나 말의 하찮은 힘'이라는 뜻으로, 윗사람에게 충성을 다하는 자신의 노력을 낮추어 이르는 말.	1번 출제
170 泣斬馬謖	읍참마속 (泣 울 읍 斬 벨 참 馬 말 마 謖 일어날 속) '울면서 마속의 목을 벤다'는 뜻으로, 큰 목적을 위하여 자기가 아끼는 사람을 버림을 이르는 말.	1번 출제
171 馬耳東風	마이동풍 (馬 말 마 耳 귀 이 東 동녘 동 風 바람 풍) '동풍이 말의 귀를 스쳐 간다'는 뜻으로, 남의 말을 귀담아듣지 아니하고 지나쳐 흘려버림을 이르는 말.	1번 출제
172 走馬加鞭	주마가편 (走 달릴 주 馬 말 마 加 더할 가 鞭 채찍 편) '달리는 말에 채찍질한다'는 뜻으로, 잘하는 사람을 한층 더 장려함을 이르는 말.	1번 출제

54

輾
돌아누울 전

輾 輾 輾 輾 輾 輾 輾 輾

한자 성어	뜻	출제 횟수
173 輾轉不寐	**전전불매** (輾 돌아누울 전 轉 구를 전 不 아닐 불 寐 잘 매) '누워서 몸을 이리저리 뒤척이며 잠을 이루지 못함.' = 전전반측(輾轉反側)	**2번 출제**
174 輾轉反側	**전전반측** (輾 돌아누울 전 轉 구를 전 反 돌이킬 반/돌아올 반 側 곁 측) '걱정거리로 마음이 괴로워 잠을 이루지 못함'을 이르는 말.	**1번 출제**
[유의어] 175 戰戰兢兢	전전긍긍 (戰 싸움 전 兢 떨릴 긍) '전전(戰戰)'은 '두려워하여 벌벌 떠는 것.' '긍긍(兢兢)'은 '조마조마하는 것으로 벌벌 떨며 조심함.'	**1번 출제**

박혜선 출종포 어휘·한자

55

魚
물고기 어

한자 성어	뜻	출제 횟수
176 緣木求魚	연목구어 (緣 인연 연 木 나무 목 求 구할 구 魚 물고기 어) '나무에 올라가서 물고기와의 인연을 구한다'는 뜻으로, 도저히 불가능한 일을 굳이 하려 함.	2번 출제
177 魚魯不辨	어로불변 (魚 물고기 어 魯 노나라 로(노) 不 아닐 불 辨 분별할 변) '어(魚) 자와 노(魯) 자를 구별하지 못한다'는 뜻으로, 아주 무식함을 비유적으로 이르는 말.	1번 출제
178 一魚濁水	일어탁수 (一 한 일 魚 물고기 어 濁 흐릴 탁 水 물 수) '한 마리의 물고기가 물을 흐린다'는 뜻으로, 한 사람의 잘못으로 여러 사람이 피해를 입게 됨을 이르는 말.	1번 출제
179 殃及池魚	앙급지어 (殃 재앙 앙 及 미칠 급 池 못 지 魚 물고기 어) '재앙이 연못의 고기에 미친다'는 뜻으로, 까닭 없이 화를 당함을 비유하는 말.	1번 출제
180 射魚指天	사어지천 (射 쏠 사 魚 물고기 어 指 가리킬 지 天 하늘 천) '고기를 잡으려고 하늘을 향(向)해 쏜다.'는 뜻으로, 고기는 물에서 구(求)해야 하는데 하늘에서 구(求)함. 곧 불가능(不可能)한 일을 하려 함을 이르는 말.	미출제

56

改
고칠 개

한자 성어	뜻	출제 횟수
181 改過不吝	**개과불린** (改 고칠 개 過 허물 과 不 아닐 불 吝 아낄 린(인)) '허물을 고치는 일에 인색하지 않음.'	1번 출제
182 改過遷善	**개과천선** (改 고칠 개 過 허물 과 遷 옮길 천 善 착할 선) '지난날의 잘못을 고치어 착하게 됨.' = 개선광정(改善匡正: 改 고칠 개 善 착할 선 匡 바를 광 正 바를 정) : 새롭게 잘못을 고치고 바로잡음.	1번 출제
183 朝變夕改	**조변석개** (朝 아침 조 變 변할 변 夕 저녁 석 改 고칠 개) '아침저녁으로 뜯어고친다'는 뜻으로, 계획이나 결정 따위를 일관성이 없이 자주 고침을 이르는 말.	1번 출제

57

隔
사이 뜰 격

한자 성어	뜻	출제 횟수
184 隔靴搔癢	**격화소양** (隔 사이 뜰 격 靴 신 화 搔 긁을 소 癢 가려울 양) '신을 신고 발바닥을 긁는다'는 뜻으로, 성에 차지 않거나 철저하지 못한 안타까움. = 격화파양(隔靴爬癢: 隔 사이 뜰 격 靴 신 화 爬 긁을 파 癢 가려울 양)	3번 출제
185 隔世之感	**격세지감** (隔 사이 뜰 격 世 인간 세 之 갈 지 感 느낄 감) 다른 세상이 되어버린 느낌. '시간이 흘러 많은 변화가 있었음'을 비유하는 말.	1번 출제

58

| 桑
뽕나무 상 | 桑 | 桑 | 桑 | 桑 | 桑 | 桑 | 桑 | 桑 |

한자 성어	뜻	출제 횟수
186 滄桑世界	창상세계 (滄 큰 바다 창 桑 뽕나무 상 世 인간 세 界 지경 계) '뽕나무 밭이 바다로 변한다'는 뜻으로, 세상이 몰라볼 정도로 변함을 비유한 말 = 상전벽해(桑田碧海 : 桑 뽕나무 상 田 밭 전 碧 푸를 벽 海 바다 해) : 뽕나무 밭이 변하여 푸른 바다가 된다는 뜻으로, 세상일이 덧없이 변천함이 심함을 비유하는 말. = 창상지변(滄桑之變 : 滄 큰 바다 창 桑 뽕나무 상 之 갈 지 變 변할 변)	2번 출제

59

| 動
움직일 동 | 動 | 動 | 動 | 動 | 動 | 動 | 動 | 動 |

한자 성어	뜻	출제 횟수
187 搖之不動	요지부동 (搖 흔들 요 之 갈 지 不 아닐 부 動 움직일 동) '흔들어도 꼼짝하지 아니함.'	1번 출제
188 輕擧妄動	경거망동 (輕 가벼울 경 擧 들 거 妄 망령될 망 動 움직일 동) '경솔하여 생각 없이 망령되게 행동함.'	1번 출제

60

| 新 새 신 | 新 | 新 | 新 | 新 | 新 | 新 | 新 |

한자 성어	뜻	출제 횟수
189 溫故知新	온고지신 (溫 따뜻할 온 故 연고 고 知 알 지 新 새 신) '옛것을 익히고 그것을 미루어서 새것을 앎.'	1번 출제
190 法古創新	법고창신 (法 법 법 古 옛 고 創 비롯할 창 新 새 신) '옛것에서 비롯하여 새로운 것을 만들다.'는 뜻으로, 옛것에 토대(土臺)를 두되 그것을 변화(變化)시킬 줄 알고 새 것을 만들어 가되 근본(根本)을 잃지 않아야 한다는 뜻.	1번 출제

61

| 得 얻을 득 | 得 | 得 | 得 | 得 | 得 | 得 | 得 |

한자 성어	뜻	출제 횟수
191 一擧兩得	일거양득 (一 한 일 擧 들 거 兩 두 양(량) 得 얻을 득) '한 가지 일을 하여 두 가지 이익을 얻음.'	3번 출제
192 得隴望蜀	득롱망촉 (得 얻을 득 隴 고개 이름 롱 望 바랄 망 蜀 나라 이름 촉) '농서 지방을 얻으니 촉 땅이 탐난다', 인간의 욕심이 끝이 없다.	1번 출제
193 種瓜得瓜	종과득과 (種 씨 종 瓜 오이 과 得 얻을 득) '오이를 심으면 반드시 오이가 나온다'는 뜻으로, 원인에 따라 결과가 생김을 이르는 말.	미출제

62

一								
한 일								

	한자 성어	뜻	출제 횟수
194	一望無際	일망무제 (一 한 일 望 바랄 망 無 없을 무 際 끝 제) '한눈에 바라볼 수 없을 정도로 아득하게 멀고 넓어서 끝이 없음.'	1번 출제
195	乾坤一擲	건곤일척 (乾 하늘 건 坤 땅 곤 一 한 일 擲 던질 척) '운명을 걸고 단판걸이로 승부를 겨룸.'	1번 출제
196	一敗塗地	일패도지 (一 한 일 敗 패할 패 塗 칠할 도 地 땅 지) '한 번 패하여 땅에 떨어진다'는 뜻으로, 여지없이 패하여 다시 일어날 수 없게 되는 지경에 이름을 이르는 말.	1번 출제
197	季布一諾	계포일낙 (季 끝 계 布 베풀 포 一 한 일 諾 허락할 낙) '계포가 한번 한 약속'이라는 뜻으로, 약속을 반드시 지킴.	미출제

63

出								
날 출								

	한자 성어	뜻	출제 횟수
198	靑出於藍	청출어람 (靑 푸를 청 出 날 출 於 어조사 어 藍 쪽 람(남)) '쪽에서 뽑아낸 푸른 물감이 쪽보다 더 푸르다'는 뜻으로, 제자나 후배가 스승이나 선배보다 나음.	1번 출제
199	杜門不出	두문불출 (杜 막을 두 門 문 문 不 아닐 불 出 날 출) '집에만 틀어박혀 세상 밖에 나가지 않음.'	미출제

64

磨 갈 마

한자 성어	뜻	출제 횟수
200 磨杵作針	마저작침 (磨 갈 마 杵 공이 저 作 만들 작 針 바늘 침) '쇠공이를 갈아서 바늘을 만든다.'는 뜻으로, 아무리 이루기 힘든 일도 끊임없는 노력과 인내로 성공함. 끈기 있게 학문이나 일에 힘씀 = 마부작침(磨斧作針: 磨 갈 마 斧 도끼 부 作 지을 작 針 바늘 침), 　마부위침(磨斧爲針: 磨 갈 마 斧 도끼 부 爲 할 위 針 바늘 침)	1번 출제
201 切磋琢磨	절차탁마 (切 끊을 절 磋 갈 차 琢 다듬을 탁 磨 갈 마) '옥이나 돌 따위를 갈고 닦아서 빛을 낸다'는 뜻으로, 부지런히 학문과 덕행을 닦음을 이르는 말.	1번 출제
[유의어] 202 *愚公移山	우공이산 (愚 어리석을 우 公 공평할 공 移 옮길 이 山 메 산) *절차탁마와 유의어 '우공이 산을 옮긴다'는 뜻으로, 어떤 일이든 끊임없이 노력하면 반드시 이루어짐을 이르는 말	2번 출제

65

血 피 혈	血	血	血	血	血	血	血

한자 성어	뜻	출제 횟수
203 屍山血海	시산혈해 (屍 주검 시 山 메 산 血 피 혈 海 바다 해) '사람의 시체가 산같이 쌓이고 피가 바다같이 흐름.'	1번 출제
204 鳥足之血	조족지혈 (鳥 새 조 足 발 족 之 갈 지 血 피 혈) '새 발의 피'라는 뜻으로, 매우 적은 분량을 비유적으로 이르는 말.	1번 출제
[유의어] 205 滄海一粟	창해일속 (滄 큰 바다 창 海 바다 해 一 한 일 粟 조 속) '아주 많거나 넓은 것 가운데 있는 매우 하찮고 작은 것' = 구우일모(九牛一毛: 九 아홉 구 牛 소 우 一 한 일 毛 터럭 모) : 아홉 마리의 소 가운데 박힌 하나의 털이란 뜻으로, 매우 많은 것 가운데 극히 적은 수를 이르는 말.	1번 출제

66

勢 형세 세	勢	勢	勢	勢	勢	勢	勢

한자 성어	뜻	출제 횟수
206 虛張聲勢	허장성세 (虛 빌 허 張 세게 할 장 聲 소리 성 勢 형세 세) 실속은 없으면서 큰소리치거나 허세를 부림.	1번 출제
207 鼎足之勢	정족지세 (鼎 솥 정 足 발 족 之 갈 지 勢 형세 세) '솥발처럼 셋이 맞서 대립한 형세.'	미출제
208 伯仲之勢	백중지세 (伯 맏 백 仲 버금 중 之 갈 지 勢 형세 세) 우열의 차이(差異)가 없이 엇비슷함을 이르는 말.	미출제

67 說 말씀 설

說 說 說 說 說 說 說 說

한자 성어	뜻	출제 횟수
209 名論卓說	명론탁설 (名 이름 명 論 논할 론(논) 卓 높을 탁 說 말씀 설) '훌륭하고 이름난 이론이나 학설.'	1번 출제
210 街談巷說	가담항설 (街 거리 가 談 말씀 담 巷 거리 항 說 말씀 설) 1) '길거리나 세상 사람들 사이에 떠도는 이야기.' 2) 세상에 떠도는 뜬 소문(所聞).	1번 출제
211 道聽塗說	도청도설 (道 길 도 聽 들을 청 塗 칠할 도 說 말씀 설) '길거리에 퍼져 돌아다니는 뜬 소문.'	1번 출제
212 語不成說	어불성설 (語 말씀 어 不 아닐 불 成 이룰 성 說 말씀 설) '말이 조금도 사리에 맞지 않음.'	1번 출제
213 說往說來	설왕설래 (說 말씀 설 往 갈 왕 來 올 래(내)) '서로 변론을 주고받으며 옥신각신함.' 또는 말이 오고 감.	미출제

68

苦 쓸 고	苦	苦	苦	苦	苦	苦	苦	苦

한자 성어	뜻	출제 횟수
214 鶴首苦待	학수고대 (鶴 학 학 首 머리 수 苦 쓸 고 待 기다릴 대) '학의 목처럼 목을 길게 빼고 간절히 기다림.'	1번 출제
215 艱難辛苦	간난신고 (艱 어려울 간 難 어려울 난 辛 매울 신 苦 쓸 고) '몹시 힘들고 어려우며 고생스러움.'	1번 출제
[유의어] 216 櫛風沐雨	즐풍목우 (櫛 빗 즐 風 바람 풍 沐 머리 감을 목 雨 비 우) '바람으로 머리 빗고 비로 머리 감는다'는 뜻으로, 오랫동안 객지로 떠도는 고생을 의미한다.	1번 출제
217 苦肉之策	고육지책 (苦 쓸 고 肉 고기 육 之 갈 지 策 꾀 책) '적을 속이기 위하여 자신의 괴로움을 무릅쓰고 꾸미는 계책.' = 고육지계(苦肉之計: 苦 쓸 고 肉 고기 육 之 갈 지 計 셀 계)	미출제

69

甘 달 감	甘	甘	甘	甘	甘	甘	甘	甘

한자 성어	뜻	출제 횟수
218 甘呑苦吐	감탄고토 (甘 달 감 呑 삼킬 탄 苦 쓸 고 吐 토할 토) '달면 삼키고 쓰면 토한다'는 뜻으로, 자신의 비위에 따라서 옳고 그름을 판단함.	1번 출제
219 甘言利說	감언이설 (甘 달 감 言 말씀 언 利 이로울 리(이) 說 말씀 설) '남의 비위에 맞게 꾸민 달콤한 말과 이로운 조건을 내세워 꾀는 말.'	미출제

70

| 夏 (여름 하) | | | | | | | | |

한자 성어	뜻	출제 횟수
220 夏爐冬扇	**하로동선** (夏 여름 하 爐 화로 로(노) 冬 겨울 동 扇 부채 선) '여름의 화로와 겨울의 부채'라는 뜻으로, 격(格)이나 철에 맞지 아니함을 이르는 말.	1번 출제
221 夏蟲疑氷	**하충의빙** (夏 여름 하 蟲 벌레 충 疑 의심할 의 氷 얼음 빙) '여름 벌레는 얼음을 안 믿는다'는 뜻으로, 식견이 좁음을 의미하는 말.	1번 출제

71

| 井 (우물 정) | | | | | | | | |

한자 성어	뜻	출제 횟수
222 渴而穿井	**갈이천정** (渴 목마를 갈 而 말 이을 이 穿 뚫을 천 井 우물 정) 준비 없이 있다가 어떤 일이 일어난 뒤 해결하려고 서둘러 봐야 아무 소용이 없음을 의미하는 말.	2번 출제
223 井底之蛙	**정저지와** (井 우물 정 底 밑 저 之 갈 지 蛙 개구리 와) '우물 밑의 개구리'라는 뜻으로 견문(見聞)이 몹시 좁음.	1번 출제
224 井中觀天	**정중관천** (井 우물 정 中 가운데 중 觀 볼 관 天 하늘 천) '우물 속에 앉아서 하늘을 본다'는 뜻으로, 사람의 견문(見聞)이 매우 좁음을 이르는 말.	미출제

72

| 石 돌 석 | 石 | 石 | 石 | 石 | 石 | 石 | 石 | 石 |

한자 성어	뜻	출제 횟수
225 下穽投石	하정투석 (下 아래 하 穽 함정 정 投 던질 투 石 돌 석) '함정에 빠진 사람에게 돌을 떨어뜨린다'는 뜻으로, 어려운 처지에 놓인 사람을 도와주기는커녕 도리어 괴롭힘을 비유적으로 이르는 말.	미출제
226 電光石火	전광석화 (電 번개 전 光 빛 광 石 돌 석 火 불 화) '번갯불이나 부싯돌의 불이 번쩍거리는 것과 같이 매우 짧은 시간이나 매우 재빠른 움직임' 따위를 비유적으로 이르는 말.	미출제
227 泉石膏肓	천석고황 (泉 샘 천 石 돌 석 膏 기름 고 肓 명치끝 황) '자연의 아름다운 경치를 몹시 사랑하고 즐기는 성벽(性癖).' = 연하고질(煙霞痼疾: 煙 연기 연 霞 노을 하 痼 고질 고 疾 병 질)	미출제

73

| 明 밝을 명 | 明 | 明 | 明 | 明 | 明 | 明 | 明 | 明 |

한자 성어	뜻	출제 횟수
228 明若觀火	명약관화 (明 밝을 명 若 같을 약 觀 볼 관 火 불 화) '불을 보듯 분명함. 뻔함.'	1번 출제
229 明鏡止水	명경지수 (明 밝을 명 鏡 거울 경 止 그칠 지 水 물 수) '맑은 거울과 고요한 물'이란 뜻으로, 맑고 고요한 심경을 이름.	미출제

74 思 생각 사

한자 성어	뜻	출제 횟수
230 易地思之	역지사지 (易 바꿀 역 地 땅 지 思 생각 사 之 갈 지) '처지를 바꾸어서 생각함.'	3번 출제
231 見利思義	견리사의 (見 볼 견 利 이로울 리(이) 思 생각 사 義 옳을 의) '눈앞의 이익을 보면 의리를 먼저 생각함.'	1번 출제

75 間 사이 간

한자 성어	뜻	출제 횟수
232 犬猿之間	견원지간 (犬 개 견 猿 원숭이 원 之 갈 지 間 사이 간) '개와 원숭이의 사이'처럼 사이가 매우 나쁜 두 관계를 이르는 말	2번 출제
233 氷炭之間	빙탄지간 (氷 얼음 빙 炭 숯 탄 之 갈 지 間 사이 간) '얼음과 숯 사이'란 뜻으로, 1) 둘이 서로 어긋나 맞지 않는 사이 2) 서로 화합(和合)할 수 없는 사이.	미출제

76

目
눈 목

한자 성어	뜻	출제 횟수
234 刮目相對	괄**목**상대 (刮 긁을 괄 **目 눈 목** 相 서로 상 對 대할 대) '눈을 비비고 상대편을 본다'는 뜻으로, 남의 학식이나 재주가 놀랄 만큼 부쩍 는 것을 일컬음.	1번 출제
[유의어] 235 日就月將	일취월장 (日 날 일 就 나아갈 취 月 달 월 將 장수 장) '날로 달로 진보함'. = 일취. 일장월취. 장취.	미출제
236 目不之書	**목**불지서 (**目 눈 목** 不 아닐 불 之 갈 지 書 글 서) '눈으로 책을 알지 못함.'	미출제
237 西施顰目	서시빈**목** (西 서녘 서 施 베풀 시 顰 찡그릴 빈 **目 눈 목**) '월나라의 유명(有名)한 미인(美人) 서시가 눈을 찌푸린 것을 아름답게 본 못난 여자가 그 흉내를 내고 다녀 더욱 싫게 보였다는 고사(故事)'에서 유래한 말로, 분수를 생각하지 않고 무조건 남을 따라하는 것을 비유하는 말.	미출제

77

見
볼 견

한자 성어	뜻	출제 횟수
238 見蚊拔劍	**견**문발검 (**見 볼 견** 蚊 모기 문 拔 뽑을 발 劍 칼 검) '모기를 보고 칼을 뺀다'는 뜻으로, 사소한 일에 크게 성내어 덤빔.	2번 출제
239 見物生心	**견**물생심 (**見 볼 견** 物 물건 물 生 날 생 心 마음 심) 어떠한 실물을 보게 되면 그것을 가지고 싶은 욕심이 생김.	1번 출제

78

信
믿을 신

한자 성어	뜻	출제 횟수
240 尾生之信	**미생지신** (尾 꼬리 미 生 날 생 之 갈 지 信 믿을 신) 사기(史記)에 나오는 말로, '신의가 굳음. 또는 우직하여 융통성이 없음'을 이르는 말.	미출제
241 半信半疑	**반신반의** (半 반 반 信 믿을 신 疑 의심할 의) '얼마쯤 믿으면서도 한편으로는 의심함.'	미출제

79

命
목숨 명

한자 성어	뜻	출제 횟수
242 佳人薄命	**가인박명** (佳 아름다울 가 人 사람 인 薄 엷을 박 命 목숨 명) '아름다운 여자는 수명이 짧음' = 미인박명(美人薄命: 美 아름다울 미 人 사람 인 薄 엷을 박 命 목숨 명)	미출제
243 見危致命	**견위치명** (見 볼 견 危 위태할 위 致 이를 치 命 목숨 명) '나라가 위급할 때 자기의 몸을 나라에 바침.' = 견위수명(見危授命: 見 볼 견 危 위태할 위 授 줄 수 命 목숨 명)	미출제

80

萬 일 만 만	萬	萬	萬	萬	萬	萬	萬

한자 성어	뜻	출제 횟수
244 波瀾萬丈	파란**만**장 (波 물결 파 瀾 물결 란(난) 萬 일만 만 丈 어른 장) '사람의 생활이나 일의 진행이 여러 가지 곡절과 시련이 많고 변화가 심함.'	미출제

81

變 변할 변	變	變	變	變	變	變	變

한자 성어	뜻	출제 횟수

245 臨機應變	임기응**변**
	(臨 임할 림(임) 機 틀 기 應 응할 응 變 변할 변)
	'그때그때 처한 형편에 맞추어 그 자리에서 결정하거나 처리함.'
	= 응변(應變: 應 응할 응 變 변할 변), 언발에 오줌 누기,
	   미봉책(彌縫策: 彌 두루 미 縫 꿰맬 봉 策 꾀 책),
	   임시방편(臨時方便: 臨 임할 임 時 때 시 方 모 방 便 편할 편),
		1번 출제

82

聞 들을 문	聞	聞	聞	聞	聞	聞	聞

한자 성어	뜻	출제 횟수
246 前代未聞	전대미**문** (前 앞 전 代 대신할 대 未 아닐 미 聞 들을 문) '이제까지 들어 본 적이 없다.'는 뜻으로, 매우 놀랍거나 새로운 일을 이르는 말.	미출제
247 聞一知十	**문**일지십 (聞 들을 문 一 한 일 知 알 지 十 열 십) '한 가지를 들으면 열을 미루어 앎.'	미출제

83

| 三 석 삼 | 三 | 三 | 三 | 三 | 三 | 三 | 三 |

한자 성어	뜻	출제 횟수
248 朝三暮四	조**삼**모사 (朝 아침 조 **三 석 삼** 暮 저물 모 四 넉 사) [중국 송(宋)나라 때, 원숭이들에게 상수리를 아침에 세 개, 저녁에 네 개씩 주겠다고 하니 원숭이들이 적다고 화를 내어 아침에 네 개, 저녁에 세 개씩 준다고 하자 좋아하였다는 우화(寓話)에서 나온 말: 열자(列子)에 나오는 말] 간사한 꾀로 남을 속여 희롱함을 이르는 말.	1번 출제
249 吾鼻三尺	오비**삼**척 (吾 나 오 鼻 코 비 **三 석 삼** 尺 자 척) '내 코가 석 자'라는 뜻으로, 자기 사정이 급하여 남을 돌볼 겨를이 없음을 이르는 말.	미출제

84

| 直 곧을 직 | 直 | 直 | 直 | 直 | 直 | 直 | 直 |

한자 성어	뜻	출제 횟수
250 單刀直入	단도**직**입 (單 홑 단 刀 칼 도 **直 곧을 직** 入 들 입) 1) '혼자서 칼을 휘두르며 거침없이 적진으로 쳐들어간다'는 뜻으로, 여러 말을 늘어놓지 아니하고 요점을 바로 말함을 이르는 말. 예 단도직입적으로 따져 묻다. 2) [불교] 생각과 분별과 말에 거리끼지 않고 진실의 경계로 바로 들어감.	1번 출제
251 矯枉過直	교왕과**직** (矯 바로잡을 교 枉 굽을 왕 過 지날 과 **直 곧을 직**) '잘못을 바로잡으려다가 지나쳐 오히려 나쁘게 됨.'	1번 출제

85

骨
뼈 골

	한자 성어	뜻	출제 횟수
252	鷄卵有骨	계란유골 (鷄 닭 계 卵 알 란(난) 有 있을 유 骨 뼈 골) '달걀에도 뼈가 있다'는 뜻으로, 운수가 나쁜 사람은 모처럼 좋은 기회를 만나도 역시 일이 잘 안됨을 이르는 말.	미출제
253	換骨奪胎	환골탈태 (換 바꿀 환 骨 뼈 골 奪 빼앗을 탈 胎 아이 밸 태) '뼈대를 바꾸어 끼고 태를 바꾸어 쓴다'는 뜻으로, 고인의 시문의 형식을 바꾸어서 그 짜임새와 수법이 먼저 것보다 잘되게 함을 이르는 말.	미출제

86

安
편안 안

	한자 성어	뜻	출제 횟수
254	坐不安席	좌불안석 (坐 앉을 좌 不 아닐 불 安 편안 안 席 자리 석) '마음이 불안하거나 걱정스러워서 한 군데에 가만히 앉아 있지 못하고 안절부절못하는 모양'을 이르는 말.	미출제
255	居安思危	거안사위 (居 살 거 安 편안 안 思 생각 사 危 위태할 위) '평안할 때에도 위험과 곤란(困難)이 닥칠 것을 생각하며 잊지 말고 미리 대비해야 함.'	미출제

87

| 怨 원망할 원 | | | | | | | |

한자 성어	뜻	출제 횟수
256 含憤蓄怨	함분축원 (含 머금을 함 憤 분할 분 蓄 모을 축 怨 원망할 원) '분한 마음을 품고 원한을 쌓음.'	미출제
257 誰怨誰咎	수원수구 (誰 누구 수 怨 원망할 원 咎 허물 구) '누구를 원망하고 누구를 탓하겠느냐'는 뜻으로, 남을 원망하거나 탓할 것이 없음을 이르는 말. = 수원숙우(誰怨孰尤: 誰 누구 수 怨 원망할 원 孰 누구 숙 尤 더욱 우)	미출제

88

| 指 가리킬 지 | | | | | | | |

한자 성어	뜻	출제 횟수
258 指呼之間	지호지간 (指 가리킬 지 呼 부를 호 之 갈 지 間 사이 간) 손짓하여 부를 만큼 가까운 거리.	미출제

89 겉과 속이 다름

한자 성어	뜻	출제 횟수
259 面從腹背	면종복배 (面 낯 면 從 좇을 종 腹 배 복 背 등 배) '겉으로는 복종하는 체하면서 내심으로는 배반함.'	3번 출제
260 口蜜腹劍	구밀복검 (口 입 구 蜜 꿀 밀 腹 배 복 劍 칼 검) '입에는 꿀이 있고 배 속에는 칼이 있다'는 뜻으로, 말로는 친한 듯하나 속으로는 해칠 생각이 있음을 이르는 말.	3번 출제
261 羊頭狗肉	양두구육 (羊 양 양 頭 머리 두 狗 개 구 肉 고기 육) '양의 대가리를 내어놓고 실은 개고기를 판다'는 뜻으로, 겉으로는 훌륭하게 내세우나 속은 변변찮음. 겉과 속이 서로 다름.	3번 출제
262 表裏不同	표리부동 (表 겉 표 裏 속 리(이) 不 아닐 부 同 한가지 동) '겉으로 드러나는 언행과 속으로 가지는 생각이 다름.' = 경이원지(敬而遠之: 敬 공경 경 而 말 이을 이 遠 멀 원 之 갈 지): 공경하되 가까이하지는 아니함. 겉으로는 공경(恭敬)하는 체하면서 속으로는 꺼리어 멀리함.	2번 출제
263 笑裏藏刀	소리장도 (笑 웃음 소 裏 속 리(이) 藏 감출 장 刀 칼 도) '웃는 마음속에 칼이 있다'는 뜻으로, 겉으로는 웃고 있으나 마음속에는 해칠 마음을 품고 있음을 이르는 말 = 소중유도(笑中有刀: 笑 웃음 소 中 가운데 중 有 있을 유 刀 칼 도) 소중유검(笑中有劍: 笑 웃음 소 中 가운데 중 有 있을 유 劍 칼 검)	1번 출제

90 마음과 마음이 서로 통함

한자 성어	뜻	출제 횟수
264 以心傳心	이심전심 (以 써 이 心 마음 심 傳 전할 전) '마음과 마음으로 서로 뜻이 통함.'	3번 출제
265 敎外別傳	교외별전 (敎 가르칠 교 外 바깥 외 別 나눌 별 傳 전할 전) 선종(禪宗)에서, 부처의 가르침을 말이나 글에 의하지 않고 바로 '마음에서 마음으로 전하여 진리를 깨닫게 하는 일'	3번 출제
266 心心相印	심심상인 (心 마음 심 相 서로 상 印 도장 인) '마음과 마음으로 뜻이 통함.'	3번 출제
267 不立文字	불립문자 (不 아닐 불 立 설 립(입) 文 글월 문 字 글자 자) '불도의 깨달음은 문자나 말로써 전하는 것이 아니라 마음에서 마음으로 전한다는 뜻.'	2번 출제
268 拈華微笑	염화미소 (拈 집을 념(염) 華 빛날 화 微 작을 미 笑 웃음 소) '꽃을 집어 들고 웃음을 띠다'란 뜻으로, 말로 하지 않고 마음에서 마음으로 전(傳)하는 일을 이르는 말. 불교에서 이심전심의 뜻으로 쓰이는 말 = 염화시중(拈華示衆: 拈 집을 념(염) 華 빛날 화 示 보일 시 衆 무리 중)	2번 출제

91 평범한 사람들

한자 성어	뜻	출제 횟수
269 善男善女	선남선녀 (善 착할 선 男 사내 남 善 착할 선 女 여자 녀(여)) 1) '착하고 어진 사람들' 　= 갑남을녀(甲男乙女: 甲 갑옷 갑 男 사내 남 乙 새 을 女 여자 녀) 　　초동급부(樵童汲婦: 樵 나무할 초 童 아이 동 汲 길을 급 婦 며느리 부) 　　장삼이사(張三李四: 張 베풀 장 三 석 삼 李 오얏 이 四 넉 사) 　　필부필부(匹夫匹婦: 匹 짝 필 夫 지아비 부 婦 며느리 부) 2) '불법에 귀의한 남자와 여자를 이르는 말'	2번 출제

92 자신의 분수에 만족하며 삶

한자 성어	뜻	출제 횟수
270 安分知足	안분지족 (安 편안 안 分 나눌 분 知 알 지 足 만족할 족) '편안한 마음으로 제 분수를 지키며 만족할 줄을 앎.'	3번 출제
271 安貧樂道	안빈낙도 (安 편안 안 貧 가난할 빈 樂 즐길 낙(락) 道 길 도) '가난한 생활을 하면서도 편안한 마음으로 도를 즐겨 지킴.'	2번 출제
272 簞食瓢飮	단사표음 (簞 소쿠리 단 食 밥 사 瓢 바가지 표 飮 마실 음) '대나무로 만든 밥그릇에 담은 밥과 표주박에 든 물'이라는 뜻으로, 청빈하고 소박한 생활을 이르는 말 = 단표누항(簞瓢陋巷: 簞 소쿠리 단 瓢 바가지 표 陋 더러울 루(누) 巷 거리 항): 도시락과 표주박과 누추한 마을이란 뜻으로, 소박한 시골 살림 또는 청빈한 선비의 생활을 비유하는 말.	1번 출제
273 貧而無怨	빈이무원 (貧 가난할 빈 而 말 이을 이 無 없을 무 怨 원망할 원) '가난하지만 남을 원망하지 않음.'	1번 출제

93 주인과 손의 위치가 바뀜

한자 성어	뜻	출제 횟수
274 主客顚倒	주객전도 (主 주인 주 客 손 객 顚 엎드러질 전 倒 넘어질 도) '주인과 손의 위치가 서로 뒤바뀐다'는 뜻으로, 사물의 경중·선후·완급 따위가 서로 뒤바뀜을 이르는 말.	2번 출제
275 本末顚倒	본말전도 (本 근본 본 末 끝 말 顚 엎드러질 전 倒 넘어질 도) 1) 처음과 나중이 뒤바뀜. 2) '일의 근본은 잊고 사소한 부분에 사로잡힘.'	1번 출제

94 부모님을 그리워함.

한자 성어	뜻	출제 횟수
276 望雲之情	**망운**지정 (望 바랄 망 雲 구름 운 之 갈 지 情 뜻 정) '멀리 떠나온 자식이 구름을 바라보며 어버이를 그리는 정'을 의미한다.	3번 출제
277 白雲孤飛	**백운**고비 (白 흰 백 雲 구름 운 孤 외로울 고 飛 날 비) '흰 구름을 보며 외로워 한다'는 뜻으로 타향에서 고향에 계신 부모를 생각함.	1번 출제

95 서로를 불쌍히 여김

한자 성어	뜻	출제 횟수
278 同病相憐	**동병**상련 (同 한가지 동 病 병 병 相 서로 상 憐 불쌍히 여길 련(연)) '어려운 처지에 있는 사람끼리 서로 가엾게 여김.'	3번 출제
279 惻隱之心	**측은**지심 (惻 슬퍼할 측 隱 숨을 은 之 갈 지 心 마음 심) 사단(四端)의 하나. '가엾고 불쌍히 여기는 마음.'	2번 출제

96 흥하고 망함은 예측이 어렵다.

한자 성어	뜻	출제 횟수
280 塞翁之馬	새옹지마 (塞 변방 새 翁 늙은이 옹 之 갈 지 馬 말 마) '변방 노인의 말'이라는 뜻으로, 인생사의 변화가 무쌍해서 그 길흉화복을 절대 짐작할 수 없다는 말.	2번 출제
281 興盡悲來	흥진비래 (興 일 흥 盡 다할 진 悲 슬플 비 來 올 래(내)) '즐거운 일이 다하면 슬픈 일이 닥쳐온다'는 뜻으로, 세상일은 순환되는 것임을 이르는 말.	1번 출제
282 轉禍爲福	전화위복 (轉 구를 전 禍 재앙 화 爲 할 위 福 복 복) '화가 바뀌어 오히려 복(福)이 된다.'는 뜻으로, 어떤 불행(不幸)한 일이라도 끊임없는 노력과 강인한 의지(意志)로 힘쓰면 불행(不幸)을 행복(幸福)으로 바꾸어 놓을 수 있다는 말.	1번 출제
283 興亡盛衰	흥망성쇠 (興 일 흥 亡 망할 망 盛 성할 성 衰 쇠할 쇠) '흥하고 망함과 성하고 쇠함.'	미출제

97 눈뜨고 볼 수 없는 지옥

한자 성어	뜻	출제 횟수
284 目不忍見	목불인견 (目 눈 목 不 아닐 불 忍 참을 인 見 볼 견) '눈앞에 벌어진 상황 따위를 눈 뜨고는 차마 볼 수 없음.'	3번 출제
285 阿鼻叫喚	아비규환 (阿 언덕 아 鼻 코 비 叫 부르짖을 규 喚 부를 환) "아비(阿鼻)'라는 지옥과 '규환(叫喚)'이라는 지옥'이라는 뜻으로, 여러 사람이 비참한 지경에 빠져 울부짖는 참상.	1번 출제

98 앞뒤를 재고 망설임

한자 성어	뜻	출제 횟수
286 左顧右眄	좌고우면 (左 왼 좌 顧 돌아볼 고 右 오른쪽 우 眄 곁눈질할 면) '이쪽저쪽을 돌아본다'는 뜻으로, 앞뒤를 재고 망설임을 이르는 말.	3번 출제
287 首鼠兩端	수서양단 (首 머리 수 鼠 쥐 서 兩 두 양(량) 端 끝 단) '구멍에서 머리를 내밀고 나갈까 말까 망설이는 쥐'라는 뜻으로, 머뭇거리며 진퇴나 거취를 정하지 못하는 상태를 이르는 말.	1번 출제

99 부부간의 사랑

한자 성어	뜻	출제 횟수
288 夫唱婦隨	부창부수 (夫 지아비 부 唱 부를 창 婦 며느리 부 隨 따를 수) '남편이 주장하고 아내가 이에 잘 따름.' 또는 부부 사이의 그런 도리.	2번 출제
289 琴瑟之樂	금슬지락 (琴 거문고 금 瑟 큰 거문고 슬 之 갈 지 樂 즐길 락(낙)) '거문고와 비파(琵琶)의 아름다운 소리'라는 뜻으로, 부부간의 사랑.	1번 출제
290 比翼連理	비익연리 (比 견줄 비 翼 날개 익 連 잇닿을 연(련) 理 다스릴 리(이)) '비익조와 연리지'라는 뜻으로, 부부가 아주 화목함을 이르는 말.	미출제
291 夫爲婦綱	부위부강 (夫 지아비 부 爲 할 위 婦 며느리 부 綱 벼리 강) 삼강(三綱)의 하나. '아내는 남편을 섬기는 것이 근본임'을 이르는 말.	미출제
292 擧案齊眉	거안제미 (擧 들 거 案 책상 안 齊 가지런할 제 眉 눈썹 미) '밥상을 눈썹과 가지런하도록 공손히 들어 남편 앞에 가지고 간다'는 뜻으로, 남편을 깍듯이 공경함.	미출제

100 개인의 욕심보다 공공의 이익이 더 중요함

한자 성어	뜻	출제 횟수
293 滅私奉公	멸사봉공 (滅 꺼질 멸 私 사사 사 奉 받들 봉 公 공평할 공) '개인의 욕심을 버리고 공공의 이익을 위하여 힘씀.'	1번 출제
294 先憂後樂	선우후락 (先 먼저 선 憂 근심 우 後 뒤 후 樂 즐길 락(낙)) '세상의 일을 먼저 근심하고 남보다 나중에 즐거워한다'는 뜻으로, 지사(志士)나 어진 사람의 마음씨.	1번 출제
295 先公後私	선공후사 (先 먼저 선 公 공평할 공 後 뒤 후 私 사사 사) '사사로운 일보다 공익을 먼저로 함.'	미출제

101 오륜(五倫)

한자 성어	뜻	출제 횟수
296 君臣有義	군신유의 (君 임금 군 臣 신하 신 有 있을 유 義 옳을 의) 오륜의 하나. '임금과 신하 사이의 도리는 의리에 있음'을 일컫는 말.	미출제
297 長幼有序	장유유서 (長 길 장 幼 어릴 유 有 있을 유 序 차례 서) 오륜(五倫)의 하나. '윗사람과 아랫사람 사이에는 엄격한 차례와 질서가 있음.'	미출제
298 朋友有信	붕우유신 (朋 벗 붕 友 벗 우 有 있을 유 信 믿을 신) 오륜의 하나. '벗 사이의 도리는 믿음에 있음.'	미출제
299 夫婦有別	부부유별 (夫 지아비 부 婦 며느리 부 有 있을 유 別 나눌 별) 오륜의 하나. '부부 사이에는 서로 침범치 못할 인륜의 구별이 있음.'	미출제
300 兄友弟恭	형우제공 (兄 형 형 友 벗 우 弟 아우 제 恭 공손할 공) '형제가 서로 우애가 깊음.'	미출제

102 백성들을 착취함.

한자 성어	뜻	출제 횟수
301 苛斂誅求	가렴주구 (苛 가혹할 가 斂 거둘 렴(염) 誅 벨 주 求 구할 구) '백성에게 세금을 가혹하게 거두고, 재물을 빼앗음'	3번 출제

103 사악한 것을 피하고 경사로 나아감

한자 성어	뜻	출제 횟수
302 辟邪進慶	벽사진경 (辟 물리칠 벽 邪 간사할 사 進 나아갈 진 慶 경사 경) '사악한 귀신을 피하고 경사를 맞이함' = 원화소복(遠禍召福: 遠 멀 원 禍 재앙 화 召 부를 소 福 복 복): 화를 물리치고 복을 불러들임.	1번 출제

104 아슬아슬한 위기

한자 성어	뜻	출제 횟수
303 百尺竿頭	백척간두 (百 일백 백 尺 자 척 竿 장대 간 頭 머리 두) '백 자나 되는 높은 장대 위에 올라섰다'는 뜻으로, 몹시 어렵고 위태로운 지경을 이르는 말이다. = 누란지위(累卵之危: 累 묶을 누 卵 알 란 之 갈 지 危 위태할 위), 풍전등화(風前燈火: 風 바람 풍 前 앞 전 燈 등 등 火 불 화)	2번 출제

105 백척간두(百尺竿頭) 유의어

한자 성어	뜻	출제 횟수
304 累卵之勢	누란지세 (累 여러 누(루) 卵 알 란(난) 之 갈 지 勢 형세 세) '층층이 쌓아 놓은 알의 위태로움'이라는 뜻으로, 몹시 아슬아슬한 위기를 비유적으로 이르는 말	1번 출제

106 환경에 따라 바뀜

한자 성어	뜻	출제 횟수
305 橘化爲枳	**귤화위지** (橘 귤 귤 化 될 화 爲 할 위 枳 탱자 지) '회남의 귤을 회북에 옮겨 심으면 탱자가 된다'는 뜻으로, 환경에 따라 사람이나 사물의 성질이 변함을 이르는 말 cf) 陸績懷橘(육적회귤: 陸績 사람 이름 懷 품을 회 橘 귤 귤) '육적(陸績)이 어머니께 귤을 드리려고 몰래 가슴에 품었다'는 말로 지극한 효성을 의미함.	2번 출제
306 近墨者黑	**근묵자흑** (近 가까울 근 墨 먹 묵 者 놈 자 黑 검을 흑) '먹을 가까이하면 똑같이 검게 된다.'는 뜻으로, 나쁜 사람과 가까이 지내면 나쁜 버릇에 물들기 쉬움.	2번 출제
307 同聲異俗	**동성이속** (同 한가지 동 聲 소리 성 異 다를 이(리) 俗 풍속 속) '한 가지 소리를 타고났어도, 자라면서 환경에 의해 서로 달라짐'을 이르는 말.	1번 출제
308 芝蘭之化	**지란지화** (芝 지초 지 蘭 난초 란(난) 之 갈 지 化 될 화) '좋은 친구(親舊)와 사귀면 자연히 그 아름다운 덕에 감화(感化)됨'을 이르는 말.	1번 출제

107 인생무상

한자 성어	뜻	출제 횟수
309 南柯一夢	남가일몽 (南 남녘 남 柯 가지 가 一 한 일 夢 꿈 몽) '남녘 가지의 한바탕 꿈'이란 뜻으로, 꿈과 같이 헛된 한때의 부귀영화를 이르는 말.	1번 출제
310 草露人生	초로인생 (草 풀 초 露 이슬 로(노) 人 사람 인 生 날 생) '풀잎에 맺힌 이슬과 같은 인생'이라는 뜻으로, 허무하고 덧없는 인생을 비유적으로 이르는 말	미출제

108 평범한 사람들 중 뛰어난 사람

한자 성어	뜻	출제 횟수
311 囊中之錐	낭중지추 (囊 주머니 낭 中 가운데 중 之 갈 지 錐 송곳 추) '주머니 속의 송곳'이라는 뜻으로, 재능이 뛰어난 사람은 숨어 있어도 저절로 사람들에게 알려짐을 이르는 말.	2번 출제
312 群鷄一鶴	군계일학 (群 무리 군 鷄 닭 계 一 한 일 鶴 학 학) '무리 지어 있는 닭 가운데 있는 한 마리의 학'이라는 뜻으로, 여러 평범(平凡)한 사람들 가운데 있는 뛰어난 한 사람을 이르는 말.	미출제

109 억울하게 의심 받음

한자 성어	뜻	출제 횟수
313 烏飛梨落	오비이락 (烏 까마귀 오 飛 날 비 梨 배나무 이(리) 落 떨어질 락(낙)) '까마귀 날자 배 떨어진다'는 뜻으로, 아무 관계도 없이 한 일이 공교롭게도 때가 같아 억울하게 의심을 받거나 난처하게 됨을 이르는 말.	1번 출제

110 일시적인 효력의 임시방편

한자 성어	뜻	출제 횟수
314 彌縫策	미봉책 (彌 두루 미 縫 꿰맬 봉 策 꾀 책) '눈가림만 하는 일시적인 대책.'	1번 출제
315 凍足放尿	동족방뇨 (凍 얼 동 足 발 족 放 놓을 방 尿 오줌 뇨(요)) '언 발에 오줌 누기'라는 뜻으로, 잠시 동안만 효력이 있을 뿐 효력이 바로 사라짐을 비유적으로 이르는 말.	1번 출제
316 姑息之計	고식지계 (姑 시어머니 고 息 쉴 식 之 갈 지 計 셀 계) '부녀자나 어린아이가 꾸미는 계책'이라는 뜻으로, 임시로 편한 것을 취하는 계책(計策).	미출제
317 下石上臺	하석상대 (下 아래 하 石 돌 석 上 윗 상 臺 대 대) '아랫돌을 빼서 윗돌을 괴고 윗돌을 빼서 아랫돌을 괸다'는 뜻으로, 임시변통으로 이리저리 둘러맞춤을 이르는 말.	미출제
318 上下撑石	상하탱석 (上 윗 상 下 아래 하 撑 버틸 탱 石 돌 석) '아랫돌을 빼서 윗돌을 괴고, 윗돌을 빼서 아랫돌을 괸다'는 뜻으로, 몹시 꼬이는 일을 당하여 임시변통으로 이리저리 견디어 감.	미출제

111 110과 반대말 : 근본 원인을 없앰

319 拔本塞源	발본색원 (拔 뽑을 발 本 근본 본 塞 막힐 색 源 근원 원) '근본 원인을 완전히 없애 다시는 그러한 일이 생길 수 없도록 함.'	미출제

112 어리석은 사람

한자 성어	뜻	출제 횟수
320 遼東之豕	요동지시 (遼 멀 요(료) 東 동녘 동 之 갈 지 豕 돼지 시) '남들이 보기에는 하찮은 물건인데도 본인은 대단히 귀한 것으로 생각하는 어리석은 태도'를 이르는 말	1번 출제
321 菽麥不辨	숙맥불변 (菽 콩 숙 麥 보리 맥 不 아닐 불 辨 분별할 변) '콩과 보리를 구별하지 못한다'는 뜻으로, 사리 분별을 못하는 어리석은 사람의 비유.	미출제
322 愚夫愚婦	우부우부 (愚 어리석을 우 夫 지아비 부 婦 며느리 부) '어리석은 남자와 어리석은 여자'	미출제

113 빡침

한자 성어	뜻	출제 횟수
323 切齒腐心	절치부심 (切 끊을 절 齒 이 치 腐 썩을 부 心 마음 심) '이를 끊어질 정도로 갈고 마음을 썩이다'는 뜻으로, 몹시 분하여 이를 갈며 속을 썩임.	3번 출제
324 怒氣登天	노기등천 (怒 성낼 노(로) 氣 기운 기 登 오를 등 天 하늘 천) '성이 하늘을 찌를 듯이 머리끝까지 치받쳐 있다는 말.'	1번 출제

114 살기 좋은 시절

한자 성어	뜻	출제 횟수
325 含哺鼓腹	함포고복 (含 머금을 함 哺 먹일 포 鼓 북 고 腹 배 복) '잔뜩 먹고 배를 두드린다'는 뜻으로, 먹을 것이 풍족하여 즐겁게 지냄을 이르는 말.	미출제
326 鼓腹擊壤	고복격양 (鼓 북 고 腹 배 복 擊 칠 격 壤 흙덩이 양) '배를 두드리고 흙덩이를 친다.'는 뜻으로, 배불리 먹고 흙덩이를 치는 놀이를 함. 즉 매우 살기 좋은 시절을 말함.	미출제

115 나머지

한자 성어	뜻	출제 횟수
327 我田引水	**아전인수** (我 나 아 田 밭 전 引 끌 인 水 물 수) '자기 논에 물 대기'라는 뜻으로, 자기에게만 이롭게 되도록 생각하거나 행동함을 이르는 말	2번 출제
328 盲者正門	**맹자정문** (盲 맹인 맹 者 놈 자 正 바를 정 門 문 문) '맹인(盲人)이 정문(正門)을 바로 찾아 들어간다.'는 뜻으로, 어리석은 사람이 어쩌다 이치에 들어맞는 일을 함.	미출제
329 掩耳盜鈴	**엄이도령** (掩 가릴 엄 耳 귀 이 盜 도둑 도 鈴 방울 령(영)) '귀를 가리고 방울을 훔친다'는 뜻으로, 다 드러난 것을 얕은꾀로 남을 속이려고 함의 비유.	미출제
330 浩然之氣	**호연지기** (浩 넓을 호 然 그럴 연 之 갈 지 氣 기운 기) 1) '하늘과 땅 사이에 가득 찬 넓고 큰 원기'(元氣). 2) 도의에 뿌리를 박고 공명정대하여 조금도 부끄러울 바 없는 도덕적 용기. 3) 사물에서 해방되어 자유스럽고 유쾌한 마음. 호기(浩氣).	미출제
331 松茂柏悅	**송무백열** (松 소나무 송 茂 무성할 무 柏 측백 백 悅 기쁠 열) '소나무가 무성하면 잣나무가 기뻐한다'는 뜻으로, 벗이 잘되는 것을 기뻐함의 비유.	미출제
332 甲論乙駁	**갑론을박** (甲 갑옷 갑 論 논할 론(논) 乙 새 을 駁 논박할 박) '서로 자기주장을 내세우고 상대방의 주장을 반박함.'	미출제
333 結者解之	**결자해지** (結 맺을 결 者 놈 자 解 풀 해 之 갈 지) '맺은 사람이 풀어야 한다'는 뜻으로, 자기가 저지른 일은 자기가 해결해야 한다는 말.	미출제

334	比屋可封	비옥가봉 (比 견줄 비 屋 집 옥 可 옳을 가 封 봉할 봉) '중국 요순시대에 사람들이 모두 착하여 집집마다 표창할 만하였다'는 뜻으로, 나라에 어진 사람이 많음을 이르는 말.	미출제
335	堂狗風月	당구풍월 (堂 집 당 狗 개 구 風 바람 풍 月 달 월) '서당에서 기르는 개가 풍월을 읊는다'는 뜻으로, 그 분야에 대하여 경험과 지식이 전혀 없는 사람이라도 오래 있으면 얼마간의 경험과 지식을 가짐을 이르는 말.	미출제
336	前人未踏	전인미답 (前 앞 전 人 사람 인 未 아닐 미 踏 밟을 답) '이제까지 그 누구도 가 보지 못함.' = 전대미문(前代未聞: 前 앞 전 代 대신할 대 未 아닐 미 聞 들을 문)	미출제
337	頂門一鍼	정문일침 (頂 정수리 정 門 문 문 一 한 일 鍼 침 침) '정수리에 침을 놓는다'는 뜻으로, 따끔한 충고나 교훈을 이르는 말.	미출제
338	以夷制夷	이이제이 (以 써 이 夷 오랑캐 이 制 절제할 제) '오랑캐를 이용하여 다른 오랑캐를 제어(制御·制馭)한다.'라는 뜻으로, 적(敵)을 이용(利用)하여 다른 적(敵)을 통제(統制)하고 부림.	미출제
339	招搖過市	초요과시 (招 부를 초 搖 흔들 요 過 지날 과 市 저자 시) '남의 이목을 끌도록 요란스럽게 하며 저잣거리를 지나간다.'는 뜻으로, 허풍을 떨면서 자신을 드러내어 사람들의 주의를 끄는 것을 비유하는 말	미출제
340	外柔內剛	외유내강 (外 바깥 외 柔 부드러울 유 內 안 내 剛 굳셀 강) '겉으로 보기에는 부드러우나 속은 꿋꿋하고 강(強)함.'	미출제

Chapter 03 속담과 관련된 한자 성어

한자 성어	뜻
① 角者無齒	각자무치 (角 뿔 각 者 사람 자 無 없을 무 齒 이 치) 무는 호랑이는 뿔이 없다.
② 甘吞苦吐	감탄고토 (甘 달 감 吞 삼킬 탄 苦 쓸 고 吐 토할 토) 달면 삼키고 쓰면 뱉는다.
③ 見蚊拔劍	견문발검 (見 볼 견 蚊 모기 문 拔 뽑을 발 劍 칼 검) 모기 보고 칼 빼기
④ 姑息之計	고식지계 (姑 시어머니 고 息 쉴 식 之 갈 지 計 셀 계) 눈 가리고 아웅. 언 발에 오줌 누기 = 동족방뇨(凍足放尿), 임시방편(臨時方便)
⑤ 孤掌難鳴	고장난명 (孤 외로울 고 掌 손바닥 장 難 어려울 난 鳴 울 명) 손바닥도 마주쳐야 소리가 난다. 외손뼉이 울랴. 외손뼉이 못 울고 한 다리로 가지 못한다.
⑥ 苦盡甘來	고진감래 (苦 쓸 고 盡 다할 진 甘 달 감 來 올 래) 태산을 넘으면 평지를 본다.
⑦ 矯角殺牛	교각살우 (矯 바로잡을 교 角 뿔 각 殺 죽일 살 牛 소 우) 쥐 잡으려다가 장독 깬다. 빈대 잡으려다 초가삼간 태운다. 뿔을 바로잡으려다 소를 죽인다.
⑧ 螳螂拒轍	당랑거철 (螳 사마귀 당 螂 사마귀 랑(낭) 拒 막을 거 轍 바퀴 자국 철) 하룻강아지 범 무서운 줄 모른다.
⑨ 同病相憐	동병상련 (同 한가지 동 病 병 병 相 서로 상 憐 불쌍히 여길 련(연)) 과부 사정은 (동무) 과부가 안다.
⑩ 得隴望蜀	득롱망촉 (得 얻을 득 隴 고개 이름 롱 望 바랄 망 蜀 나라 이름 촉) 말 타면 경마 잡히고 싶다.
⑪ 亡羊補牢	망양보뢰 (亡 망할 망 羊 양 양 補 기울 보 牢 우리 뢰(뇌)) 소 잃고 외양간 고친다.

⑫	目不識丁	목불식정 (目 눈 목 不 아닐 불 識 알 식 丁 고무래 정) 낫 놓고 기역자도 모른다.
⑬	本末顚倒	본말전도 (本 근본 본 末 끝 말 顚 엎드러질 전 倒 넘어질 도) 배보다 배꼽이 크다.
⑭	附和雷同	부화뇌동 (附 붙을 부 和 화할 화 雷 우레 뇌(뢰) 同 한가지 동) 망둥이가 뛰면 꼴뚜기도 뛴다.
⑮	貧則多事	빈즉다사 (貧 가난할 빈 則 곧 즉 多 많을 다 事 일 사) 가난한 집 제사 돌아오듯
⑯	塞翁之馬	새옹지마 (塞 변방 새 翁 늙은이 옹 之 갈 지 馬 말 마) 음지가 양지 되고 양지가 음지 된다.
⑰	脣亡齒寒	순망치한 (脣 입술 순 亡 망할 망 齒 이 치 寒 찰 한) 이 없으면 잇몸으로 산다.
⑱	識字憂患	식자우환 (識 알 식 字 글자 자 憂 근심 우 患 근심 환) 아는 것이 병이다.
⑲	十伐之木	십벌지목 (十 열 십 伐 칠 벌 之 갈 지 木 나무 목) 열 번 찍어 안 넘어가는 나무 없다.
⑳	我田引水	아전인수 (我 나 아 田 밭 전 引 끌 인 水 물 수) 제 논에 물 대기
㉑	有備無患	유비무환 (有 있을 유 備 갖출 비 無 없을 무 患 근심 환) 감나무 밑에 누워도 삿갓 미사리를 대어라.
㉒	類類相從	유유상종 (類 무리 유(류) 相 서로 상 從 좇을 종) 가재는 게 편이요, 초록은 동색이라.
㉓	一擧兩得	일거양득 (一 한 일 擧 들 거 兩 두 양(량) 得 얻을 득) 꿩 먹고 알 먹는다. 도랑 치고 가재 잡는다.
㉔	賊反荷杖	적반하장 (賊 도둑 적 反 돌이킬 반 荷 멜 하 杖 지팡이 장) 방귀 뀐 놈이 성낸다. 도둑이 매를 든다.

Chapter 04 亦功 기출 혼동 한자 표기

1 2013 지방직 9급

01 일주

혼동 한자어	뜻
一走	일주 (一 한 일 走 달릴 주) 조선 시대 무관을 뽑는 시험에서, 달음질의 첫째 등급을 이르는 말.
逸走	일주 (逸 달아날 일 走 달릴 주) 도망쳐 달아남. 예 排他的(배타적) 感情(감정)으로 逸走(일주)하지 말라.

02 지향

혼동 한자어	뜻
指向	지향 (指 가리킬 지 向 향할 향) 지정한 방향으로 나아감 예 그는 그 오솔길을 지향(指向) 없이 걸었다.
志向	지향 (志 뜻 지 向 향할 향) 어떤 목적으로 뜻이 쏠리어 향함. 또는 그 의지나 방향. 예 그는 우리나라의 평화를 지향(志向)했다.

2 기출에 나온 혼동 한자 정리

01 결

혼동 한자어	뜻
結	맺을 결 예 결과(結果: 結 맺을 결 果 실과 과) 　　결연(結緣: 結 맺을 결 緣 인연 연)
決	결단할 결 예 해결(解決: 解 풀 해 決 결단할 결)

02 대

혼동 한자어	뜻
貸	빌릴 대 예 취대(取貸: 取 가질 취 貸 빌릴 대): 돈을 돌려서 꾸어 주거나 꾸어 씀.
待	기다릴 대 예 학수고대(鶴首苦待: 鶴 학 학 首 머리 수 苦 쓸 고 待 기다릴 대) 　　: '학처럼 목을 길게 빼고 기다린다.'는 뜻으로, '몹시 기다림'을 이르는 말.

Chapter 05 亦功 기출 2글자 한자(혼동 한자)

Part 01 한자 성어 및 한자

2013 국가직, 지방직, 서울시 9급, 7급

01 '기미 독립 선언서'의 공약 3장 중 첫 장이다. 밑줄 친 단어 중 한자가 바르지 않은 것은? 2013 지방직 9급

> 今日(금일) 吾人(오인)의 此擧(차거)는 正義(정의), ㉠<u>人道</u>(인도), 生存(생존), ㉡<u>尊榮</u>(존영)을 爲(위)하는 民族的(민족적) 要求(요구)ㅣ니, 오즉 自由的(자유적) 精神(정신)을 ㉢<u>發揮</u>(발휘)할 것이오, 決(결)코 排他的(배타적) 感情(감정)으로 ㉣<u>一走</u>(일주)하지 말라.

① ㉠ ② ㉡ ③ ㉢ ④ ㉣

02 밑줄 친 말의 한자 표기가 맞는 것은? 2013 지방직 9급

> 이런 샌님의 생각으로는 청렴 개결(淸廉介潔)을 생명으로 삼는 선비로서 재물을 알아서는 안 된다. 어찌 감히 이해를 따지고 가릴 것이냐. 오직 예의·염치(廉恥)가 있을 뿐이다.
> 인(仁)과 의(義) 속에 살다가 인과 의를 위하여 죽는 것이 떳떳하다. 백이와 숙제를 배울 것이요, 악비(岳飛)와 문천상(文天祥)을 본받을 것이다. 이리하여 마음에 음사(淫邪)를 생각하지 않고, 입으로 재물을 말하지 않는다. 어디 가서 <u>취대</u>하여 올 주변도 못 되지마는, 애초에 그럴 생각을 염두에 두는 일이 없다.
> — 이희승, 「딸깍발이」 중에서 —

① 取貸 ② 取待 ③ 就貸 ④ 就待

정답풀이) 一 하나 일(×) → 逸 달아날 일(○)
- 일주 (一走 : 一 한 일, 走 달릴 주)
  : 조선 시대 무관을 뽑는 시험에서, 달음질의 첫째 등급을 이르는 말.
- 일주 (逸走 : 逸 달아날 일, 走 달릴 주) : 도망쳐 달아남.
문맥상 '배타적인 감정으로 나아가지 말라'는 의미이므로 '一走(일주)'보다 '逸走(일주)'가 더 적절하다.

오답풀이) ① 인도 (人道 : 人 사람 인, 道 길 도)
  : 「1」 사람으로서 마땅히 지켜야 할 도리. 「2」 사람으로서 마땅히 알아야 할 길이라는 뜻으로, 남녀 사이의 교합을 이르는 말.
② 존영 (尊榮 : 尊 높을 존, 榮 영화 영) : 지위가 높고 영화로움.
③ 발휘 (發揮 : 發 필 발, 揮 휘두를 휘)
  : 재능이나 능력 따위를 떨쳐 나타냄.

정답풀이) 취대 (取貸 : 取 가질 취, 貸 빌릴 대)
: 돈을 돌려서 꾸어 주거나 꾸어 씀.
밑줄 친 부분 '어디 가서 돈을 빌려 올 주변도 못 되지마는'을 보면 문맥상 적절한 것은 '취대 (取貸)'이다.
나머지 선지들의 한자어는 없는 단어이다.

오답풀이) ② 취대 (取待 : 取 취할 취, 待 기다릴 대)
③ 취대 (就貸 : 就 나아갈 취, 貸 빌릴 대)
④ 취대 (就待 : 就 나아갈 취, 待 기다릴 대)

03 다음 중 ( ) 안에 들어갈 한자가 순서대로 배열된 것은?
2013 서울시 9급

> 일부 학원이 미국 대학입학자격시험(SAT) 문제를 유출(　)한 정황(　)이 포착(　)돼 국내 시험이 연속 취소되는 초유의 사태가 발생하자 서울시교육청이 문제 유출자를 사실상 '퇴출'하는 특단(　)의 대책을 마련했다. 문제를 유출하고도 오히려 '족집게'로 소문나면서 인기 학원이 되거나 학원 간판만 바꿔 달아 영업하는 고리를 끊어 불법행위자는 학원가에 발붙일 수 없게 할 방침(　)이다.

① 有出 – 政況 – 捕捉 – 特段 – 方針
② 流出 – 程況 – 捕着 – 特端 – 方枕
③ 有出 – 政況 – 捕促 – 特但 – 方砧
④ 流出 – 情況 – 捕捉 – 特段 – 方針
⑤ 誘出 – 情況 – 捕促 – 特端 – 方枕

정답풀이 • 유출 (流出: 流 흐를 유, 出 날 출)
: 「1」 밖으로 흘러 나가거나 흘려 내보냄. 「2」 귀중한 물품이나 정보 따위가 불법적으로 나라나 조직의 밖으로 나가 버림. 또는 그것을 내보냄.
• 정황 (情況: 情 뜻 정, 況 상황 황)
: 「1」 일의 사정과 상황.
「2」 인정상 딱한 처지에 있는 상황.
• 포착 (捕捉: 捕 잡을 포, 捉 잡을 착)
: 「1」 꼭 붙잡음.
「2」 요점 및 요령을 얻음. 「3」 어떤 기회나 정세를 알아차림.
• 특단 (特段: 特 특별할 특, 段 구분 단)
: 보통과 구별되게 다름.
• 방침 (方針: 方 모 방, 針 바늘 침)
: 앞으로 일을 치러 나갈 방향과 계획.

오답풀이 유출 (有出: 有 있을 유, 出 날 출): 없는 단어이다.
유출 (誘出: 誘 꾈 유, 出 날 출)
: 유혹하여 있던 곳에서 다른 곳으로 나오게 함.
정황 (政況: 政 정치 정, 況 상황 황): 정치계의 상황.
정황 (程況: 程 한도 정, 況 상황 황): 없는 단어이다.
포착 (捕着: 捕 잡을 포, 着 붙을 착): 없는 단어이다.
포착 (捕促: 捕 잡을 포, 促 악착스러울 착): 없는 단어이다.
특단 (特端: 特 특별할 특, 端 끝 단): 없는 단어이다.
특단 (特但: 特 특별할 특, 但 다만 단): 없는 단어이다.
방침 (方枕: 方 모 방, 枕 베개 침): 네모난 베개.
방침 (方砧: 方 모 방, 砧 다듬잇돌 침): 없는 단어이다.

04 괄호 안에 들어갈 말로 가장 적절한 것은? 2013 국가직 7급

> 조선 시대의 백자는 기교가 넘치는 고려 시대의 청자와는 달리 담백하여 (　　) 멋이 있다.

① 곡진(曲盡)한　② 소박(素朴)한
③ 섬세(纖細)한　④ 진중(珍重)한

정답풀이 소박 (素朴: 素 본디 소, 朴 순박할 박)
: 꾸밈이나 거짓이 없고 수수하고 자연스러움.
조선 시대의 백자는 기교가 넘치는 고려청자와는 달리 담백하다라는 것으로 보아 기교가 넘치는 것과는 상반되면서 담백함과 어울리는 뜻으로 문맥상 적절한 것은 '소박 (素朴)'이다.

오답풀이 ① 곡진 (曲盡: 曲 굽을 곡, 盡 다할 진)
: 매우 정성스러움. 또는 매우 자세하고 간곡함.
③ 섬세 (纖細: 纖 가늘 섬, 細 가늘 세)
: 곱고 가늚. 또는 매우 찬찬하고 세밀함.
④ 진중 (珍重: 珍 보배 진, 重 무거울 중)
: 아주 소중히 여김. 또는 진귀하고 소중함.

05 밑줄 친 단어의 한자로 알맞은 것은? 2013 지방직 7급

> 왜 인간에게는 왼손잡이와 오른손잡이가 별도로 태어나는 것일까? 외형은 분명히 의사 비대칭을 취하고 있되, 기능은 <u>의사</u> 비대칭 차원을 벗어나서 완벽한 비대칭을 취한다. 모습만 유사했지 기능은 절대적으로 다르게 나타난다.

① 儗事　② 擬似　③ 蟻邪　④ 疑寫

정답풀이 의사(擬似: 擬 비교할 의, 似 닮을 사): 실제와 유사함.
밑줄 친 부분은 '기능은 유사한 비대칭 차원을 벗어나서 완벽한 비대칭을 취한다'를 의미하므로 문맥상 적절한 것은 '의사 (擬似)'이다.

오답풀이 나머지 선지들의 한자어는 없는 단어이다.
① 의사 (儗事: 儗 참람할 의, 事 일 사)
③ 의사 (蟻邪: 蟻 개미 의, 邪 간사할 사)
④ 의사 (疑寫: 疑 의심할 의, 寫 베낄 사)

Answer
01 ④　02 ①　03 ④　04 ②　05 ②

06 다음 중 한자음 표기가 잘못된 것은? 2013 서울시 7급

① 요소(尿素)
② 유대(紐帶)
③ 은익(隱匿)
④ 이토(泥土)
⑤ 익명(匿名)

2014 국가직, 지방직, 서울시 9급, 7급

07 다음 문장들의 의미를 고려할 때 밑줄 친 부분을 한자로 순서대로 바르게 옮긴 것은? 2014 서울시 9급

> 그는 부정이나 불의를 보면 참지 못한다.
> 그 집에 가면 부정을 탄다는 소문이 있다.
> 답이 무수히 많은 방정식을 부정 방정식이라 한다.
> 그의 대답은 긍정도 부정도 아니어서 혼란스럽다.

① 不淨 – 不正 – 不正 – 否定
② 不正 – 不淨 – 不定 – 否定
③ 不定 – 不淨 – 否定 – 不定
④ 不貞 – 否定 – 不淨 – 不定
⑤ 不貞 – 不定 – 否定 – 不淨

정답풀이) 隱匿의 독음은 '은익'이 아니라 '은닉'이 옳다.
다음 한자어의 경우 두음 법칙이 적용되는데, 이와 관련하여 한자음을 잘 표기했는지를 묻는 문제이다.
'匿'은 '숨길 닉(익)'으로, 첫 음절에 오는 경우에는 두음 법칙이 일어나 '익'으로 표기하지만, 여기에서는 '은닉'의 '닉'은 둘째 음절이므로 두음 법칙이 적용되지 않으므로 원음으로 표기해야 한다.

오답풀이) ① 요소 (尿素 : 尿 오줌 요, 素 흴 소)
  : 동물 몸 안의 단백질이 분해할 때 생겨서 오줌으로 배설되는 질소 화합물.
② 유대 (紐帶 : 紐 묶을 뉴, 帶 띠 대)
  : 둘 이상을 연결하거나 결합하게 하는 것. 또는 그런 관계.
④ 이토 (泥土 : 泥 진흙 니, 土 흙 토)
  : 빛깔이 붉고 차진 흙. 또는 진흙.
⑤ 익명 (匿名 : 匿 숨길 닉, 名 이름 명)
  : 이름을 숨김. 또는 숨긴 이름이나 그 대신 쓰는 이름.

정답풀이) • 부정 (不正 : 不 아닐 부, 正 바를 정)
  : 올바르지 아니하거나 옳지 못함.
  '그는 부정이나 불의를 보면 참지 못한다.'의 의미를 고려할 때 불의와 어울리는 단어로는 '부정 (不正)'임을 알 수 있다.
• 부정 (不淨 : 不 아닐 부, 淨 깨끗할 정)
  : 「1」 깨끗하지 못함. 또는 더러운 것. 「2」 사람이 죽는 따위의 불길한 일.
  '그 집에 가면 부정을 탄다는 소문이 있다.'의 의미를 고려할 때 불길함을 뜻하는 '부정 (不淨)'임을 알 수 있다.
• 부정 (不定 : 不 아닐 부, 定 정할 정) : 일정하지 아니함.
  '답이 무수히 많은 방정식을 부정 방정식이라 한다.'의 의미를 고려할 때 수학 용어로는 '부정 (不定)'임을 알 수 있다.
• 부정 (否定 : 否 아닐 부, 定 정할 정) : 그렇지 아니하다고 단정하거나 옳지 아니하다고 반대함.
  '그의 대답은 긍정도 부정도 아니어서 혼란스럽다.'의 의미를 고려할 때 긍정과 상반되는 '부정 (否定)'임을 알 수 있다.

오답풀이) 부정 (不貞 : 不 아닐 부, 貞 곧을 정) : 부부가 서로의 정조를 지키지 아니함.

08 다음 중 괄호 안의 한자어가 적절히 사용된 것은?

2014 서울시 9급

① 가상(假像) 현실에서는 실제로 경험할 수 없는 체험을 할 수 있다.
② 가시(可示)적인 성과보다는 내실이 중요하다.
③ 그의 작품에는 다양한 인생 편력(遍歷)이 드러나 있다.
④ 그 이야기는 과장(誇長) 없는 사실이다.
⑤ 삶에 대한 통찰(通察)이 묻어나는 말씀이다.

[정답풀이] 편력 (遍歷: 遍 두루 편, 歷 지날 력)
: 「1」이곳저곳을 널리 돌아다님. 「2」여러 가지 경험을 함.
문맥상 '그의 작품에는 다양한 인생의 여러 가지 경험들이 드러나 있다'는 의미이므로 적절한 것은 '편력 (遍歷)'이다.

[오답풀이] ① 像 형상 상(×) → 想 서로 상(○)
• 가상 (假像: 假 거짓 가, 像 형상 상)
 : 실물처럼 보이는 거짓 형상.
• 가상 (假想: 假 거짓 가, 想 생각 상)
 : 사실이 아니거나 사실 여부가 분명하지 않은 것을 사실이라고 가정해서 생각함.
문맥상 '가상'은 거짓 형상이라기보다는 실제로 경험할 수 없는 체험이라고 하는 것으로 보아 '가상 (假像)'보다 '가상 (假想)'이 더 적절하다.
② 示 보일 시(×) → 視 볼 시(○)
• 가시 (可示: 可 옳을 가, 示 보일 시) : 없는 단어이다.
• 가시 (可視: 可 옳을 가, 視 볼 시) : 눈으로 볼 수 있음.
④ 長 길 장(×) → 張 베풀 장(○)
• 과장 (誇長: 誇 자랑할 과, 長 길 장) : 없는 단어이다.
• 과장 (誇張: 誇 자랑할 과, 張 베풀 장)
 : 사실보다 지나치게 불려서 나타냄.
⑤ 通 통할 통(×) → 洞 꿰뚫을 통(○)
• 통찰 (通察: 通 통할 통, 察 살필 찰)
 : 책이나 글을 처음부터 끝까지 모두 훑어봄.
• 통찰 (洞察: 洞 꿰뚫을 통, 察 살필 찰)
 : 예리한 관찰력으로 사물을 꿰뚫어 봄.
문맥상 '삶을 꿰뚫어본다'는 의미이므로 '통찰 (通察)'보다 '통찰(洞察)'이 더 적절하다.

09 밑줄 친 한자어를 우리말로 고친 것으로 옳지 않은 것은? 2014 국가직 7급

① 섣부른 <u>豫斷</u>은 금물이다. - 지레짐작은
② 경제 발전에 전력을 <u>傾注</u>하다. - 기울이다
③ 눈동자가 기쁨으로 <u>充溢</u>하다. - 가득 차다
④ 이 서류들을 잘 분류해서 <u>編綴</u>해 두어라. - 놓아

[정답풀이] 편철 (編綴: 編 엮을 편, 綴 엮을 철)
: 통신, 문건, 신문 따위를 정리하여 짜서 철하거나 걸음.
'편철 (編綴)'을 '놓아'로 고친 것은 적절하지 않다. '엮어'로 고쳐야 한다.
나머지 선지들의 한자어를 우리말로 고친 것은 적절하다.

[오답풀이] ① 예단 (豫斷: 豫 미리 예, 斷 끊을 단)
 : 미리 판단함. 또는 그 판단.
② 경주 (傾注: 傾 기울 경, 注 부을 주)
 : 힘이나 정신을 한곳에만 기울임.
③ 충일 (充溢: 充 채울 충, 溢 넘칠 일) : 가득 차서 넘침.

10 밑줄 친 부분을 한자로 올바르게 바꾼 것은? 2014 국가직 7급

• 정기 국회에 새 법안을 <u>상정</u>하였다.
• 우리 학교는 많은 인재를 <u>배출</u>한 명문 학교이다.

① 詳定 - 排出
② 上程 - 輩出
③ 上程 - 排出
④ 詳定 - 輩出

[정답풀이] • 상정 (上程: 上 윗 상, 程 한도 정)
 : 토의할 안건을 회의 석상에 내어놓음.
• 배출 (輩出: 輩 무리 배, 出 날 출) : 인재(人材)가 계속하여 나옴.

[오답풀이] • 상정 (詳定: 詳 자세할 상, 定 정할 정)
 : 나라의 제도나 관아에서 쓰는 물건의 값, 세액, 공물액 따위를 심사하고 결정하여 오랫동안 변경하지 못하게 하던 일.
• 배출 (排出: 排 밀칠 배, 出 날 출)
 : 「1」안에서 밖으로 밀어 내보냄. 「2」동물이 섭취한 음식물을 소화하여 항문으로 내보내는 일.

06 ③ 07 ② 08 ③ 09 ④ 10 ②

11 밑줄 친 말의 쓰임이 바르지 않은 것은? 2014 지방직 7급

① 그것은 아무도 예측하지 못한 파천황(破天荒)의 사태였다.
② 그는 단말마(斷末魔)의 비명을 지르며 쓰러졌다.
③ 우리는 육이오라는 미상불(未嘗不)의 대전란을 겪었다.
④ 남들의 백안시(白眼視)로 그는 괴로워하고 기를 펴지 못했다.

12 다음 중 괄호 안의 한자어가 적절히 사용된 것은? 2014 서울시 7급

① 그 아이의 귀는 매우 예민(銳悶)하다.
② 그 범인은 자신을 검사로 사칭(私稱)하고 다녔다.
③ 그는 모든 군인의 귀감(貴鑑)이 되었다.
④ 올해는 대부분의 예산이 삭감(削減)되었다.
⑤ 과거의 잘못된 관행을 답습(踏習)하는 것은 옳지 않다.

정답풀이) • 미상불 (未嘗不: 未 아닐 미, 嘗 맛볼 상, 不 아닐 불): 아닌 게 아니라 과연.
• 미증유 (未曾有: 未 아닐 미, 曾 일찍 증, 有 있을 유): 지금까지 한 번도 있어 본 적이 없음.
'우리는 육이오라는 전쟁으로 인해 지금까지 한 번도 있어 본 적이 없던 대전란을 겪었다'가 자연스러우므로 '미상불 (未嘗不)'보다 '미증유 (未曾有)'가 더 적절하다.

오답풀이) ① 파천황 (破天荒: 破 깨뜨릴 파, 天 하늘 천, 荒 거칠 황)
: 「1」이전에 아무도 하지 못한 일을 처음으로 해냄을 이르는 말. ≪'북몽쇄언(北夢瑣言)'에 나오는 말로, 중국 당나라의 형주(荊州) 지방에서 과거의 합격자가 없어 천지가 아직 열리지 않은 혼돈한 상태라는 뜻으로 천황(天荒)이라고 불리었는데 유세(劉蛻)라는 사람이 처음으로 합격하여 천황을 깼다는 데서 유래한다.≫ 「2」양반이 없는 시골이나 인구수가 적은 성씨에 인재가 나서 본래의 미천한 상태를 벗어남.
② 단말마 (斷末魔: 斷 끊을 단, 末 끝 말, 魔 마귀 마)
: 인간이 죽을 때 느끼는 마지막의 고통. 또는 임종을 달리하는 말.
④ 백안시 (白眼視: 白 흴 백, 眼 눈 안, 視 볼 시)
: 남을 업신여기거나 무시하는 태도로 흘겨봄.

정답풀이) 삭감 (削減: 削 깎을 삭, 減 덜 감): 깎아서 줄임. 문맥상 '예산을 깎아서 줄인다'는 의미이므로 적절한 것은 '삭감 (削減)'이다.

오답풀이) ① 悶 답답할 민(×) → 敏 민첩할 민(○)
• 예민 (銳悶: 銳 날카로울 예, 悶 답답할 민): 없는 단어이다.
• 예민 (銳敏: 銳 날카로울 예, 敏 민첩할 민)
: 재지(才智), 감각, 행동 등이 날카롭고 민첩함.
② 私 사사 사(×) → 詐 속일 사(○)
• 사칭 (私稱: 私 사사 사, 稱 일컬을 칭): 없는 단어이다.
• 사칭 (詐稱: 詐 속일 사, 稱 일컬을 칭)
: 성명, 직업, 나이, 주소 따위를 거짓으로 속여 이름.
③ 貴 귀할 귀(×) → 龜 거북 귀(○)
• 귀감 (貴鑑: 貴 귀할 귀, 鑑 거울 감): 없는 단어이다.
• 귀감 (龜鑑: 龜 거북 귀 鑑 거울 감)
: 거울로 삼아 본받을 만한 모범.
⑤ 習 익힐 습(×) → 襲 엄습할 습(○)
• 답습 (踏習: 踏 밟을 답, 習 익힐 습): 없는 단어이다.
• 답습 (踏襲: 踏 밟을 답, 襲 엄습할 습)
: 예로부터 해 오던 방식이나 수법을 좇아 그대로 행함.

13. 법률 용어를 순화한 것 중 옳지 못한 것은? 2014 서울시 7급

① 蒙利者 : 이익에 어두운 자
② 隱秘 : 숨김 또는 몰래 감춤
③ 懈怠하다 : 게을리 하다
④ 溝渠 : 도랑 또는 개골창
⑤ 委棄하다 : 내버려두다

[정답풀이] 몽리자 (蒙利者 : 蒙 입을 몽, 利 이로울 리, 者 놈 자)
: 이익을 얻는 사람. 또는 덕을 보는 사람.
따라서 '이익에 어두운 자'로 순화한 것은 적절하지 않다.

[오답풀이] ② 은비 (隱秘 : 隱 숨을 은, 秘 숨길 비)
  : 숨겨 비밀로 함.
③ 해태 (懈怠 : 懈 게으를 해, 怠 게으를 태)
  : 행동이 느리고 움직이거나 일하기를 싫어하는 태도나 버릇. 또는 게으름.
④ 구거 (溝渠 : 溝 도랑 구, 渠 개천 거)
  : 수채 물이 흐르는 작은 도랑. 또는 개골창.
⑤ 위기 (委棄 : 委 맡길 위, 棄 버릴 기) : 버리고 돌보지 않음.

14. 다음 밑줄 친 한자의 용법이 다른 하나는? 2014 서울시 7급

① 學而不思則罔思而不學則殆.
② 古者易子而敎之.
③ 君子不鏡於水而鏡於人.
④ 儒以文亂法而俠以武犯禁.
⑤ 君子周而不比小人比而不周.

[정답풀이] 學而不思則罔思而不學則殆 (학이불사즉망, 사이불학즉태) : 배우기만 하고 스스로 사색하지 않으면 학문이 체계가 없고, 사색만 하고 배우지 않으면 오류나 독단에 빠질 위험이 있다.
» 而(이) : 역접 관계를 표시하는 접속사.
» 則(즉) : ~하면 곧, 조건에 따른 결과를 표시하는 접속사.

[오답풀이] ② 古者易子而敎之 (고자역자이교지)
  : 옛사람들은 자식을 (서로) 바꾸어서 그들을 가르쳤다.
  » 而(이) : 순접 관계를 표시하는 접속사.
③ 君子不鏡於水而鏡於人 (군자불경어수이경어인)
  : 군자(君子)는 물을 거울로 삼지 않고 타인(他人)을 거울로 삼는다.
  » 而(이) : 순접 관계를 표시하는 접속사.
④ 儒以文亂法而俠以武犯禁 (유이문란법이협이무범금)
  : 선비(儒)는 글로 법을 문란하게 하고, 협객(俠)은 무술로써 법을 누른다.
  » 而(이) : 순접 관계를 표시하는 접속사.
⑤ 君子周而不比小人比而不周 (군자주이불비, 소인비이부주)
  : 군자는 어울리되 비교하지 않고, 소인은 비교하되 어울리지 못한다.
  » 而(이) : 순접 관계를 표시하는 접속사.

11 ③ 12 ④ 13 ① 14 ①

2015 국가직, 지방직, 서울시 9급, 7급

15 밑줄 친 부분의 의미 관계가 나머지 셋과 다른 것은?
2015 국가직 9급

① 세 시간이 흐르도록 <u>분분</u>했던 의견들이 마침내 하나로 <u>합치</u>하였다.
② 아무리 논리적 <u>사고</u>라 하더라도 거기에는 <u>비판</u>이 따르게 마련이다.
③ 사회적 지위가 높은 사람이 보여주는 <u>겸손</u>은 가끔 <u>오만</u>으로 비칠 수도 있다.
④ <u>결미</u>에 제시된 결론이 <u>모두</u>에서 진술한 내용과 관련을 맺는다면 좀 더 긴밀한 구성이 될 것이다.

16 ㉠~㉢에 들어갈 단어로 가장 적절한 것은?
2015 지방직 9급

- 리포트 자료를 종류별로 (㉠)해 두어라.
- 재활용할 쓰레기를 제대로 (㉡)해야 한다.
- 그는 언제나 옳고 그른 일을 정확하게 (㉢)할 줄 안다.

	㉠	㉡	㉢
①	分類	分離	區分
②	分類	區分	分離
③	分離	區分	分類
④	分離	分類	區分

정답풀이
- 사고 (思考 : 思 생각 사, 考 생각할 고)
  : 생각하고 궁리함.
- 비판 (批判 : 批 비평할 비, 判 판단할 판)
  : 현상이나 사물의 옳고 그름을 판단하여 밝히거나 잘못된 점을 지적함.

'비판 (批判)'은 '사고 (思考)'의 한 종류로 볼 수 있기 때문에 사고와 비판을 서로 상하 관계로 볼 수 있지만 나머지 선지들은 각각 서로 반의 관계이다.

오답풀이 ①
- 분분 (紛紛 : 紛 어지러울 분, 紛 어지러울 분)
  : 「1」떠들썩하고 뒤숭숭함. 「2」여럿이 한데 뒤섞여 어수선함. 「3」소문, 의견 따위가 많아 갈피를 잡을 수 없음.
- 합치 (合致 : 合 합할 합, 致 이룰 치)
  : 의견이나 주장 따위가 서로 맞아 일치함.

③
- 겸손 謙遜 : 謙 겸손할 겸, 遜 겸손할 손)
  : 남을 존중하고 자기를 내세우지 않는 태도가 있음.
- 오만 (傲慢 : 傲 거만할 오, 慢 거만할 만)
  : 태도나 행동이 건방지거나 거만함. 또는 그 태도나 행동.

④
- 결미 (結尾 : 結 맺을 결, 尾 꼬리 미)
  : 「1」글이나 문서 따위의 끝부분. 「2」어떤 일이 마무리되는 끝.
- 모두 (冒頭 : 冒 무릅쓸 모, 頭 머리 두)
  : 말이나 글의 첫머리.

정답풀이 ㉠ 분류 (分類 : 分 나눌 분 類 무리 류)
: 종류(種類)에 따라서 가름. **예** 분류 방법. / 도서 분류.
문맥상 종류별로 나누어 두는 것으로 보아 '분류 (分類)'가 더 적절하다.

㉡ 분리(分離 : 分 나눌 분, 離 떠날 리) : 서로 나뉘어 떨어짐. 또는 그렇게 되게 함. **예** 소유와 경영의 분리.
문맥상 재활용할 쓰레기를 다른 것과 나누어 떨어지게 처리를 해야 하므로 '분리(分離)'가 더 적절하다.

㉢ 구분(區分 : 區 구분할 구, 分 나눌 분) : 일정한 기준에 따라 전체를 몇 개로 갈라 나눔. **예** 서정시와 서사시의 구분은 상대적일 뿐이다.
문맥상 옳고 그른 것으로 정확하게 나눠야 하므로 '구분(區分)'이 더 적절하다.

17 다음 중 밑줄 친 단어의 한자로 가장 적합한 것은?
2015 서울시 9급

> 무언가를 <u>상실</u>해버린 느낌을 지니고 <u>성장</u>했어요. 그래서 어머니에게 내가 기억나지 않는 어린 시절에 대한 이야기를 꼬치꼬치 캐물을 때가 종종 있지요. 게다가 시골마을에서 벌어지는 일이 내 눈엔 참 <u>이상</u>했어요. 마당에다 애써서 기른 집짐승들을 잡아먹는 것도 이상했고, 겨울을 잘 넘기고 <u>해동</u>이 될 때면 마을에 상여가 나가는 일이 많은 것도 이상해서 계속 따라갔던 기억이 납니다.

① 상실 : 喪失
② 성장 : 盛裝
③ 이상 : 異狀
④ 해동 : 解冬

18 밑줄 친 한자가 문맥상 바르게 쓰인 것은? 2015 국가직 7급

> 1차 '휴머니스트 선언'이 나온 지 40년이 지난 후 나치즘은 인간이 드러낼 수 있는 야만성의 극한적인 ㉠ <u>型態</u>를 드러내었으며, 여타의 전체주의 정책들 또한, 빈곤 상태를 ㉡ <u>槌放</u>하지도 못하면서 인권만 ㉢ <u>蹂躪</u>했다. 더욱이 민주주의 ㉣ <u>整體</u>를 가진 사회에서까지도 과학을 악용한 경찰국가의 면모가 나타나기 시작하였다.

① ㉠   ② ㉡   ③ ㉢   ④ ㉣

[정답풀이] 상실 (喪失 : 喪 잃을 상, 失 잃을 실)
: 「1」 어떤 사람과 관계가 끊어지거나 헤어지게 됨. 「2」 어떤 것이 아주 없어지거나 사라짐.

[오답풀이] ② 盛 성할 성, 裝 꾸밀 장(×) → 成 이룰 성, 長 길 장(○)
- 성장 (盛裝 : 盛 성할 성, 裝 꾸밀 장)
  : 잘 차려입음. 또는 그런 차림.
- 성장 (成長 : 成 이룰 성, 長 길 장)
  : 「1」 사람이나 동식물 따위가 자라서 점점 커짐. 「2」 사물의 규모나 세력 따위가 점점 커짐.

③ 狀 형상 상(×) → 常 떳떳할 상(○)
- 이상 (異狀 : 異 다를 이, 狀 형상 상)
  : 「1」 평소와는 다른 상태. 「2」 서로 다른 모양.
- 이상 (異常 : 異 다를 이, 常 떳떳할 상)
  : 「1」 정상적인 상태와 다름. 「2」 지금까지의 경험이나 지식과는 달리 별나거나 색다름. 「3」 의심스럽거나 알 수 없는 데가 있음.

④ 冬 겨울 동(×) → 凍 얼 동(○)
- 해동 (解冬 : 解 풀 해, 冬 겨울 동)
  : 동안거(冬安居)의 끝. 선원에서는 정월 보름날에 끝난다.
- 해동 (解凍 : 解 풀 해, 凍 얼 동)
  : 얼었던 것이 녹아서 풀림. 또는 그렇게 하게 함.

[정답풀이] ㉢ 유린 (蹂躪 : 蹂 밟을 유, 躪 짓밟을 린)
: 남의 권리나 인격을 함부로 짓밟음.
해당하는 부분은 '빈곤 상태를 해결하지도 못하면서 인권만 짓밟는다'는 내용이므로 문맥상 적절한 것은 '유린 (蹂躪)'이다.

[오답풀이] ① 型 거푸집 형(×) → 行 다닐 행(○)
- 형태 (型態 : 型 모형 형, 態 모양 태) : 없는 단어이다.
- 행태 (行態 : 行 다닐 행, 態 모양 태)
  : 행동하는 양상. 주로 부정적인 의미로 쓴다.
문맥상 '나치즘은 인간이 드러낼 수 있는 야만성의 극한적인 양상을 드러냈다'는 의미이므로, '행태 (行態)'가 더 적절하다.

② 槌 망치 퇴(추), 放 놓을 방(×) → 解 풀 해, 決 정할 결(○)
- 추방 (槌放 : 槌 망치 추, 放 놓을 방) : 없는 단어이다.
- 해결 (解決 : 解 풀 해, 決 정할 결)
  : 제기된 문제를 해명하거나 얽힌 일을 잘 처리함.
문맥상 '빈곤 상태를 해결하다'는 의미이므로 '해결 (解決)'이 더 적절하다.

④ 整 가지런할 정, 體 몸 체(×) → 體 몸 체, 制 절제할 제(○)
- 정체 (整體 : 整 가지런할 정, 體 모습 체)
  : 지압이나 안마 따위로 척추뼈를 바르게 하거나 몸의 상태를 좋게 함.
- 체제 (體制 : 體 몸 체, 制 마를 제)
  : 사회를 하나의 유기체로 볼 때에, 그 조직이나 양식. 또는 그 상태를 이르는 말.
문맥상 '민주주의 체제를 가진 사회'라는 의미이므로 '정체 (整體)'보다 '체제 (體制)'가 더 적절하다.

15 ② 16 ① 17 ① 18 ③

19 상대되는 의미로 짝지어지지 않은 것은? 2015 지방직 7급

① 失笑 − 笑殺
② 訥辯 − 能辯
③ 稀薄 − 濃厚
④ 困難 − 順坦

정답풀이) • 실소 (失笑: 失 잃을 실, 笑 웃을 소)
: 어처구니가 없어 저도 모르게 웃음이 툭 터져 나옴. 또는 그 웃음.
• 소살 (笑殺: 笑 웃을 소, 殺 죽을 살)
: 「1」 웃어넘기고 문제 삼지 아니함. 「2」 큰 소리로 비웃음.
따라서 '실소 (失笑)'와 '소살 (笑殺)'은 서로 비슷한 의미이지 상대되는 의미가 아니다. 나머지 선지의 한자어들은 모두 상대되는 의미이다.

오답풀이) ② • 눌변 (訥辯: 訥 말 더듬을 눌, 辯 말 잘할 변)
: 더듬거리는 서툰 말솜씨.
• 능변 (能辯: 能 능할 능, 辯 말 잘할 변)
: 말을 능숙하게 잘함. 또는 그 말.
③ • 희박 (稀薄: 稀 드물 희, 薄 엷을 박)
: 「1」 기체나 액체 따위의 밀도나 농도가 짙지 못하고 낮거나 엷음. 「2」 감정이나 정신 상태 따위가 부족하거나 약함. 「3」 어떤 일이 이루어질 가능성이 적음.
• 농후 (濃厚: 濃 짙을 농, 厚 두터울 후)
: 「1」 맛, 빛깔, 성분 따위가 매우 짙음. 「2」 어떤 경향이나 기색 따위가 뚜렷함.
④ • 곤란 (困難: 困 곤할 곤, 難 어려울 난)
: 사정이 매우 딱하고 어려움. 또는 그런 일.
• 순탄 (順坦: 順 순할 순, 坦 평평할 탄)
: 「1」 성질이 까다롭지 않고 화평함. 「2」 길이 험하지 않고 평탄함. 「3」 삶 따위가 아무 탈 없이 순조로움.

20 다음 괄호 안에 병기된 한자 중에 '地'자의 쓰임이 옳지 않은 것은? 2015 서울시 7급

① 김 주사는 심지(心地)가 고운 사람이다.
② '입추의 여지(餘地)가 없다.'라는 말은 가을과 상관없다.
③ 황룡사지는 절터라기보다는 궁지(宮地)라는 주장이 있다.
④ 풍년으로 산지(産地)의 쌀값이 전년보다 6% 정도 떨어졌다.

정답풀이) 地 땅 지(×) → 趾 터 지(○)
궁지 (宮趾: 宮 집 궁, 趾 터 지): 궁궐이 있던 자리. 또는 궁터.
» 궁지 (窮地: 窮 다할 궁, 地 땅 지)
: 매우 곤란하고 어려운 일을 당한 처지.

오답풀이) ① 심지 (心地: 心 마음 심, 地 땅 지): 마음의 본바탕.
» 심지 (心志: 心 마음 심, 志 뜻 지): 마음에 품은 의지.
② 여지 (餘地: 餘 남을 여, 地 땅 지)
: 「1」 남은 땅. 「2」 어떤 일을 하거나 어떤 일이 일어날 가능성이나 희망.
④ 산지 (産地: 産 낳을 산, 地 땅 지)
: 「1」 생산되어 나오는 곳. 또는 산출지. 「2」 사람이 출생한 땅.

2016 국가직, 지방직, 서울시 9급, 7급

21 ㉠~㉣의 밑줄 친 어휘의 한자가 옳지 않은 것은? 2016 국가직 9급

> 그는 적의 ㉠ <u>사주</u>를 받아 내부 기밀을 염탐했다.
> 남의 일에 지나친 ㉡ <u>간섭</u>을 하지 않기 바랍니다.
> 그 선박은 ㉢ <u>결함</u>을 지닌 채로 출항을 강행하였다.
> 비리 ㉣ <u>척결</u>이 그가 내세운 가장 중요한 목표였다.

① ㉠ − 使嗾
② ㉡ − 間涉
③ ㉢ − 缺陷
④ ㉣ − 剔抉

정답풀이) 間 사이 간(×) → 干 방패 간(○)
간섭 (干涉: 干 방패 간, 涉 건널 섭)
: 직접 관계가 없는 남의 일에 부당하게 참견함.

오답풀이) ① 사주 (使嗾: 使 시킬 사, 嗾 부추길 주)
: 남을 부추겨 좋지 않은 일을 시킴.
③ 결함 (缺陷: 缺 이지러질 결, 陷 빠질 함)
: 부족하거나 완전하지 못하여 흠이 되는 부분.
④ 척결 (剔抉: 剔 바를 척, 抉 도려낼 결)
: 「1」 살을 도려내고 뼈를 발라냄. 「2」 나쁜 부분이나 요소들을 깨끗이 없애 버림.

22 두 한자어의 의미 관계가 나머지 셋과 다른 것은?
2016 국가직 9급

① 광정(匡正) – 확정(廓正)
② 부상(扶桑) – 함지(咸池)
③ 중상(中傷) – 비방(誹謗)
④ 갈등(葛藤) – 알력(軋轢)

정답풀이 ②는 반의 관계를 이루는 단어의 쌍이고, ②를 제외한 나머지는 유의 관계를 이루는 단어들로 구성되어 있다.
- 부상 (扶桑: 扶 도울 부, 桑 뽕나무 상): 해가 뜨는 동쪽바다.
- 함지 (咸池: 咸 다 함, 池 못 지)
  : 해가 지는 서쪽의 큰 못.
즉 '해가 뜸'과 '해가 짐'의 뜻을 가진 말이므로 두 단어는 서로 반의 관계이다.

오답풀이 ① • 광정 (匡正: 匡 바를 광, 正 바를 정)
  : 잘못된 것이나 부정(不正) 따위를 바로잡아 고침.
  • 확정 (廓正: 廓 클 확, 正 바를 정): 잘못을 바로잡음.
③ • 중상 (中傷: 中 가운데 중, 傷 다칠 상)
    : 근거 없는 말로 남을 헐뜯어 명예나 지위를 손상함.
  • 비방 (誹謗: 誹 헐뜯을 비, 謗 헐뜯을 방)
    : 남을 비웃고 헐뜯어서 말함. '헐뜯음'의 뜻을 가진 말이다.
④ • 갈등 (葛藤: 葛 칡 갈, 藤 등나무 등)
    : 칡과 등나무가 서로 얽히는 것과 같이, 개인이나 집단 사이에 목표나 이해관계가 달라 서로 적대시하거나 충돌함. 또는 그런 상태.
  • 알력 (軋轢: 軋 삐걱거릴 알, 轢 칠 력)
    : 수레바퀴가 삐걱거린다는 뜻으로, 서로 의견이 맞지 아니하여 사이가 안 좋거나 충돌하는 것을 이르는 말.

23 단어의 밑줄 친 부분의 음이 다른 것은?
2016 지방직 9급

① 否認   ③ 否決   ② 否定   ④ 否運

정답풀이 '否'는 '아니다'를 의미할 때에는 '부'로, '막히다'를 의미할 때에는 '비'로 읽는다.
- 비운 (否運: 否 막힐 비, 運 옮길 운)
  : 「1」 막혀서 어려운 처지에 이른 운수. 「2」 불행한 운명.
비운 (否運)에서 '否'은 '막히다'의 의미로 쓰였으므로 '否'는 '비'로 읽는 것이 적절하다.
» 불운 (不運: 不 아닐 불, 運 옮길 운): 좋지 않은 운수.

오답풀이 나머지는 모두 '아니다'의 의미이므로, '부'로 읽는다.
① 부인 (否認: 否 아닐 부, 認 인정할 인)
  : 어떤 내용이나 사실을 옳거나 그러하다고 인정하지 아니함.
② 부정 (否定: 否 아닐 부, 定 정할 정)
  : 그렇지 아니하다고 단정하거나 옳지 아니하다고 반대함.
③ 부결 (否決: 否 아닐 부, 決 결정할 결)
  : 의논한 안건을 받아들이지 아니하기로 결정함. 또는 그런 결정.

24 밑줄 친 부분의 한자가 옳은 것은? 2016 지방직 9급

① 학술지의 <u>규정(規正)</u>에 따라 표절 논문을 반려하였다.
② 문법 <u>구조(救助)</u>를 잘 이해하면 독해력이 향상된다.
③ 각급 기관에서 협조할 사안이 <u>충분(充分)</u>히 있다.
④ 사회적 <u>현상(懸賞)</u>을 파악하여 정책을 마련해야 한다.

정답풀이 충분 (充分: 充 가득할 충, 分 나눌 분)
: 분량이나 요구 조건이 모자람이 없이 넉넉함.
» 충분 (忠憤: 忠 충성 충, 憤 분할 분)
: 충의로 인하여 일어나는 분한 마음.

오답풀이 나머지 선지들은 동음이의어가 잘못 쓰인 경우이다.
① • 규정 (規正: 規 법 규, 正 바를 정): 바로잡아서 고침.
  • 규정 (規定: 規 법 규, 定 정할 정)
    : 「1」 규칙으로 정함. 또는 그 정하여 놓은 것. 「2」 내용이나 성격, 의미 따위를 밝혀 정함. 또는 그 정하여 놓은 것. 「3」 『법률』 양이나 범위 따위를 제한하여 정함.
  문맥상 규칙을 의미하므로, '規正(규정)'보다 '規定(규정)'이 더 적절하다.
② • 구조 (救助: 救 구원할 구, 助 도울 조)
    : 재난 따위를 당하여 어려운 처지에 빠진 사람을 구하여 줌.
  • 구조 (構造: 構 얽을 구, 造 지을 조)
    : 부분이나 요소가 어떤 전체를 짜 이룸. 또는 그렇게 이루어진 얼개.
  문맥상 짜임을 의미하므로, '救助(구조)'보다 '構造(구조)'가 더 적절하다.
④ • 현상 (懸賞: 懸 매달 현, 賞 상줄 상)
    : 무엇을 모집하거나 구하거나 사람을 찾는 일 따위에 상금이나 상품을 내걺.
  • 현상 (現狀: 現 나타날 현, 狀 형상 상)
    : 나타나 보이는 현재의 상태.
  문맥상 현재 상태를 의미하므로, '懸賞(현상)'보다 '現狀(현상)'이 더 적절하다.

Answer
19 ① 20 ③ 21 ② 22 ② 23 ④ 24 ③

25 다음 중 괄호 안의 한자가 옳은 것은? 2016 서울시 9급

① 정직함이 유능함보다 중요(仲要)하다.
② 대중(對衆) 앞에서 연설하는 것은 쉬운 일이 아니다.
③ 부동산 중개사(重介士) 시험을 보는 사람들이 점점 늘어나고 있다.
④ 집중력(集中力)이 떨어지지 않도록 숙면을 취해야 한다.

[정답풀이] 집중력 (集中力 : 集 모을 집, 中 가운데 중, 力 힘 력) : 마음이나 주의를 집중할 수 있는 힘.

[오답풀이] ① 仲 버금 중(×) → 重 무거울 중(○)
중요 (重要 : 重 무거울 중, 要 요긴할 요)
: 귀중하고 요긴함.
② 對 대답할 대(×) → 大 클 대(○)
대중 (大衆 : 大 클 대, 衆 무리 중)
:「1」 수많은 사람의 무리. 「2」 대량 생산·대량 소비를 특징으로 하는 현대 사회를 구성하는 대다수의 사람.
③ 重 무거울 중(×) → 仲 버금 중(○)
중개사 (仲介士 : 仲 가운데 중, 介 낄 개, 士 선비 사)
: 다른 사람의 의뢰를 받아 상행위를 대리하여 그에 대한 수수료를 받는 일을 전문으로 하는 사람.

26 밑줄 친 단어의 쓰임이 어색한 문장은? 2016 국가직 7급

① 작가는 작품으로 말할 뿐, 그 밖의 것은 모두 췌언(贅言)에 불과하다.
② 한학의 온축(蘊蓄)을 문학작품의 창작으로 승화시켰다.
③ 습작 활동을 오래도록 한 일은 그의 치밀한 성격을 야기(惹起)하였다.
④ 귀국한 동생으로 인해 우리 가족의 단취(團聚)가 실현되었다.

[정답풀이] 야기 (惹起 : 惹 이끌 야, 起 일어날 기)
: 일이나 사건 따위를 끌어 일으킴.
치밀한 성격과 '야기 (惹起)'와의 쓰임은 어울리지 않는다.
나머지 선지의 한자어의 쓰임은 적절하다.

[오답풀이] ① 췌언 (贅言 : 贅 군더더기 췌, 言 말씀 언)
: 쓸데없는 군더더기 말.
② 온축 (蘊蓄 : 蘊 쌓을 온, 蓄 모을 축)
:「1」 속에 깊이 쌓아 둠. 또는 그런 것. 「2」 오랫동안 학식 따위를 많이 쌓음. 또는 그 학식.
④ 단취 (團聚 : 團 모일 단, 聚 모을 취)
: 집안 식구나 친한 사람들끼리 화목하게 한자리에 모임.

27 ㉠~㉣의 풀이로 적절하지 않은 것은? 2016 국가직 7급

(가) 春去花猶在 ㉠天晴谷自陰
杜鵑啼白晝 始覺㉡卜居深
— 李仁老, 「山居」—

(나) 渭城朝雨浥輕塵, 客舍青青㉢柳色新
勸君更盡一杯酒, 西出陽關無㉣故人
— 王維, 「送元二使安西」—

① ㉠ : 날이 개다.
② ㉡ : 사는 곳이 깊다.
③ ㉢ : 버드나무 빛깔이 새롭다.
④ ㉣ : 돌아가신 분.

[정답풀이] '故人(고인)'은 '故人(故 죽은 사람 고, 人 사람 인)'으로 '죽은 사람'을 뜻하기도 하지만, '故人(故 친숙한 벗 고, 人 사람 인)'으로 '오래전부터 사귀어 온 친구'를 뜻하기도 한다.
(나)작품에서는 '벗'을 의미하므로 '돌아가신 분'의 풀이로는 적절하지 않다.

[오답풀이] 나머지 선지의 뜻풀이는 적절하다.
① ㉠ 천청 (天晴 : 天 하늘 천, 晴 갤 청) : 날이 개다.
② ㉡ 복거심 (卜居深 : 卜 점 복, 居 살 거, 深 깊을 심)
: 사는 곳이 깊다.
③ ㉢ 유색신 (柳色新 : 柳 버들 유, 色 빛 색, 新 새 신)
: 버드나무 빛깔이 새롭다.

작품해설 (가) 〈산거〉, 이인로

현대어 풀이

春去花猶在 (춘거화유재)
: 봄은 가도 꽃은 아직 있고
㉠ 天晴谷自陰 (천청곡자음)
: ㉠ 날이 갰건만 골짜기는 절로 어둑하네
杜鵑啼白晝 (두견제백주)
: 소쩍새 한낮에 울고 있으니
始覺㉡卜居深 (시각복거심)
: 비로소 깨닫노라, ㉡ 깊은 골에 사는 줄을

작품해설 (나) 〈송원이사안서〉, 왕유

현대어 풀이

渭城朝雨浥輕塵 (위성조우읍경진)
: 위성 땅, 아침 비가 흙먼지를 적시니
客舍靑靑㉢柳色新 (객사청청유색신)
: 여관집 둘레 푸른 ㉢ 버들빛 더욱 새롭다
勸君更盡一杯酒 (권군갱진일배주)
: 그대에 건하노니 다시 한 잔의 술을 들라.
西出陽關無㉣故人 (서출양관무고인)
: 서쪽으로 양관땅에 나가면 ㉣ 벗이 없느니라.

28 ㉠~㉢의 표제어에 적합한 한자 표기는? 2016 국가직 7급

㉠ 유세 : 자기 의견 또는 자기 소속 정당의 주장을 선전하며 돌아다님.
㉡ 조세 : 국가 또는 지방자치단체가 필요한 경비로 사용하기 위하여 국민이나 주민으로부터 강제로 거두어 들이는 금전.
㉢ 탑본 : 비석, 기와, 기물 따위에 새겨진 글씨나 무늬를 종이에 그대로 떠냄.

	㉠	㉡	㉢
①	遊說	徂歲	拓本
②	遊說	租稅	搨本
③	誘說	徂歲	搨本
④	誘說	租稅	拓本

정답풀이) ㉠ 유세 (遊說 : 遊 놀 유, 說 달랠 세)
: 자기 의견 또는 자기 소속 정당의 주장을 선전하며 돌아다님.

» 참고 : 說
1) 유세 (遊說 : 遊 놀 유, 說 달랠 세)
    : 자기 의견 또는 자기 소속 정당의 주장을 선전하며 돌아다님.
2) 설명 (說明 : 說 말씀 설, 明 밝을 명)
    : 어떤 일이나 대상의 내용을 상대편이 잘 알 수 있도록 밝혀 말함. 또는 그런 말.
3) 불역열호 (不亦說乎 : 不 아닐 불, 亦 또 역, 說 기뻐할 열, 乎 어조사 호) : 또한 기쁘지 아니한가. 〈논어〉
4) 용탈질곡 (用說桎梏 : 用 이로울 용, 說 벗을 탈, 桎 차꼬 질, 梏 수갑 곡) : 질곡을 벗김이 이로우니. 〈산수몽〉
» 단 보통 벗을 탈은 '脫'로 많이 쓰인다.

㉡ 조세 (租稅 : 租 조세 조, 稅 세금 세)
: 국가 또는 지방 공공 단체가 필요한 경비로 사용하기 위하여 국민이나 주민으로부터 강제로 거두어들이는 금전.

㉢ 탑본 (搨本 : 搨 베낄 탑, 本 근본 본)
: 비석, 기와, 기물 따위에 새겨진 글씨나 무늬를 종이에 그대로 떠냄.

오답풀이) 다음은 표제어로 적합하지 않은 한자 표기이다.
유세 (誘說 : 誘 꾈 유, 說 달랠 세) : 달콤한 말로 달래어 꾐.
조세 (徂歲 : 徂 갈 조, 歲 해 세) : 없는 단어이다.
탁본 (拓本 : 拓 박을 탁, 本 근본 본)
: 비석, 기와, 기물 따위에 새겨진 글씨나 무늬를 종이에 그대로 떠냄. 또는 그렇게 떠낸 종이.

Answer
25 ④ 26 ③ 27 ④ 28 ②

29 한자어의 뜻을 잘못 풀이한 것은? 2016 지방직 7급

① 捷徑 – 지름길
② 順延 – 순수한 인연
③ 驅逐 – 어떤 세력 따위를 몰아서 쫓아냄
④ 波瀾 – 순탄하지 아니하고 어수선하게 계속되는 여러 가지 어려움이나 시련

※ 다음 시조를 읽고 물음에 답하시오.

> 當時예 ㉠녀던 길흘 몃 히룰 브려 두고
> 어듸 가 둔니다가 이제아 도라온고
> 이제아 도라오나니 년듸 무숨 마로리
>
> 靑山은 엇뎨ᄒᆞ야 萬古애 프르르며
> 流水는 엇뎨ᄒᆞ야 晝夜애 긋디 아니ᄂᆞᆫ고
> 우리도 그치디 마라 萬古常靑호리라
> 　　　　　　　　– 이황, 「도산십이곡」 중에서 –

30 밑줄 친 ㉠과 뜻이 같은 한자는? 2016 지방직 7급

① 遊　　② 讀　　③ 歌　　④ 行

[정답풀이] • 순연 (順延 : 順 순할 순, 延 늘일 연) : 차례로 기일을 늦춤.
• 순연 (順緣 : 順 순할 순, 緣 인연 연)
: 「1」 늙은 사람부터 차례로 죽음. 「2」 진리의 가르침을 듣는 것과 같은 좋은 일이 인연이 되어 불도(佛道)로 들어가는 일.
'순연 (順延)'은 '순수한 인연'의 뜻풀이로 적절하지 않다.

[오답풀이] ① 첩경 (捷徑 : 捷 빠를 첩, 徑 지름길 경)
: 멀리 돌지 않고 가깝게 질러 통하는 길. 또는 지름길.
③ 구축 (驅逐 : 驅 몰 구, 逐 쫓을 축)
: 어떤 세력 따위를 몰아서 쫓아냄.
» 구축 (構築 : 構 얽을 구, 築 쌓을 축)
: 「1」 어떤 시설물을 쌓아 올려 만듦. 「2」 체제, 체계 따위의 기초를 닦아 세움.
④ 파란 (波瀾 : 波 물결 파, 瀾 물결 란)
: 「1」 잔물결과 큰 물결. 「2」 순탄하지 아니하고 어수선하게 계속되는 여러 가지 어려움이나 시련.

[정답풀이] 밑줄 친 '녀던'의 기본형은 '녀다'이다. '녀다'는 현대어로 '다니다, 가다'를 뜻하므로 뜻이 같은 한자는 '行 (다닐 행)'이다.

[오답풀이] ① 遊(놀 유)
② 讀(읽을 독)
③ 歌(노래 가)

31 다음 글의 내용과 가장 관련이 깊은 것은? 2016 지방직 7급

> 이때 변산(邊山)에 도적 떼 수천 명이 몰려 있었는데, 지방 관청에서 군사를 풀어 잡으려 하여도 잡을 수 없었다. 도적 떼 또한 감히 나와서 노략질을 못하여 바야흐로 굶주리고 곤란하였다. 허생(許生)이 그들을 찾아갔다.
>
> (중략)
>
> 허생이 물었다. "자네들은 아내가 있는가?" 도적들이 답하였다. "없습니다." "자네들은 밭이 있는가?" 도적들이 웃으며 말하였다. "아내가 있고 밭이 있다면 무엇 때문에 괴롭게 도적이 되겠습니까?" 허생이 "그렇다면 왜 장가를 들어 집을 짓고, 소를 사서 농사를 짓지 않는가? 살아서 도적이란 이름을 면하고, 거할 때 가정의 즐거움을 누리고, 나가도 쫓기고 잡혀 갈 걱정 없이 오래도록 잘 먹고 잘 입는 풍요로움을 누릴 수 있을 터인데."라고 하였다. 도적들이 "어찌 그런 것을 원하지 않겠습니까? 다만 돈이 없을 뿐입니다."라고 하였다.
>
> ― 박지원, 「허생전」 중에서 ―

① 人不知而不慍
② 無恒産無恒心
③ 人無遠慮必有近憂
④ 良藥苦於口而利於病

32 다음 중 문형이 나머지 셋과 가장 다른 것은? 2016 서울시 7급

① 問征夫以前路
② 子將安之
③ 誰能與我同
④ 孰爲好學

정답풀이 무항산무항심 (無恒産無恒心: 無 없을 무, 恒 항상 항, 産 낳을 산, 無 없을 무, 恒 항상 항, 心 마음 심)
: 일정한 생업이나 재산이 없으면 옳은 마음가짐 또한 사라짐을 이르는 말이다.
제시문에서 허생은 관청에서도 잡지 못하는 변산의 도적들을 찾아가보니 그들은 이미 많이 굶주려 있는 상태였다. 허생이 도적들에게 왜 정상적으로 살지 않는지 묻자, 도적들은 "다만 돈이 없을 뿐입니다"라고 대답을 한 상황으로 보아 다음 글의 내용과 관련 깊은 것은 '無恒産無恒心 (무항산무항심)'이다.

오답풀이 ① 인부지이불온 (人不知而不慍: 人 사람 인, 不 아니 부, 知 알 지, 而 말이을 이, 不 아니 불, 慍 성낼 온)
: 사람(남)들이 몰라줘도 노여워하지 않음을 이르는 말.
③ 인무원려필유근우 (人無遠慮必有近憂: 人 사람 인, 無 없을 무, 遠 멀 원, 慮 생각할 려, 必 반드시 필, 有 있을 유, 近 가까울 근, 憂 근심 우)
: 사람이 멀리까지 바라보고 깊이 생각하지 않으면 반드시 금방 근심이 생김을 이르는 말.
④ 양약고어구이이어병 (良 어질 양, 藥 약 약, 苦 쓸 고, 於 어조사 어, 口 입 구, 而 말이을 이, 利 이로울 이, 於 어조사 어, 病 병 병)
: 좋은 약은 입에 쓰지만 병을 고치는 데는 이로움을 이르는 말.

정답풀이 문정부이전로 (問 물은 문, 征 칠 정, 夫 남편 부, 以 써 이, 前 앞 전, 路 길 로)
: '정부(征夫 = 먼 길을 가는 남자)에게 앞으로의 길(고향으로 가는 길)을 물으니'
선지는 도연명의 「귀거래사」 일부분으로, 문형으로는 평서문이고, 나머지 선지들의 문형으로는 모두 의문문이다.

오답풀이 ② 자장안지 (子將安之: 子 아들 자, 將 장차 장, 安 편안할 안, 之 갈 지)
: "그대는 장차 어디로 가려고 하십니까?"
③ 수능여아동 (誰能與我同: 誰 누구 수, 能 능히 능, 與 더불 여, 我 나 아, 同 함께 동)
: "누가 나와 함께 가겠는가?"
④ 숙위호학 (孰爲好學: 孰 누구 숙, 爲 할 위, 好 좋을 호, 學 배울 학)
: "누가 학문을 좋아하겠는가?"

Answer
29 ② 30 ④ 31 ② 32 ①

33 다음 중 밑줄 친 부분의 한자 표기가 가장 적절한 것은? 2016 서울시 7급

① 여행 도중 틈틈이 <u>수상</u>을 기록하여 문집을 냈다. – 首想
② 그가 사주, 관상, <u>수상</u>에 능하기는 했지만 자신의 운명은 알지 못했다. – 手象
③ 어쩐지 <u>수상</u>하다 했더니 처음부터 범죄 의도가 있던 사람이었다. – 樹狀
④ 그는 지원자 중 유일하게 대상을 <u>수상</u>한 경력이 있어 뽑혔다. – 受賞

34 다음 중 밑줄 친 부분이 한자로 바르게 연결된 것은? 2016 서울시 7급

<u>중독</u>을 떨쳐버리지 않는 게 과연 합리적인 <u>결정</u>일까?
좀 더 일반적인 중독에 대해서 생각해 본다면 이 질문에 대한 답을 쉽게 찾을 수 있을 것이다. 나는 갓 볶아낸 원두를 갈아서 향이 좋은 커피 한 잔을 만들어 마시는 일로 하루 일과를 시작한다. 그런데 가끔 원두가 떨어진 걸 깜빡할 때도 있다. 그래서 커피를 마시지 못하면 두통이 생기고, 화가 나고, <u>집중</u>도 못한다. 커피를 마시지 못하면 <u>금단</u>현상을 느끼는 커피 중독자인 것이다.

① 中毒 – 決定 – 集中 – 禁斷
② 重毒 – 決定 – 執中 – 錦端
③ 中毒 – 結定 – 集中 – 禁斷
④ 重毒 – 結定 – 執中 – 錦端

[정답풀이] 수상 (受賞 : 受 받을 수, 賞 상줄 상) : 상을 받음.

[오답풀이] ① 首 머리 수(×) → 隨 따를 수(○)
• 수상 (首想 : 首 머리 수, 想 생각 상) : 없는 단어이다.
• 수상 (隨想 : 隨 따를 수, 想 생각 상)
  : 일정한 계통이 없이 그때그때 떠오르는 느낌이나 생각. 문맥상 여행 도중 틈틈이 떠오르는 느낌이나 생각을 기록하여 문집을 냈다라고 볼 수 있으므로 '수상 (隨想)'이 적절하다.
② 象 코끼리 상(×) → 相 점칠 상(○)
• 수상 (手象 : 手 손 수, 象 코끼리 상) : 없는 단어이다.
• 수상 (手相 : 手 손 수, 相 서로 상)
  : 손바닥의 살갗에 줄무늬를 이룬 금. 또는 손금. 문맥상 사주, 관상과 함께 더 어울리는 단어는 손금이므로 '수상 (手相)'이 적절하다.
③ 樹 나무 수, 狀 형상 상(×) → 殊 다를 수, 常 항상 상(○)
• 수상 (樹狀 : 樹 나무 수, 狀 형상 상)
  : 나무처럼 가지가 있는 형상.
• 수상 (殊常 : 殊 다를 수, 常 항상 상)
  : 보통과는 달리 이상하여 의심이 가는 상태에 있음. 문맥상 이상하고 미심쩍다의 의미와 통할 수 있으므로 '수상 (樹狀)'보다 '수상 (殊常)'이 더 적절하다.

[정답풀이] • 중독 (中毒 : 中 가운데 중, 毒 독 독)
  : 「1」생체가 음식물이나 약물의 독성에 의하여 기능 장애를 일으키는 일. 「2」술이나 마약 따위를 지나치게 복용한 결과, 그것 없이는 견디지 못하는 병적 상태.
• 결정 (決定 : 決 결단할 결, 定 정할 정)
  : 행동이나 태도를 분명하게 정함. 또는 그렇게 정해진 내용.
• 집중 (集中 : 集 모을 집, 中 가운데 중)
  : 「1」한곳을 중심으로 하여 모임. 또는 그렇게 모음. 「2」한 가지 일에 모든 힘을 쏟아부음.
• 금단 (禁斷 : 禁 금할 금, 斷 끊을 단)
  : 「1」어떤 행위를 못하도록 금함. 「2」어떤 구역에 드나들지 못하도록 막음.

[오답풀이] ② 중독 (重毒: 重 무거울 중, 毒 독 독) : 없는 단어이다.
• 집중 (執中 : 執 잡을 집, 中 가운데 중)
  : 지나치거나 모자람이 없이 또는 한쪽으로 치우침이 없이 마땅하고 떳떳한 도리를 취함.
• 금단 (錦端 : 錦 비단 금, 端 끝 단)
  : 기둥머리에 그린 단청의 가장자리를 비단 자락 모양으로 돌린 무늬.
③ 결정 (結定 : 結 맺을 결, 定 정할 정) : 없는 단어이다.
④ '重毒' '結定' '執中' '錦端' 모두 앞 선지에서 설명했음.

2017 국가직, 지방직, 서울시 9급, 7급

35 ㉠~㉢의 한자가 모두 바르게 표기된 것은? 2017 국가직 9급

〔보기〕
글의 진술 방식에는 ㉠ <u>설명</u>, ㉡ <u>묘사</u>, ㉢ <u>서사</u>, ㉣ <u>논증</u> 등 네 가지 방식이 있다.

	㉠	㉡	㉢	㉣
①	說明	描寫	敍事	論證
②	設明	描寫	敍事	論症
③	說明	猫鯊	徐事	論症
④	說明	猫鯊	徐事	論證

정답풀이 • ㉠ 설명 (說明 : 說 말씀 설, 明 밝을 명)
: 어떤 일이나 대상의 내용을 상대편이 잘 알 수 있도록 밝혀 말함. 또는 그런 말.
• ㉡ 묘사 (描寫 : 描 그릴 묘, 寫 베낄 사)
: 어떤 대상이나 사물, 현상 따위를 언어로 서술하거나 그림을 그려서 표현함.
• ㉢ 서사 (敍事 : 敍 펼 서, 事 일 사)
: 사실을 있는 그대로 적음.
• ㉣ 논증 (論證 : 論 논할 논, 證 증거 증) : 옳고 그름을 이유를 들어 밝힘. 또는 그 근거나 이유.
» 헷갈리는 한자는 '부수'를 통해 읽을 수 있다. '묘사'는 '손[(扌=手), 손 수]'과 관계있고, '논증'이 '병(疒병질 엄)'과 관계없다는 것을 안다면 답을 찾기 매우 쉬운 문제이다.

오답풀이 • ㉠ 설명 (設明 : 設 베풀 설, 明 밝을 명) : 없는 단어이다.
• ㉡ 묘사 (猫鯊 : 猫 고양이 묘, 鯊 상어 사)
: 괭이상엇과의 바닷물고기. 한국, 일본 등지에 분포한다.
• ㉢ 서사 (徐事 : 徐 천천히 할 서, 事 일 사)
: 태봉에서, 광평성의 둘째 벼슬. 고려의 시랑(侍郎)과 같다.
• ㉣ 논증 (論症 : 論 논할 논, 症 증세 증) : 병의 증세를 논술함.

36 독음이 모두 바른 것은? 2017 국가직 9급

① 探險(탐험) − 矛盾(모순) − 貨幣(화폐)
② 詐欺(사기) − 惹起(야기) − 灼熱(치열)
③ 荊棘(형자) − 破綻(파탄) − 洞察(통찰)
④ 箴言(잠언) − 惡寒(악한) − 奢侈(사치)

정답풀이 • 탐험 (探險 : 探 찾을 탐, 險 험할 험)
: 위험을 무릅쓰고 어떤 곳을 찾아가서 살펴보고 조사함.
• 모순 (矛盾 : 矛 창 모, 盾 방패 순)
: 어떤 사실의 앞뒤, 또는 두 사실이 이치상 어긋나서 서로 맞지 않음을 이르는 말.
• 화폐 (貨幣 : 貨 재물 화, 幣 화폐 폐)
: 상품 교환 가치의 척도가 되며 그것의 교환을 매개하는 일반화된 수단.

오답풀이 ② 灼熱의 독음은 '치열'이 아니라 '작열'이 옳다. 나머지 한자어의 독음은 적절하다.
• 사기 (詐欺 : 詐 속일 사, 欺 속일 기) : 나쁜 꾀로 남을 속임.
• 야기 (惹起 : 惹 이끌 야, 起 일어날 기)
: 일이나 사건 따위를 끌어 일으킴.
• 작열 (灼熱 : 灼 불사를 작, 熱 더울 열)
: 「1」 불 따위가 이글이글 뜨겁게 타오름. 「2」 몹시 흥분하거나 하여 이글거리듯 들끓음을 비유적으로 이르는 말.
③ 荊棘의 독음은 '형자'가 아니라 '형극'이 옳다. 나머지 한자어의 독음은 적절하다.
• 형극 (荊棘 : 荊 가시나무 형, 棘 가시 극)
: '고난'을 비유적으로 이르는 말.
• 파탄 (破綻 : 破 깨뜨릴 파, 綻 터질 탄)
: 일이나 계획 따위가 원만하게 진행되지 못하고 중도에서 어긋나 깨짐
• 통찰 (洞察 : 洞 꿰뚫을 통, 察 살필 찰)
: 예리한 관찰력으로 사물을 꿰뚫어 봄.
④ 惡寒의 독음은 '악한'이 아니라 '오한'이 옳다. '惡'이 '악하다'의 의미일 때는 '악'으로 읽지만, '몸이 오슬오슬 춥고 떨리는 증상'을 나타낼 때는 '오'로 읽는다. 나머지 한자어의 독음은 적절하다.
• 잠언 (箴言 : 箴 경계 잠, 言 말씀 언)
: 가르쳐서 훈계하는 말.
• 오한 (惡寒 : 惡 미워할 오, 寒 찰 한)
: 몸이 오슬오슬 춥고 떨리는 증상.
• 사치 (奢侈 : 奢 사치할 사, 侈 사치할 치)
: 필요 이상의 돈이나 물건을 쓰거나 분수에 지나친 생활을 함.

Answer
33 ④ 34 ① 35 ① 36 ①

37. ㉠~㉣에 들어갈 한자어를 순서대로 바르게 나열한 것은? 2017 국가직 9급 추가

> 토론은 어떤 의견이나 제안에 대해 찬성과 반대의 뚜렷한 의견 대립을 가지는 사람들이 논리적으로 상대방을 설득하는 (㉠) 형태이다. 찬성자와 반대자는 각기 (㉡)를 밝히고, 상대방의 주장을 비판하며, 주장의 정당성과 합리성이 상대방에게 인정될 수 있도록 자기의 주장을 펴 나간다. 토론에서 자기 주장이 옳다는 것을 상대방이 인정하도록 하려면, 상대로 하여금 (㉢)의 여지를 가지지 못하게 해야 한다. 따라서 토론 참가자는 (㉣)에 대한 충분한 자료 수집 및 정보 검토를 통해 자신의 주장에 대해 충분히 생각하고, 자기 의견을 논리적으로 분명하게 드러내기 위한 화법(話法)을 연구하는 것이 필요하다.

	㉠	㉡	㉢	㉣
①	論議	論據	論駁	論題
②	論議	論制	論遽	論搏
③	論意	論旨	論難	論述
④	論意	論志	論據	論題

정답풀이 ㉠ 논의 (論議 : 論 논할 논, 議 의논할 의)
: 어떤 문제에 대하여 서로 의견을 내어 토의함. 또는 그런 토의.
㉡ 논거 (論據 : 論 논할 논, 據 근거 거)
: 어떤 이론이나 논리, 논설 따위의 근거.
㉢ 논박 (論駁 : 論 논할 논, 駁 논박할 박)
: 어떤 주장이나 의견에 대해 잘못된 점을 조리 있게 공격하여 말함.
㉣ 논제 (論題 : 論 논할 논, 題 제목 제)
: 논설이나 논문, 토론 따위의 주제나 제목.

오답풀이 ② 議(의논할 의), 制(절제할 제), 遽(급히 거), 搏(두드릴 박)
③ 意(뜻 의), 旨(뜻 지), 難(어려울 난), 述(펼 술)
④ 意(뜻 의), 志(뜻 지), 據(근거 거), 題(제목 제)

38. 밑줄 친 말을 한자로 바르게 표기한 것은? 2017 지방직 9급

- 지루한 ㉠장광설로 인해 관중들은 하나씩 자리를 뜨기 시작했다.
- 정보화 사회일수록 ㉡유언비어가 떠돌 수 있는 가능성도 높다.
- 잘못을 저질렀다면 궁색한 ㉢변명보다 정직한 시인이 현명한 대응이다.

	㉠	㉡	㉢
①	長廣舌	流言蜚語	辨明
②	長廣舌	流言非語	辯明
③	長廣說	流言蜚語	辯明
④	長廣說	流言非語	辨明

정답풀이 ㉠ 장광설 (長廣舌 : 長 길 장, 廣 넓을 광, 舌 혀 설)
: 「1」 길고도 세차게 잘하는 말솜씨. 「2」 쓸데없이 장황하게 늘어놓는 말.
㉡ 유언비어 (流言蜚語 : 流 흐를 유, 言 말씀 언, 蜚 바퀴 비, 語 말씀 어) : 아무 근거 없이 널리 퍼진 소문. 뜬소문.
㉢ 변명 (辨明 : 辨 분별할 변, 明 밝을 명)
: 「1」 어떤 잘못이나 실수에 대하여 구실을 대며 그 까닭을 말함. 「2」 옳고 그름을 가려 사리를 밝힘.

오답풀이 ② • 유언비어 (流言非語 : 流 흐를 유, 言 말씀 언, 非 아닐 비, 語 말씀 어) : 없는 단어이다.
• 변명 (辯明 : 辯 분별할 변, 明 밝을 명) : 말로 풀어 밝힘.
③ • 장광설 (長廣說 : 長 길 장, 廣 넓을 광, 說 말씀 설)
: 없는 단어이다.
» 非(아닐 비 / 비방할 비)
» 辯(말씀 변 / 고를 평 / 두루 미칠 편)
» 說(말씀 설 / 달랠 세 / 기뻐할 열 / 벗을 탈)

39 다음 시조의 주제로 적절한 것은? 2017 지방직 9급

> 내히 죠타 ᄒ고 ᄂᆞᆷ 슬흔 일 ᄒ지 말며
> ᄂᆞᆷ이 흔다 ᄒ고 義 아니면 좃지 말니
> 우리는 天性을 직희여 삼긴 대로 ᄒ리라

① 率性　　② 善交　　③ 遵法　　④ 篤學

40 ㉠~㉣의 한자 병기가 옳지 않은 것은? 2017 지방직 9급 추가

> ㉠ 열악(劣惡)한 환경에 굴하지 않고, 희망을 현실로 만든 그의 노력에 우리는 ㉡ 경의(敬意)를 표하였다. 그의 ㉢ 태도(態道)는 우리에게 ㉣ 귀감(龜鑑)이 될 만하다.

① ㉠　　② ㉡　　③ ㉢　　④ ㉣

정답풀이 솔성 (率性: 率 거느릴 솔, 性 성품 성)
: 「1」 타고난 성질. 「2」 천성을 좇음.
위의 시조는 의(義)에 따라 천성에 따라 살자는 교훈을 담고 있다. 따라서 주제로 적절한 것은 '솔성 (率性)'이다.

오답풀이 나머지 선지들은 다음 시조의 주제로 적절하지 않다.
② 선교 (善交: 善 착할 선, 交 사귈 교): 잘 사귐.
③ 준법 (遵法: 遵 좇을 준, 法 법 법)
　: 법률이나 규칙을 좇아 지킴.
④ 독학 (篤學: 篤 도타울 독, 學 배울 학): 학문에 충실함.
» 독학 (獨學: 獨 홀로 독, 學 배울 학)
: 스승이 없이, 또는 학교에 다니지 아니하고 혼자서 공부함.

작품해설 〈내해 좋다하고〉, 변계량(卞季良, 1369~1430)

현대어 풀이
나에게 좋다하고 남 싫은 일 하지 말며
남이 한다 하고 義(의) 아니면 좇지 말라.
우리는 천성을 지키어 생긴 대로 하리라.

✦ 갈래: 평시조, 단형시조.
✦ 성격: 교훈적(敎訓的), 계세적(戒世的)
✦ 제재: 의(義)
✦ 주제: 의(義)에 따라 천성에 따라 살려는 의지
✦ 구성
　- 초장(初章): 자기 정도(自己正道)
　- 중장(中章): 입신유의(立身有義)
　- 종장(終章): 순천(順天), 순명(順命)의 천리(天理)

정답풀이 道 길 도(✕) → 度 법도 도(○)
• 태도 (態道: 態 모습 태, 道 길 도): 없는 단어이다.
• 태도 (態度: 態 모습 태, 度 법도 도)
: 「1」 몸의 동작이나 몸을 가누는 모양새. 「2」 어떤 일이나 상황 따위를 대하는 마음가짐. 또는 그 마음가짐이 드러난 자세. 「3」 어떤 일이나 상황 따위에 대해 취하는 입장.

오답풀이 ① 열악 (劣惡: 劣 못할 열, 惡 악할 악)
　: 품질이나 능력, 시설 따위가 매우 떨어지고 나쁨.
② 경의 (敬意: 敬 공경 경, 意 뜻 의): 존경하는 뜻.
④ 귀감 (龜鑑: 龜 거북 귀, 鑑 거울 감)
　: 거울로 삼아 본받을 만한 모범

Answer
37 ①　38 ①　39 ①　40 ③

41 밑줄 친 말의 의미에 대응하는 단어로 적절하지 않은 것은? 2017 지방직 9급 추가

① 이번 국경일에 국기를 단 집이 많았다. - 揭載
② 차에 에어컨을 달고 싶지만 돈이 없다. - 設置
③ 오늘의 음식 값은 장부에 달아 두세요. - 記錄
④ 그는 어디에 가든 친구를 달고 다닌다. - 帶同

[정답풀이] ◆ 달다❸ (…에 …을) 「1」 물건을 일정한 곳에 걸거나 매어 놓다.
• 게재 (揭載: 揭 들 게, 載 실을 재)
 : 글이나 그림 따위를 신문이나 잡지 따위에 실음.
• 게양 (揭揚: 揭 들 게, 揚 올릴 양)
 : 기(旗) 따위를 높이 걺.
'국기를 달다(걸다)'는 것으로 보아 문맥상 '게재 (揭載)'보다 '게양 (揭揚)'이 더 적절하다.

[오답풀이] ② 달다❸ (…에 …을) 「3」 어떤 기기를 설치하다.
 • 설치 (設置: 設 설비 설, 置 둘 치)
  : 어떤 일을 하는 데 필요한 기관이나 설비 따위를 베풀어 둠.
③ 달다❸ (…에 …을) 「6」 장부에 적다.
 • 기록 (記錄: 記 기록할 기, 錄 기록할 록)
  : 「1」 주로 후일에 남길 목적으로 어떤 사실을 적음. 또는 그런 글. 「2」 운동 경기 따위에서 세운 성적이나 결과를 수치로 나타냄.
④ 달다❸ (…을) 사람을 동행하거나 거느리다.
 • 대동 (帶同: 帶 띠 대, 同 한가지 동)
  : 어떤 모임이나 행사에 거느려 함께함.

42 다음 밑줄 친 단어의 한자어로 적합한 것은? 2017 서울시 9급

> 토의는 최적의 해결 방안을 선택하기 위한 공동의 사고 과정이다. 이 과정이 효율적으로 진행되기 위해서는 공동체가 해결해야 할 문제와 문제의 원인을 인식하고 가능한 대안들을 도출해야 한다. 그리고 대안의 선택에 필요한 판단 준거를 토대로 대안을 분석해 최적의 대안을 선택해야 한다.

① 토의 - 討議
② 사고 - 思考
③ 선택 - 先擇
④ 준거 - 準擧

[정답풀이] 사고 (思考: 생각할 사, 생각할 고)
: 「1」 생각하고 궁리함.
「2」『심리』심상이나 지식을 사용하는 마음의 작용.
「3」『철학』개념, 구성, 판단, 추리 따위를 행하는 인간의 이성 작용.

[오답풀이] ① 義 옳을 의(×) → 議 의논할 의(○)
 • 토의 (討議: 討 칠 토, 議 의논할 의)
  : 어떤 문제에 대해 검토하고 협의함.
③ 先 먼저 선(×) → 選 가릴 선(○)
 • 선택 (選擇: 選 가릴 선, 擇 가릴 택)
  : 여럿 가운데서 필요한 것을 골라 뽑음.
④ 擧 들 거(×) → 據 근거 거(○)
 • 준거 (準據: 準 준할 준, 據 근거 거)
  : 사물의 정도나 성격 따위를 알기 위한 근거나 기준.

43 다음 중 한자어와 독음이 바르게 연결된 것은? 2017 서울시 9급

① 陶冶 - 도치
② 改悛 - 개전
③ 殺到 - 살도
④ 汨沒 - 일몰

[정답풀이] 개전 (改悛: 改 고칠 개, 悛 고칠 전)
: 행실이나 태도의 잘못을 뉘우치고 마음을 바르게 고쳐먹음.

[오답풀이] ① 陶冶의 독음은 '도치'가 아니라 '도야'가 옳다.
 • 도야 (陶冶: 陶 질그릇 도, 冶 풀무 야)
  : 「1」 도기를 만드는 일과 쇠를 주조하는 일. 또는 그런 일을 하는 사람. 「2」 훌륭한 사람이 되도록 몸과 마음을 닦아 기름을 비유적으로 이르는 말.
 » 治(다스릴 치)와 冶(풀무 야)는 비슷하므로 주의가 필요하다.
③ 殺到의 독음은 '살도'가 아니라 '쇄도'가 옳다.
 • 쇄도 (殺到: 殺 빠를 쇄, 到 이를 도)
  : 「1」 전화, 주문 따위가 한꺼번에 세차게 몰려듦. 「2」 어떤 곳을 향해 세차게 달려듦.
 '殺'이 '죽이다'를 뜻할 때에는 '살'로 읽지만, '빠르다'를 뜻할 때에는 '쇄'로 읽는다.
④ 汨沒의 독음은 '일몰'이 아니라 '골몰'이 옳다.
 • 골몰 (汨沒: 汨 골몰할 골, 沒 빠질 몰)
  : 다른 생각을 할 여유도 없이 한 가지 일에만 파묻힘.
 » 汨 (골몰할 골)과 日 (날 일)은 비슷하므로 주의가 필요하다

44 ㉠~㉢에 들어갈 단어로 가장 적절한 것은? 2017 국가직 7급

> 인간은 얼마나 많은 것을 기억할 수 있을까? 앞에서 단기 기억 능력에는 한계가 있음을 설명하였다. 단기 기억은 그 기억 용량에서나 기억 시간 면에서 모두 그 한계가 뚜렷하다. 장기 기억은 어떠한가?
> 우리가 어떤 기념식 행사에 참석했다고 가정하자. 국민의례 순서에서 애국가를 부르게 되었다. 이때 애국가 1절의 가사를 기억하지 못하는 사람은 거의 없을 것이다. 애국가 1절의 가사는 이미 (㉠)하게 우리의 장기 기억 창고에 저장되어 있으며 언제라도 오류 없이 그 가사를 회상해 낼 수 있다. 그러나 애국가 2, 3, 4절로 갈수록 우리의 기억은 부정확해진다.
> 이처럼 어떤 기억은 평생 동안 유지되는 반면, 어떤 기억은 얼마간 지속되다가 (㉡)되거나 부정확해진다. 시험 준비를 하는 학생은 자기가 공부하는 내용을 시험 날까지 잘 기억할 수 있기를 바라며, 사회생활을 하는 직장인은 자기가 만나는 거래처 사람들의 이름과 직위 등을 정확하게 기억하고자 애쓴다. 그러나 그런 우리의 바람과는 다르게 시험 전에 분명히 공부했던 내용을 시험 시간에 회상해 내지 못해 안타까웠던 경험, 분명히 인사를 나눈 바 있는 거래처 직원의 이름을 기억해 내지 못해서 (㉢)스러웠던 경험을 우리는 누구나 가지고 있다.

	㉠	㉡	㉢
①	건실(健實)	소거(消去)	곤욕(困辱)
②	견고(堅固)	소실(消失)	혼곤(昏困)
③	확고(確固)	소멸(消滅)	곤혹(困惑)
④	확실(確實)	소진(消盡)	혼란(混亂)

[정답풀이] ㉠ 확고 (確固: 確 굳을 확, 固 굳을 고)
: 태도나 상황 따위가 튼튼하고 굳다. 예 의지가 확고하다.
㉡ 소멸 (消滅: 消 사라질 소, 滅 꺼질 멸) : 사라져 없어짐.
예 임진왜란 당시 많은 사찰들이 소멸되었다.
㉢ 곤혹 (困惑: 困 곤할 곤, 惑 미혹할 혹)
: 곤란한 일을 당해 어찌할 바를 모름.
예 예상치 못한 질문에 곤혹을 느끼다.

[오답풀이] ① ㉠ 건실 (健實: 健 굳셀 건, 實 열매 실)
: 생각, 태도 따위가 건전하고 착실하다.
예 건실한 생활태도.
㉡ 소거 (消去: 消 사라질 소, 去 갈 거)
: 글자나 그림 따위가 지워짐. 또는 그것을 지워 없앰.
예 자네의 보고서에서 이 부분은 소거하는 것이 좋겠네.
㉢ 곤욕 (困辱: 困 곤할 곤, 辱 욕될 욕)
: 심한 모욕. 또는 참기 힘든 일.
예 갖은 곤욕과 모멸과 박대.
② ㉠ 견고 (堅固: 堅 굳을 견, 固 굳을 고)
:「1」굳고 단단하다. 예 견고한 제방을 쌓다.
「2」사상이나 의지 따위가 동요됨이 없이 확고하다.
예 그는 어떠한 유혹에도 굴복하지 않고 견고하게 자기의 신념을 지켰다.
㉡ 소실 (消失: 消 사라질 소, 失 잃을 실)
: 사라져 없어짐. 또는 그렇게 잃어버림.
예 전쟁으로 많은 문화재가 소실되었다.
㉢ 혼곤 (昏困: 昏 어두울 혼, 困 곤할 곤)
: 정신이 흐릿하고 고달픔.
예 꿈길을 헤매는 듯한 혼곤 속에서 온몸이 자지러지고 있음을 느꼈다.
④ ㉠ 확실 (確實: 確 굳을 확, 實 열매 실)
: 틀림없이 그러하다. 예 확실한 증거
㉡ 소진 (消盡: 消 사라질 소, 盡 다할 진)
: 점점 줄어들어 다 없어짐. 또는 다 써서 없앰.
예 하루종일 청소를 하고 나니 힘이 다 소진되었다
㉢ 혼란 (混亂: 混 섞을 혼, 亂 어지러울 란)
: 뒤죽박죽이 되어 어지럽고 질서가 없음. 예 가치관의 혼란

45 밑줄 친 한자 표기가 옳은 것은? 2017 국가직 7급

① 계속되는 폭우로 마을 입구의 다리가 <u>崩塊</u>되었다.
② 이 일은 <u>迅速</u>하게 처리하는 게 좋을 것 같다.
③ 나의 실수에 대해 당사자에게 정중하게 <u>詐過</u>했다.
④ 이번 고적 <u>踏事</u>는 영남 지방으로 가기로 결정했다.

[정답풀이] 신속 (迅速: 迅 빠를 신 速 빠를 속)
: 매우 날쌔고 빠름.

[오답풀이] ① 塊 흙덩이 괴(×) → 壞 무너질 괴(○)
• 붕괴 (崩壞: 崩 무너질 붕, 壞 무너질 괴): 무너지고 깨어짐.
③ 詐 속일 사(×) → 謝 사례할 사(○)
• 사과 (謝過: 謝 사례할 사, 過 지날 과)
: 자기의 잘못을 인정하고 용서를 빎.
④ 事 일 사(×) → 査 조사할 사(○)
• 답사 (踏査: 踏 밟을 답, 査 조사할 사)
: 현장에 가서 직접 보고 조사함.

46 밑줄 친 한자 표기가 옳지 않은 것은? 2017 국가직 7급

> 對話를 잘하기 위해서는 말을 잘하는 것뿐만 아니라 잘 들을 수 있는 能力을 갖추는 것도 重要하다. 특히 ㉠ <u>圓闊</u>한 의사소통을 통해 문제를 解決하기 위해서는 상대에게 ㉡ <u>共感</u>하며 듣는 방법을 익힐 필요가 있다. 상대의 처지나 마음의 상태를 헤아리고 들을 때, 대화와 ㉢ <u>妥協</u>을 통해 서로의 ㉣ <u>利害</u>를 조정할 수 있기 때문이다.

① ㉠   ② ㉡   ③ ㉢   ④ ㉣

[정답풀이] ㉠ 闊 넓을 활(×) → 滑 미끄러울 활(○)
원활 (圓滑: 圓 둥글 원, 滑 미끄러울 활)
: 「1」 모난 데가 없고 원만함. 「2」 거침이 없이 잘되어 나감.

[오답풀이] ② 공감 (共感: 共 함께 공, 感 느낄 감)
: 남의 감정, 의견, 주장 따위에 대하여 자기도 그렇다고 느낌. 또는 그런 기분.
③ 타협 (妥協: 妥 온당할 타, 協 화합할 협)
: 어떤 일을 서로 양보하여 협의함.
④ 이해 (利害: 利 이로울 이, 害 해할 해)
: 이익과 손해를 아울러 이르는 말.
» 이해 (理解: 理 다스릴 이, 解 풀 해)
: 「1」 사리를 분별하여 해석함. 「2」 깨달아 앎. 또는 잘 알아서 받아들임.

47 고유어에 대응되는 한자어를 잘못 제시한 것은?

2017 국가직 7급 추가

① 지름길 — 捷徑
② 비웃음 — 苦笑
③ 마름질 — 裁斷
④ 게으름 — 懈怠

48 다음 구절이 의미하는 바와 뜻이 가장 잘 통하는 속담은? 2017 국가직 7급 추가

> 欲速則不達
> — 『論語』 —

① 서 발 막대 휘둘러도 거칠 것 없다.
② 개 꼬리 삼 년 두어도 황모 되지 않는다.
③ 아무리 바빠도 바늘허리 매어 쓰지 못한다.
④ 뱁새가 황새를 따라 하다 가랑이가 찢어진다.

정답풀이 • 고소 (苦笑: 苦 쓸 고, 笑 웃음 소)
: 어이가 없거나 마지못하여 짓는 웃음. 또는 쓴웃음.
• 조소 (嘲笑: 嘲 비웃을 조, 笑 웃음 소)
: 흉을 보듯이 빈정거리거나 업신여기는 일. 또는 그렇게 웃는 웃음. 또는 비웃음.
• 비소 (誹笑: 誹 헐뜯을 비, 笑 웃음 소)
: 흉을 보듯이 빈정거리거나 업신여기는 일. 또는 그렇게 웃는 웃음. 또는 비웃음.
'비웃음'이란 흉을 보듯이 빈정거리거나 업신여기는 일. 또는 그렇게 웃는 웃음을 의미하므로 '고소 (苦笑)'와는 대응되지 않는다. '비웃음'에 대응하는 한자어로는 '비소 (誹笑)', '조소(嘲笑)'가 있다.
나머지 선지의 한자어와 고유어의 대응은 적절하다.

오답풀이 ① 첩경 (捷徑: 捷 빠를 첩, 徑 지름길 경)
: 멀리 돌지 않고 가깝게 질러 통하는 길. 또는 지름길.
③ 재단 (裁斷: 裁 마를 재, 斷 끊을 단)
: 옷감이나 재목 따위를 치수에 맞도록 재거나 자르는 일. 또는 마름질.
④ 해태 (懈怠: 懈 게으를 해, 怠 게으를 태)
: 행동이 느리고 움직이거나 일하기를 싫어하는 태도나 버릇. 또는 게으름.

정답풀이 욕속즉부달 (欲速則不達: 欲 하고자할 욕, 速 빠를 속, 則 곧 즉, 不 아닐 부, 達 통달할 달)
: 일을 빨리 하고자 욕심을 내면 도리어 목표를 이루지 못함. 따라서 '아무리 급하다 하여도 꼭 갖추어야 할 것은 갖추어야 일을 할 수 있음'을 뜻하는 '아무리 바빠도 바늘허리 매어 쓰지 못한다.'의 속담이 '욕속즉부달 (欲速則不達)' 구절과 가장 뜻이 잘 통한다.

오답풀이 ① 서 발 막대 휘둘러도 거칠 것 없다 : 세간이라곤 아무 것도 없이 휑하여 세 발이나 되는 막대를 휘둘러도 걸릴 것이 없다는 뜻으로, 집이 가난하여 아무것도 없다는 말.
② 개 꼬리 삼 년 두어도 황모 되지 않는다 : 본바탕이 좋지 아니한 것은 어떻게 하여도 그 본질이 좋아지지 아니함을 비유적으로 이르는 말.
④ 뱁새가 황새를 따라 하다 가랑이가 찢어진다 : 능력에 맞지 않게 남의 좋은 것만을 보고 따라 하려다 낭패를 봄.

Answer
45 ②　46 ①　47 ②　48 ③

49 다음 글을 읽고 ㉠과 ㉡의 특징을 가장 잘 대조한 것은? 2017 국가직 7급 추가

> 일반적으로 ㉠입말은 규범적인 문법 규칙의 적용을 그리 많이 받지 않으므로 사회적 변동이나 시대적 변화에 따라서 ㉡글말보다 비교적 빠른 속도로 변화한다. 그러므로 새말이 생성되기도 하고 어떤 낱말은 사멸되기도 한다. 이와는 반대로 글말은 규범적인 문법 규칙의 적용을 많이 받기 때문에 급작스러운 사회적 변동이나 시대적 변천에도 불구하고 비교적 서서히 변화한다.

	㉠	㉡
①	多彩性	規範性
②	動態性	靜態性
③	模糊性	明示性
④	生成性	死滅性

[정답풀이] • 동태성 (動態性: 動 움직일 동, 態 모양 태, 性 성품 성): 움직이거나 변동하는 상태.
• 정태성 (靜態性: 靜 고요할 정, 態 모양 태, 性 성품 성): 움직이지 아니하고 가만히 머물러 있는 상태.
'입말'은 '글말'보다 비교적 빠른 속도로 변화한다는 것으로 보아, ㉠은 '동태성 (動態性)'이 적절하고, ㉡은 비교적 서서히 변화한다는 것으로 보아 '정태성 (靜態性)'이 적절하다.

[오답풀이] ① • 다채성 (多彩性: 多 많을 다, 彩 채색 채, 性 성품 성)
: 여러 가지 빛깔이 어울려 아름다운 상태 또는 여러 가지로 많고 호화(豪華)로운 상태.
• 규범성 (規範性: 規 법 규, 範 법 범, 性 성품 성)
: 규범이 되는 성질이나 특성.
③ • 모호성 (模糊性: 模 모호할 모, 糊 모호할 호, 性 성품 성)
: 여러 뜻이 뒤섞여 있어서 정확하게 무엇을 나타내는지 알기 어려운 말의 성질.
• 명시성 (明示性: 明 밝을 명, 視 볼 시, 性 성품 성)
: 분명히 드러내 보이거나 가리키는 성질.
④ • 생성성 (生成性: 生 날 생, 成 이룰 성, 性 성품 성)
: 사물이 생겨나거나 사물이 생겨 이루어지게 하는 성질.
• 사멸성 (死滅性: 死 죽을 사, 滅 꺼질 멸, 性 성품 성)
: 죽어서 멸망하거나 또는 없어지는 상태.

50 밑줄 친 단어의 한자 표기가 모두 옳은 것은? 2017 지방직 7급

> • 많은 고통을 ㉠감수한 결과 오늘의 결과를 이루었다.
> • 우리 사회에 ㉡만연해 있는 불신감을 해소해야 한다.

	㉠	㉡
①	甘授	漫延
②	甘受	漫延
③	甘授	蔓延
④	甘受	蔓延

[정답풀이] ㉠ 감수 (甘受: 甘 달 감, 受 받을 수)
: 책망이나 고통 따위를 달게 받아들임.
많은 고통을 이겨낸 결과 오늘의 결과를 이루었다는 것으로 보아 '감수 (甘受)'가 적절하다.
㉡ 만연 (蔓延: 蔓 덩굴 만, 延 늘일 연)
: 전염병이나 나쁜 현상 따위가 널리 퍼짐을 비유적으로 이르는 말.
사회에 퍼져 있는 불신감을 해소해야 한다는 것으로 보아 '만연 (蔓延)'이 적절하다.

[오답풀이] ㉠ 授 줄 수(×) → 受 받을 수(○)
㉡ 漫 흩어질 만(×) → 蔓 덩굴 만(○)
» 만연 (漫然: 漫 흩어질 만, 然 그럴 연)
: 「1」 어떤 목적이 없이 되는대로 하는 태도가 있음. 「2」 맺힌 데가 없음. 「3」 길고 멀어 막연함.

51 다음 중 한자어의 의미 관계가 나머지 셋과 가장 다른 것은? 2017 서울시 7급

① 發送 – 郵送 ② 供給 – 需要
③ 脫退 – 加入 ④ 惡化 – 好轉

[정답풀이] • 발송 (發送: 發 필 발, 送 보낼 송)
: 물건, 편지, 서류 따위를 우편이나 운송 수단을 이용하여 보냄.
• 우송 (郵送: 郵 우편 우, 送 보낼 송): 우편으로 보냄.
'발송 (發送)'과 '우송 (郵送)'만 유의 관계이고, 나머지 선지의 한자어들은 모두 반의 관계이다.

오답풀이) ② • 공급 (供給 : 供 이바지할 공, 給 줄 급)
: 요구나 필요에 따라 물품 따위를 제공함.
• 수요 (需要 : 需 쓰일 수, 要 요긴할 요) : 어떤 재화나 용역을 일정한 가격으로 사려고 하는 욕구.
③ • 탈퇴 (脫退 : 脫 벗을 탈, 退 물러날 퇴)
: 관계하고 있던 조직이나 단체 따위에서 관계를 끊고 물러남.
• 가입 (加入 : 加 더할 가, 入 들 입)
: 「1」 조직이나 단체 따위에 들어감. 「2」 새로 더 집어넣음.
④ • 악화 (惡化 : 惡 악할 악, 化 될 화)
: 「1」 일의 형세가 나쁜 쪽으로 바뀜. 「2」 병의 증세가 나빠짐.
• 호전 (好轉 : 好 좋을 호, 轉 구를 전)
: 「1」 일의 형세가 좋은 쪽으로 바뀜. 「2」 병의 증세가 나아짐.

2018 국가직, 지방직, 서울시 9급, 7급

53 밑줄 친 부분에 들어갈 한자어로 가장 적절한 것은?
2018 국가직 9급

_____(이)란 이익과 관련된 갈등을 인식한 둘 이상의 주체들이 이를 해결할 의사를 가지고 모여서 합의에 이르기 위해 대안들을 조정하고 구성하는 공동 의사 결정 과정을 말한다.

① 協贊 ② 協奏 ③ 協助 ④ 協商

52 다음 중 '雲從龍風從虎' 라는 말과 뜻이 가장 잘 통하는 속담은? 2017 서울시 7급

① 바늘 가는 데 실 간다
② 말 갈 데 소 갈 데 다 다녔다
③ 바람 부는 대로 돛을 단다
④ 구름이 자주 끼면 비가 온다

정답풀이) 운종룡풍종호 (雲從龍風從虎 : 雲 구름 운, 從 좇을 종, 龍 용 룡, 風 바람 풍, 從 좇을 종, 虎 범 호)
: '용 가는 데 구름 가고 범 가는 데 바람 간다'는 뜻으로, 뜻과 마음이 맞는 사람끼리 서로 좇음을 이르는 말이다.
따라서 '바늘이 가는 데 실이 항상 뒤따른다'라는 뜻으로, 사람의 긴밀한 관계를 비유적으로 이르는 말인 '바늘 가는 데 실 간다'의 속담과 가장 잘 어울린다.

오답풀이) ② 말 갈 데 소 갈 데 다 다녔다 : 온갖 곳을 다 다녔다는 말.
③ 바람 부는 대로 돛을 단다 : 바람이 부는 형세에 따라 돛을 단다는 뜻으로, 세상 형편 돌아가는 대로 따르고 있는 모양을 비유적으로 이르는 말.
④ 구름이 자주 끼면 비가 온다 : 일정한 징조가 있으면 그에 따르는 결과가 있기 마련임을 비유적으로 이르는 말.

정답풀이) 협상 (協商 : 協 화합할 협, 商 헤아릴 상)
: 어떤 목적에 부합되는 결정을 하기 위하여 여럿이 서로 의논함 또는 갈등을 해결할 의사를 가지고 모여서 합의에 이르기 위해 대안들을 조정하는 과정을 일컫는 말.

오답풀이) ① 협찬 (協贊 : 協 화합할 협, 贊 도울 찬)
: 「1」 힘을 합하여 도움. 「2」 어떤 일 따위에 재정적으로 도움을 줌.
② 협주 (協奏 : 協 화합할 협, 奏 아뢸 주)
: 독주 악기와 관현악이 합주하면서 독주 악기의 기교가 돋보이게 연주함. 또는 그런 연주.
③ 협조 (協助 : 協 화합할 협, 助 도울 조) : 힘을 보태어 도움.

54 밑줄 친 한자어의 쓰임이 문맥상 적절한 것은?

2018 국가직 9급

① 초고를 校訂하여 책을 완성하였다.
② 내용이 올바른지 서로 交差 검토하시오.
③ 전자 문서에 決濟를 받아 합격자를 확정하겠습니다.
④ 지금 제안한 계획은 수용할 수 없으니 提高 바랍니다.

[정답풀이] 교정 (校訂 : 校 교정할 교, 訂 바로잡을 정)
: 남의 문장 또는 출판물의 잘못된 글자나 글귀 따위를 바르게 고침.
'교정 (校訂)' 한자어의 쓰임은 적절하다. 나머지 선지의 한자어의 쓰임은 적절하지 않다

[오답풀이] ② • 교차 (交差 : 交 사귈(주고받을) 교, 差 다를 차)
: 벼슬아치를 번갈아 임명함.
• 교차 (交叉 : 交 사귈(주고받을) 교, 叉 엇갈릴 차)
: 내용이 서로 엇갈리거나 마주침.
내용이 올바른지 서로 엇갈려서 검토하라는 의미로 쓰여야 하므로 '교차 (交叉)'가 더 적절하다.
③ • 결제 (決濟 : 決 결단할 결, 濟 건널 제)
: 「1」 일을 처리하여 끝을 냄. 「2」 『경제』 증권 또는 대금을 주고받아 매매 당사자 사이의 거래 관계를 끝맺는 일.
• 결재 (決裁 : 決 결단할 결, 裁 마를 재)
: 결정할 권한이 있는 상관이 부하가 제출한 안건을 검토하여 허가하거나 승인함.
'전자 문서'의 특성상 이 부분에는 '상관이 부하가 제출한 안건을 검토하여 승인함'을 뜻하는 '결재 (決裁)'가 와야 한다. '결제 (決濟)'는 '돈을 지불하는 의미'와 관련될 때만 쓰이므로 문맥상 적절하지 않다.
④ • 제고 (提高 : 提 끌 제, 高 높을 고)
: 수준이나 정도 따위를 끌어올림.
• 재고 (再考 : 再 다시 재, 考 생각할 고)
: 어떤 일이나 문제 따위에 대하여 다시 생각함.
문맥상 계획을 한번 다시 생각하기 바란다는 내용이므로 '재고 (再考)'를 써야한다. '제고 (提高)'는 '쳐들어 높임'이라는 의미로 '국가 경쟁력을 제고하다' 등에 쓰이므로 문맥상 적절하지 않다.

55 ㉠, ㉡에 들어갈 한자를 순서대로 바르게 나열한 것은?

2018 지방직 9급

• 근무 여건이 개선(㉠)되자 업무 효율이 크게 올랐다.
• 금융 당국은 새로운 통화(㉡) 정책을 제안하였다.

	㉠	㉡
①	改善	通貨
②	改選	通話
③	改善	通話
④	改選	通貨

[정답풀이] ㉠ 개선 (改善 : 改 고칠 개, 善 착할 선)
: 잘못된 것이나 부족한 것, 나쁜 것 따위를 고쳐 더 좋게 만듦. 예 입시 제도 개선. / 유통 구조 개선. / 관계 개선을 위하여 노력하다.
㉡ 통화 (通貨 : 通 통할 통, 貨 재물 화)
: 유통 수단이나 지불 수단으로서 기능하는 화폐.

[오답풀이] '改選'과 '通話'는 문맥상 적절하지 않다.
㉠ 개선 (改選 : 改 고칠 개, 選 가릴 선)
: 의원이나 임원 등이 사퇴하거나 그 임기가 다 되었을 때 새로 선출함. 예 임원 개선 / 시 의원의 개선을 실시하다.
㉡ 통화 (通話 : 通 통할 통, 話 말씀 화)
: 「1」 전화로 말을 주고받음. 예 통화 중. / 통화가 끝나다. 「2」 통화한 횟수를 세는 말. 예 전화 한 통화만 쓸 수 있을까요? / 전화 한 통화면 될 일을 괜히 어렵게 생각하였다.

56 한자어 없이 고유어로만 구성된 문장은?

2018 서울시 9급(3월)

① 그의 모습을 보자 모골이 송연해졌다.
② 도대체가 무슨 일인지 가늠이 안 된다.
③ 나는 생각에 생각을 거듭하여 매사에 임한다.
④ 그 노래를 들으니 불현듯 어릴 적이 떠오른다.

[정답풀이] '불현듯'과 어릴 적의 '적'은 모두 고유어이다. ④은 한자어 없이 고유어로만 구성된 문장이다.

PART 01

[오답풀이] ① • 모골 (毛骨: 毛 터럭 모, 骨 뼈 골)
: 털과 뼈를 이르는 말.
• 송연 (悚然: 悚 두려울 송, 然 그럴 연)
: 두려워 몸을 옹송그릴 정도로 오싹 소름이 끼침.
✦ 모골이 송연하다: 사람의 몸이 옹송그려지고 털끝이 쭈뼛해질 정도로 소름끼치고 아주 끔찍하다.
② 도대체 (都大體: 都 도읍 도, 大 클 대, 體 몸 체)
: 「1」((주로 의문을 나타내는 말과 함께 쓰여)) 다른 말은 그만두고 요점만 말하자면. 「2」((주로 부정을 나타내는 말과 함께 쓰여)) 유감스럽게도 전혀. 「3」전혀 알지 못하거나 아주 궁금하여 묻는 것인데.
③ 매사 (每事: 每 매양 매, 事 일 사): 하나하나의 모든 일.

58 나이와 한자어가 바르게 연결된 것은? 2018 서울시 9급(6월)

① 62세 – 화갑(華甲) ② 77세 – 희수(喜壽)
③ 88세 – 백수(白壽) ④ 99세 – 미수(米壽)

57 한자어의 독음으로 옳은 것을 〈보기〉에서 모두 고른 것은? 2018 서울시 9급(3월)

─〔보기〕─
ㄱ. 決濟(결재)   ㄴ. 火葬(화상)
ㄷ. 模寫(묘사)   ㄹ. 裁量(재량)
ㅁ. 冒頭(모두)   ㅂ. 委託(위탁)

① ㄱ, ㄴ, ㅂ   ② ㄱ, ㄷ, ㄹ
③ ㄴ, ㄷ, ㅁ   ④ ㄹ, ㅁ, ㅂ

[정답풀이] 희수 (喜壽: 喜 기쁠 희, 壽 목숨 수): 나이 77세.
≫ 희수 (稀壽: 稀 드물 희, 壽 목숨 수): 나이 70세.

[오답풀이] ① 화갑 (華甲: 華 빛날 화, 甲 갑옷 갑): 나이 61세.
③ 백수 (白壽: 白 흰 백, 壽 목숨 수): 나이 99세.
④ 미수 (米壽: 米 쌀 미, 壽 목숨 수): 나이 88세.

> **≫ 나이 관련 한자어**
> 지학(志學): 나이 15세.
> 과년(瓜年): 나이 16세.
> 약관(弱冠) / 방년(芳年) / 묘령(妙齡): 나이 20세(안팎).
> 이립(而立): 나이 30세.
> 불혹(不惑): 나이 40세.
> 상수(桑壽): 나이 48세.
> 지천명(知天命): 나이 50세.
> 이순(耳順): 나이 60세.
> 회갑(回甲) / 환갑(還甲) / 화갑(華甲): 나이 61세.
> 진갑(進甲): 나이 62세.
> 고희(古稀) / 종심(從心): 나이 70세.
> 산수(傘壽) / 팔순(八旬): 나이 80세.
> 졸수(卒壽) / 동리(凍梨) / 구순(九旬): 나이 90세.
> 상수(上壽) / 기이지수(期頤之壽): 나이 100세.

[정답풀이] ㄹ. 재량 (裁量: 裁 마를 재, 量 헤아릴 량)
: 자기의 생각과 판단에 따라 일을 처리함.
ㅁ. 모두 (冒頭: 冒 무릅쓸 모, 頭 머리 두): 말이나 글의 첫머리.
ㅂ. 위탁 (委託: 委 맡길 위, 託 부탁할 탁)
: 「1」남에게 사물이나 사람의 책임을 맡김. 「2」법률 행위나 사무의 처리를 다른 사람에게 맡겨 부탁하는 일.

[오답풀이] ㄱ. 決濟의 독음은 '결재'가 아니라 '결제'가 옳다.
결제 (決濟: 決 결단할 결, 濟 건널 제)
: 「1」일을 처리하여 끝을 냄. 「2」증권 또는 대금을 주고받아 매매 당사자 사이의 거래 관계를 끝맺는 일.
ㄴ. 火葬의 독음은 '화상'이 아니라 '화장'이 옳다.
화장 (火葬: 火 불 화, 葬 장사지낼 장)
: 시체를 불에 살라 장사 지냄.
ㄷ. 模寫의 독음은 '묘사'가 아니라 '모사'가 옳다.
모사 (模寫: 模 본뜰 모, 寫 베낄 사)
: 「1」사물을 형체 그대로 그림. 또는 그런 그림. 「2」원본을 베끼어 씀.

Answer
54 ① 55 ① 56 ④ 57 ④ 58 ②

59 ㉠~㉣ 중 한자의 표기가 옳은 것만을 모두 고르면?

2018 국가직 7급

> 프레젠테이션이란 여러 사람 앞에서 자신의 생각이나 의견 또는 어떤 사실에 대해서 시각 자료를 활용하여 ㉠陳述하는 말하기를 가리킨다. 프레젠테이션은 조사한 내용을 ㉡設明하거나 새로운 아이디어를 보고하는 등 정보 공유의 효과적인 수단으로 널리 ㉢使用되고 있다. 최근 들어 핵심적인 정보를 짧은 시간 내에 효과적으로 ㉣制視하는 프레젠테이션 능력이 더욱 중시되고 있다.

① ㉠, ㉡ ② ㉠, ㉢ ③ ㉡, ㉣ ④ ㉢, ㉣

[정답풀이] ㉠ 진술 (陳述: 陳 베풀 진, 述 펼 술)
: 일이나 상황에 대하여 자세하게 이야기함. 또는 그런 이야기.
㉢ 사용 (使用: 使 하여금 사, 用 쓸 용)
: 「1」 일정한 목적이나 기능에 맞게 씀. 「2」 사람을 다루어 이용함.
따라서 ㉠, ㉢은 적절한 한자 표기이다.

[오답풀이] ㉡ 設 베풀 설(×) → 說 말씀 설(○)
설명 (說明: 說 말씀 설, 明 밝을 명)
: 어떤 일이나 대상의 내용을 상대편이 잘 알 수 있도록 밝혀 말함. 또는 그런 말.
㉣ 制 절제할 제, 視 내가 볼 시(×) → 提 끌 제, 示 남에게 보여줄 시(○)
제시 (提示: 提 끌 제, 示 보일 시)
: 「1」 어떠한 의사를 말이나 글로 나타내어 보임. 「2」 검사나 검열 따위를 위하여 물품을 내어 보임.

60 밑줄 친 한자의 독음이 다른 것으로 짝지어진 것은?

2018 지방직 7급

① 復活 - 復命
② 樂園 - 樂勝
③ 降等 - 下降
④ 率先 - 引率

[정답풀이] ①

| 復 | 다시 부 | 부활 (復活: 復 다시 부, 活 살 활)
: 죽었다가 다시 살아남. |
| | 회복할 복 | 복명 (復命: 復 회복할 복, 命 목숨 명)
: 명령을 받고 일을 처리한 사람이 그 결과를 보고함 |

[오답풀이] ② 樂(즐길 락(낙))으로 독음이 서로 같다.

樂	즐길 락(낙)	낙원 (樂園: 樂 즐길 낙, 園 동산 원) : 아무런 괴로움이나 고통이 없이 안락하게 살 수 있는 즐거운 곳. 낙승 (樂勝: 樂 즐길 낙, 勝 이길 승) : 힘들이지 아니하고 쉽게 이김.
	노래 악	악기 (樂器: 樂 노래 악, 器 그릇 기) : 음악을 연주하는 데 쓰는 기구를 통틀어 이르는 말.
	좋아할 요	요산 (樂山: 樂 좋아할 요, 山 메 산) : 산을 좋아함.

③ 降(내릴 강)으로 독음이 서로 같다.

| 降 | 내릴 강 | 강등 (降等: 降 내릴 강, 等 무리 등)
: 등급이나 계급 따위가 낮아짐.
하강 (下降: 下 아래 하, 降 내릴 강)
: 높은 곳에서 아래로 향하여 내려옴. |
| | 항복할 항 | 항복 (降伏: 降 항복 항, 伏 엎드릴 복)
: 적이나 상대편의 힘에 눌리어 굴복함. |

④ 率(거느릴 솔)로 독음이 서로 같다.

| 率 | 거느릴 솔 | 솔선 (率先: 率 거느릴 솔, 先 먼저 선)
: 남보다 앞장서서 먼저 함.
인솔 (引率: 引 끌 인, 率 거느릴 솔)
: 여러 사람을 이끌고 감. |
| | 비율 률(율) | 비율 (比率: 比 견줄 비, 率 비율 율)
: 다른 수나 양에 대한 어떤 수나 비.
효율 (效率: 效 본받을 효, 率 비율 율)
: 들인 노력과 얻은 결과의 비율. |

61 〈보기〉에서 밑줄 친 부분의 한자를 순서대로 바르게 연결한 것은? 2018 서울시 7급(3월)

〔보기〕
우리가 그 본성이 변화의 <u>과정</u>에 있는 어떤 것을 불변의 것으로 고정화할 때, 우리는 옛날의 중국 여자의 <u>전족</u>처럼 살아 있는 것의 성장을 <u>왜곡</u>화하고 그리하여 결국에는 그것을 <u>고사</u>시키는 오류를 범하게 된다.

① 課程 – 纏足 – 矮曲 – 苦死
② 過程 – 纏足 – 歪曲 – 枯死
③ 過程 – 塡足 – 矮曲 – 枯死
④ 課程 – 塡足 – 歪曲 – 苦死

62 〈보기〉의 밑줄 친 단어의 한자어로 가장 옳지 않은 것은? 2018 서울시 7급(6월)

〔보기〕
설화적 상상 속에서는 경험적 현실에서 생각도 못할 모든 일들이 다 가능하다. 사람이 단숨에 수천 리를 가고 하늘을 훨훨 날아오르며 눈앞에서 감쪽같이 사라질 수 있다. 거지가 하루아침에 왕이 되고 왕자가 한순간에 개구리가 되며 한 사람이 열 명, 백 명으로 나뉠 수 있다. 이와 같은 상상적 <u>형상</u>을 말하고 듣는 과정에서 인간의 인지는 힘찬 운동을 하게 된다. 사고의 <u>반경</u>이 부쩍 넓어지고 <u>사유</u>의 역동성이 살아난다. 그로부터 인간 삶의 새로운 <u>지경</u>이 열려 나간다. 인류 역사의 발전은 이런 인지적 운동을 통해 실현된다고 해도 좋다. 틀을 깨는 자유와 역동의 상상적 인지를 통해서 말이다.

① 형상(形象) ② 반경(半徑)
③ 사유(思惟) ④ 지경(至境)

[정답풀이] • 과정 (過程: 過 지날 과, 程 한도 정)
: 일이 되어 가는 경로.
• 전족 (纏足: 纏 얽을 전, 足 발 족)
: 중국의 옛 풍습의 하나. 여자의 엄지발가락 이외의 발가락들을 어릴 때부터 발바닥 방향으로 접어 넣듯 힘껏 묶어 헝겊으로 동여매어 자라지 못하게 한 일이나 그런 발을 이른다.
• 왜곡 (歪曲: 歪 기울 왜, 曲 굽을 곡)
: 사실과 다르게 해석하거나 그릇되게 함.
• 고사 (枯死: 枯 마를 고, 死 죽을 사)
: 나무나 풀 따위가 말라 죽음.

[오답풀이] • 과정 (課程: 課 공부할 과, 程 한도 정)
: 「1」 해야 할 일의 정도. 「2」 일정한 기간에 교육하거나 학습하여야 할 과목의 내용과 분량.
• 전족 (塡足: 塡 메울 전, 足 발 족): 모자라는 것을 채움.
• 왜곡 (矮曲: 矮 난쟁이 왜, 曲 굽을 곡): 없는 단어이다.
• 고사 (苦死: 苦 쓸 고, 死 죽을 사): 없는 단어이다.

[정답풀이] 至 이를 지(×) → 地 땅 지(○)
지경 (地境: 地 땅 지, 境 지경 경)
: 「1」 나라나 지역 따위의 구간을 가르는 경계. 「2」 일정한 테두리 안의 땅.
제시문의 '그로부터 인간 삶의 새로운 지경이 열려 나간다'라는 문장으로 보아 적절한 한자 표기는 '지경 (地境)'이다.

[오답풀이] ① 형상 (形象: 形 모양 형, 象 코끼리 상)
: 「1」 사물의 생긴 모양이나 상태. 「2」 마음과 감각에 의하여 떠오르는 대상의 모습을 떠올리거나 표현함. 또는 그런 형태.
② 반경 (半徑: 半 반 반, 徑 지름길 경)
: 「1」 '반지름'의 전 용어. 「2」 행동이 미치는 범위.
③ 사유 (思惟: 思 생각 사, 惟 생각할 유)
: 「1」 대상을 두루 생각하는 일. 「2」 개념, 구성, 판단, 추리 따위를 행하는 인간의 이성 작용.

Answer
59 ② 60 ① 61 ② 62 ④

2019 국가직, 지방직, 서울시 9급, 7급

63 괄호 안에 들어갈 단어를 순서대로 바르게 나열한 것은? 2019 국가직 9급

> 한국 문학의 미적 범주에서 눈에 띄는 전통으로 풍자와 해학이 있다. 풍자와 해학은 주어진 상황에 순종하기보다 그것을 극복하고자 하는 건강한 삶의 의지에서 나온 (㉠)을(를) 통해 드러난다. (㉠)은(는) '있어야 할 것'으로 행세해 온 관념을 부정하고, 현실적인 삶인 '있는 것'을 그대로 긍정한다. 이때 있어야 할 것을 깨뜨리는 것에 관심을 집중한 것이 (㉡)이고, 있는 것이 지닌 긍정에 관심을 집중하는 것이 (㉢)이다.

	㉠	㉡	㉢
①	골계(滑稽)	해학(諧謔)	풍자(諷刺)
②	해학(諧謔)	풍자(諷刺)	골계(滑稽)
③	풍자(諷刺)	해학(諧謔)	골계(滑稽)
④	골계(滑稽)	풍자(諷刺)	해학(諧謔)

[정답풀이] ㉠: 일반적으로 골계는 '우스꽝스러움'으로서 웃음을 자아내는 문학의 모든 요소에 폭넓게 적용되는 개념이다. 골계는 그 하위 범주로 기지, 풍자, 반어, 해학 등을 포괄한다. 풍자와 해학을 포함하는 것이 골계이므로 ㉠은 골계에 해당한다.
㉡, ㉢: '있어야 할 것'을 깨뜨리는 것에 관심을 집중하는 것이 풍자이고, '있는 것'이 지닌 긍정에 관심을 집중하는 것이 해학이다. 따라서 ㉡은 풍자, ㉢은 해학에 해당한다.

» 골계 (滑稽: 滑 익살스러울 골, 稽 상고할 계)
 : 익살을 부리는 가운데 어떤 교훈을 주는 일.
» 풍자 (諷刺: 諷 풍자할 풍, 刺 찌를 자)
 : 「1」 남의 결점을 다른 것에 빗대어 비웃으면서 폭로하고 공격함. 「2」 『문학』 문학 작품 따위에서, 현실의 부정적 현상이나 모순 따위를 빗대어 비웃으면서 씀.
» 해학 (諧謔: 諧 화할 해, 謔 희롱할 학)
 : 익살스럽고도 품위가 있는 말이나 행동.

64 밑줄 친 부분의 한자 표기가 잘못된 것은? 2019 지방직 9급

① 그는 여러 차례 TV 출연으로 유명세(有名勢)를 치렀다.
② 누가 먼저 할 것인지 복불복(福不福)으로 정하기로 했다.
③ 긴박한 상황이라 대증요법(對症療法)을 쓸 수밖에 없었다.
④ 사건의 경위(經緯)는 알 수 없지만, 결과만 본다면 우리에게 유리하다.

[정답풀이] 勢 기세 세(×) → 稅 세금 세(○)
유명세 (有名稅: 有 있을 유, 名 이름 명, 稅 세금 세)
: 사회적(社會的)으로 유명(有名)하다는 탓으로 거의 강제적(强制的)으로 치러야만 하는 돈을 일컫는 말. 또는 세상에 이름이 널리 알려져 있는 탓으로 당하는 불편이나 곤욕을 속되게 이르는 말.

[오답풀이] ② 복불복 (福不福: 福 복 복, 不 아닐 불, 福 복 복)
 : '복분(福分)의 좋고 좋지 않음'이라는 뜻으로, 사람의 운수를 이르는 말.
③ 대증요법 (對症療法: 對 대할 대, 症 증세 증, 療 병 고칠 요, 法 법 법)
 : 병의 원인을 찾아 없애기 곤란한 상황에서, 겉으로 나타난 병의 증상에 대응하여 처치를 하는 치료법.
④ 경위 (經緯: 經 지날 경, 緯 씨 위)
 : 「1」 직물(織物)의 날과 씨를 아울러 이르는 말. 「2」 일이 진행되어 온 과정. 「3」 『지구』 경도와 위도를 아울러 이르는 말.

65 한자어에 대한 설명으로 옳지 않은 것은? 2019 서울시 9급(2월)

① '연장(延長)', '하산(下山)'은 '서술어+부사어'의 구조이다.
② '인간(人間)', '한국인(韓國人)'의 '인'은 모두 어근이다.
③ '우정(友情)', '대문(大門)'의 구성 성분은 비자립적 어근과 단어이다.
④ '시시각각(時時刻刻)', '명명백백(明明白白)'은 고유어의 반복 합성어 구성 방식과 다르다.

[정답풀이] '인간(人間)'은 '어근 + 어근'의 구성이지만 '韓國人(한국인)'의 '인'은 '사람'의 의미를 더하는 접미사이다. 이러한 쓰임으로는, '원시인, 종교인, 감시인, 그리스인' 등이 있다.

[오답풀이] ① • 연장 (延長 : 延 늘일 연, 長 길 장) : 길게 늘이다.
• 하산 (下山 : 下 아래 하, 山 메 산) : 산에서 내려 오다.
따라서 '서술어 + 부사어'의 구조는 적절한 설명이다.
③ • 우정 (友情 : 友 벗 우, 情 뜻 정) : 친구 사이의 정.
• 대문 (大門 : 大 클 대, 門 문 문) : 큰 문.
따라서 비자립적 어근(우,대)과 단어(정,문)의 결합으로 적절한 설명이다.
④ 고유어의 반복 합성어는 주로 '깡충깡충, 철썩철썩, 출렁출렁' 등으로 구성된다. 그러나 '시시각각'은 '각각의 시각'으로, '명명백백'은 '명백함'으로 해석하므로 고유어의 구성 방식과 다르므로 적절한 설명이다.

[오답풀이] ② 불화 (不和 : 不 아닐 불, 和 화할 화)
: 서로 화합(和合)하지 못함. 또는 서로 사이좋게 지내지 못함.
③ 오해 (誤解 : 誤 그르칠 오, 解 풀 해)
: 그릇되게 해석하거나 뜻을 잘못 앎. 또는 그런 해석이나 이해.
④ 독선 (獨善 : 獨 홀로 독, 善 착할 선)
: 자기 혼자만이 옳다고 믿고 행동하는 일.

66 〈보기〉는 시의 일부분이다. 시의 제목으로 가장 적절한 한자어는? 2019 서울시 9급(6월)

─〈보기〉─
세상에는, 자신이 믿는 단단한 무엇을 위해 목숨을 걸 수 있는 사람과 그럴 수 없는 사람이 있다
말이 많은 사람과 그렇지 않은 사람이 있다
짜장면을 좋아하는 사람과 그렇지 않은 사람이 있다
테니스에 미친 사람과 그렇지 않은 사람이 있다
유에프오가 있다고 생각하는 사람과 그렇지 않은 사람이 있다
술을 좋아하는 사람과 그렇지 않은 사람이 있다
— 중략 —
사람들을 두 가지로 나눌 수 있다고 믿는 사람과 그렇지 않은 사람이 있다

① 편견(偏見)   ② 불화(不和)
③ 오해(誤解)   ④ 독선(獨善)

[정답풀이] 편견 (偏見 : 偏 치우칠 편, 見 볼 견)
: 공정하지 못하고 한쪽으로 치우친 생각.
이 시의 맨 끝 부분에 '사람들을 두 가지로 나눌 수 있다고 믿는 사람과 그렇지 않은 사람이 있다'라고 언급하는 것을 통해 이 시가 '편견'과 관련이 있음을 알 수 있다. 사람들을 단순하게 2가지로 나눌 수 있다고 생각하는 것은 편견에 불과하다. 이 시는 이희중 시인의 〈편견〉이라는 작품이다.

67 ㉠~㉣의 한자 표기로 옳은 것은? 2019 국가직 7급

기호를 기표와 기의의 결합으로 보는 것은 언어학의 ㉠ 공리이다. 그리고 그 결합이 ㉡ 자의적이라는 점 또한 널리 알려진 ㉢ 상식이다. 그러나 음성 상징어로 총칭되는 의성어와 의태어는 여기에서 예외로 간주되곤 한다. 즉 의성어와 의태어는 기표와 기의 사이의 ㉣ 연관성을 보여 주는 사례이다.

① ㉠ 共理   ② ㉡ 自意的
③ ㉢ 常識   ④ ㉣ 緣關性

[정답풀이] 상식 (常識 : 常 항상 상, 識 알 식)
: 사람들이 보통 알고 있거나 알아야 하는 지식. 일반적 견문과 함께 이해력, 판단력, 사리 분별 따위가 포함된다.

[오답풀이] ① 共 함께 공(×) → 公 공변될 공(○)
공리 (公理 : 公 공변될 공, 理 다스릴 리)
: 「1」 일반 사람과 사회에서 두루 통하는 진리나 도리.
「2」 수학이나 논리학 따위에서 증명이 없이 자명한 진리로 인정되며, 다른 명제를 증명하는 데 전제가 되는 원리.
② 自 스스로 자(×) → 恣 마음대로 자(○)
자의적 (恣意的 : 恣 마음대로 자, 意 뜻 의, 的 과녁 적)
: 일정한 질서를 무시하고 제멋대로 하는 것.
④ 緣 인연 연(×) → 聯 연이을 연(○)
연관성 (聯關性 : 聯 연이을 연, 關 관계할 관, 性 성품 성)
: 사물이나 현상이 일정한 관계를 맺는 특성이나 성질.

Answer
63 ④   64 ①   65 ②   66 ①   67 ③

68 ㉠~㉢의 한자 표기가 모두 옳은 것은? 2019 지방직 7급

> 태어날 때 자기의 얼굴을 선택할 수 있는 사람은 없다. 얼굴은 부모님한테서 선물로 받은 것이기 때문이다. 얼굴은 재주나 체질과 마찬가지로 ㉠운명적으로 결정된 것이다. 누구나 맑고 아름다운 얼굴을 갖기를 원한다. 다른 사람에게 호감을 주지 못하는 얼굴을 바라는 사람은 아마 없을 것이다. 톨스토이의 ㉡자서전적 작품을 읽어 보면, 젊었을 때 자기의 코가 넓적하고 보기 흉한 것을 무척 비관해서 ㉢염세적이 되었다는 이야기가 나온다. 얼굴의 근본 바탕은 세상에 태어날 때 운명적으로 결정되지만, ㉣성실한 노력에 따라서는 내면을 드러내는 인상이 바뀔 수 있다.

	㉠	㉡	㉢	㉣
①	殞命	自書傳	厭世的	成實
②	運命	自書傳	鹽稅的	成實
③	殞命	自敍傳	鹽稅的	誠實
④	運命	自敍傳	厭世的	誠實

[정답풀이]
- 운명 (運命: 運 옮길 운, 命 목숨 명)
: 「1」 인간을 포함한 모든 것을 지배하는 초인간적인 힘. 또는 그것에 의하여 이미 정하여져 있는 목숨이나 처지. 「2」 앞으로의 생사나 존망에 관한 처지.
- 자서전 (自敍傳: 自 스스로 자, 敍 펼 서, 傳 전할 전)
: 작자 자신의 일생을 소재로 스스로 짓거나, 남에게 구술하여 쓰게 한 전기.
- 염세적 (厭世的: 厭 싫어할 염, 世 인간 세, 的 과녁 적)
: 세상을 싫어하고 모든 일을 어둡고 부정적인 것으로 보는 것.
- 성실 (誠實: 誠 정성 성, 實 열매 실) : 정성스럽고 참됨.

[오답풀이] 나머지는 한자 표기는 옳지 않다.
㉠ 殞 죽을 운(X) → 運 옮길 운(○)
㉡ 書 글 서(X) → 敍 펼 서(○)
㉢ 鹽 소금 염, 稅 세금 세(X) → 厭 싫어할 염, 世 인간 세(○)
염세 (鹽稅: 鹽 소금 염, 稅 세금 세)
: 예전에, 소금을 만들어 파는 사람들에게 부과하던 세금.
㉣ 成 이룰 성(X) → 誠 정성 성(○)

69 '欲速則不達, 見小利則大事不成'과 뜻이 가장 잘 통하는 속담은? 2019 서울시 7급(2월)

① 첫술에 배부르랴.
② 내 코가 석 자다.
③ 공든 탑이 무너지랴.
④ 바늘허리 실 매어 못쓴다.

[정답풀이] 欲速則不達, 見小利則大事不成 (욕속즉부달, 견소리즉대사불성)
: 빨리 하려고 하면 이루지 못하고, 작은 이익을 보려 하면 큰 일을 이루지 못한다.
'아무리 급하다 하여도 꼭 갖추어야 할 것은 갖추어야 일을 할 수 있음'을 뜻하는 '바늘허리 실 매어 쓰지 못한다.'의 속담과 가장 잘 통한다.

[오답풀이] ① 첫술에 배부르랴: 어떤 일이든지 단번에 만족할 수는 없음을 비유적으로 이르는 말.
② 내 코가 석 자다: 내 사정이 급하고 어려워서 남을 돌볼 여유가 없음을 비유적으로 이르는 말.
③ 공든 탑이 무너지랴: 공들여 쌓은 탑은 무너질 리 없다는 뜻으로, 힘과 정성을 다하여 한 일은 그 결과가 반드시 헛되지 아니함을 비유적으로 이르는 말.

70 〈보기〉의 ㉠~㉣의 한자 표기로 옳지 않은 것은? 2019 서울시 7급(10월)

[보기]
> '꼭두쇠'는 남사당패의 우두머리를 말한다. 꼭두쇠는 남사당패에서 절대적인 권력을 가진 존재이다. 단원 가운데 ㉠규율을 어긴 단원에 대해 형벌을 명령하는 것도 꼭두쇠이다. 꼭두쇠가 ㉡노쇠하여 역할을 제대로 할 수 없거나 단원들의 신임을 잃게 되면 단원들의 ㉢추대로 새로운 꼭두쇠를 ㉣선출한다.

① ㉠ – 規律
② ㉡ – 老衰
③ ㉢ – 推戴
④ ㉣ – 先出

정답풀이) • 선출 (先出: 先 먼저 선, 出 날 출)
: 과일, 무성귀, 해산물 따위에서 그해의 맨 처음에 나는 것.
• 선출 (選出: 選 가릴 선, 出 날 출)
: 여럿 가운데서 골라냄.
단원들의 추대로 새로운 꼭두쇠를 뽑는다는 것을 뜻하므로 '선출 (先出)'보다 '선출 (選出)'이 적절한 한자 표기이다.

오답풀이) ① 규율 (規律: 規 법 규, 律 법 율)
: 질서나 제도를 유지하기 위해 지켜야 할 행동의 준칙이 되는 본보기.
② 노쇠 (老衰: 老 늙을 노, 衰 쇠할 쇠)
: 늙어서 쇠약하고 기운이 별로 없음.
③ 추대 (推戴: 推 밀 추, 戴 받들 대): 윗사람으로 떠받듦.
» 추대 (推貸: 推 밀 추, 貸 빌릴 대)
: 돈을 돌려서 꾸어 주거나 꾸어 씀.

2020 국가직, 지방직, 서울시 9급, 7급

71 ㉠~㉣의 한자 표기로 옳은 것은? 2020 국가직 9급

> 과학사를 들춰 보면 기존의 학문 체계에 ㉠도전했다가 낭패를 본 인물들의 이야기를 자주 만날 수 있다. 대표적인 인물이 천동설을 부정하고 지동설을 주장한 갈릴레이다. 천동설을 ㉡지지하던 당시의 권력층은 그들의 막강한 힘을 이용하여 갈릴레이를 신의 권위에 도전하는 이단자로 욕하고 목숨까지 위협했다. 갈릴레이가 영원한 ㉢침묵을 ㉣맹세하지 않고 계속 지동설을 주장했더라면 그는 단두대의 이슬로 사라졌을지도 모른다.

① ㉠ 逃戰 ② ㉡ 持地 ③ ㉢ 浸默 ④ ㉣ 盟誓

정답풀이) 맹세 (盟誓: 盟 맹세할 맹, 誓 맹세할 세)
: 일정한 약속이나 목표를 꼭 실천하겠다고 다짐함.

오답풀이) ① 逃 도망할 도(×) → 挑 돋울 도(○)
도전 (挑戰: 挑 돋울 도, 戰 싸울 전)
: 「1」정면으로 맞서 싸움을 걺. 「2」어려운 사업이나 기록 경신 따위에 맞섬을 비유적으로 이르는 말.
② 持 가질 지, 地 땅 지(×) → 支 지탱할 지, 持 유지할 지(○)
지지 (支持: 支 지탱할 지, 持 가질지)
: 「1」어떤 사람이나 단체 따위의 주의·정책·의견 따위에 찬동하여 이를 위하여 힘을 씀. 또는 그 원조. 「2」무거운 물건을 받치거나 버팀.

③ 浸 잠길 침(×) → 沈 잠길 침(○)
침묵 (沈默: 沈 잠길 침, 默 잠잠할 묵)
: 어떤 일에 대하여 그 내용을 밝히지 아니하거나 비밀을 지킴. 또는 그런 상태.

72 밑줄 친 단어와 바꿔 쓸 수 있는 한자어로 가장 적절한 것은? 2020 지방직 9급

① 그는 가수가 되려는 꿈을 버리고 직장을 구했다.
→ 遺棄하고
② 휴가철인 7~8월에 버려지는 반려견들이 가장 많다.
→ 根絶되는
③ 그는 집 앞에 몰래 쓰레기를 버리고 간 사람을 찾고 있다. → 投棄하고
④ 취직하려면 그녀는 우선 지각하는 습관을 버려야 할 것이다. → 抛棄해야

정답풀이) 투기 (投棄: 投 던질 투, 棄 버릴 기): 내던져 버림.
'쓰레기를 버리고'에서 '버리다'는 '①【…을 …에】가지거나 지니고 있을 필요가 없는 물건을 내던지거나 쏟거나 하다.'를 뜻한다. 따라서 '쓰레기를 버리다'를 '쓰레기를 투기하다'로 바꿔도 자연스럽다.

오답풀이) ① 유기 (遺棄: 遺 남길 유, 棄 버릴 기)
: 「1」내다 버림. 「2」『법률』어떤 사람이 종래의 보호를 거부하여, 그를 보호받지 못하는 상태에 두는 일.
'꿈을 버리고'에서 '버리다'는 '⑤ 품었던 생각을 스스로 잊다.'를 뜻한다. 그런데 '遺棄(유기)'는 주로 '시체를 유기하다 또는 사회적 책임을 유기하다'로 주로 쓰이기 때문에 해당 문장에서는 치환될 수 없다. '抛棄(포기)'가 더 적절하다.
② 근절 (根絶: 根 뿌리 근, 絶 끊을 절): 다시 살아날 수 없도록 아주 뿌리째 없애 버림.
'버려지는 반려견'에서 '버려지다'는 '가지거나 지니고 있을 필요가 없는 물건이 내던져지거나 쏟아지다 또는 직접 깊은 관계가 있는 사람과의 사이가 끊어지고 돌봄을 받지 못하다'를 뜻한다. 그런데 '根絶(근절)'은 주로 '부동산 투기 근절 또는 부정부패를 근절하다'로 주로 쓰이기 때문에 해당 문장에서는 치환될 수 없다. '遺棄(유기)'가 더 적절하다.
④ 포기 (抛棄: 抛 던질 포, 棄 버릴 기):「1」하려던 일을 도중에 그만두어 버림.「2」자기의 권리나 자격, 물건 따위를 내던져 버림.
'습관을 버리다'에서 '버리다'는 '못된 성격이나 버릇 따위를 떼어 없애다'를 뜻한다. 그런데 '抛棄(포기)'는 주로 '중도 포기 선언 또는 출마를 포기하다'로 주로 쓰이기 때문에 해당 문장에서는 치환될 수 없다. '根絶(근절)'이 더 적절하다.

Answer
68 ④ 69 ④ 70 ④ 71 ④ 72 ③

73. <보기>의 ㉠~㉢에 들어갈 알맞은 낱말끼리 짝지은 것은? 2020 서울시 9급

―〔보기〕――
물속에 잠긴 막대기는 굽어 보이지만 실제로 굽은 것은 아니다. 이때 나무가 굽어 보이는 것은 우리의 착각 때문도 아니고 눈에 이상이 있기 때문도 아니다. 나무는 정말 굽어 보이는 것이다. 분명히 굽어 보인다는 점과 사실은 굽지 않았다는 점 사이의 (㉠)은 빛의 굴절 이론을 통해서 해명된다. 굽어 보이는 나무도 우리의 직접적 경험을 통해서 주어지는 하나의 현실이고, 실제로는 굽지 않은 나무도 하나의 현실이다. 전자를 우리는 사물이나 사태의 보임새, 즉 (㉡) 이라고 부르고, 후자를 사물이나 사태의 참모습, 즉 (㉢) 이라고 부른다.

	㉠	㉡	㉢
①	葛藤	現象	本質
②	葛藤	假象	根本
③	矛盾	現象	本質
④	矛盾	假象	根本

[정답풀이]
- 모순 (矛盾: 矛 창 모, 盾 방패 순)
  : 어떤 사실의 앞뒤, 또는 두 사실이 이치상 어긋나서 서로 맞지 않음을 이르는 말.
- 현상 (現象: 現 나타날 현, 象 코끼리 상)
  : 「1」 인간이 지각할 수 있는, 사물의 모양과 상태.
  「2」 『철학』 본질이나 객체의 외면에 나타나는 상.
- 본질 (本質: 本 근본 본, 質 바탕 질)
  : 「1」 본디부터 가지고 있는 사물 자체의 성질이나 모습.
  「2」 사물이나 현상을 성립시키는 근본적인 성질.

[오답풀이] ① 갈등 (葛藤: 葛 칡 갈, 藤 등나무 등)
: 칡과 등나무가 서로 얽히는 것과 같이, 개인이나 집단 사이에 목표나 이해관계가 달라 서로 적대시하거나 충돌함. 또는 그런 상태.
② • 가상 (假象: 假 거짓 가, 象 코끼리 상)
  : 주관적으로는 실제 있는 것처럼 보이나 객관적으로는 존재하지 않는 거짓 현상.
  • 근본 (根本: 根 뿌리 근, 本 근본 본): 「1」 사물이 생겨나는 근원. 「2」 사물의 본질이나 본바탕.
④ '矛盾' '假象' '根本'은 모두 앞 선택지에서 설명했음.

74. 한시의 한글 풀이를 참조할 때 ㉠~㉢에 들어갈 말로 가장 적절한 것은? 2020 국가직 7급

天高日月明　하늘이 높으니 해와 달이 밝고
(㉠)草木生　땅이 두터우니 풀과 나무가 나도다.
春來梨花白　봄이 오니 배꽃이 하얗고
夏至(㉡)靑　여름이 이르니 나뭇잎이 푸르도다.
(㉢)黃菊發　가을은 서늘하여 누런 국화가 피고
冬寒白雪來　겨울은 차가우니 흰 눈이 내리도다.

	㉠	㉡	㉢
①	至厚	木葉	科凉
②	地厚	樹葉	秋凉
③	地后	樹葉	私諒
④	地侯	樹草	秋凉

[정답풀이] ㉠은 '땅이 두터우니'에 해당하는 부분이므로, '지후 (地厚: 地 땅 지, 厚 두터울 후)'가 와야 한다. ㉡은 '나뭇잎이'에 해당하는 부분이므로, '수엽 (樹葉: 樹 나무 수, 葉 잎 엽)'이 와야 한다. ㉢은 '가을이 서늘하니'에 해당하는 부분이므로, '추량 (秋凉: 秋 가을 추, 凉 서늘할 량)'이 와야 한다.

[오답풀이] 정답이 아닌 ㉠, ㉡, ㉢ 한자어의 음은 다음과 같다.
㉠ 至(이를 지), 后(임금 후), 侯(제후 후)
㉡ 木(나무 목), 草(풀 초)
㉢ 科(과목 과), 私(사사로울 사), 諒(살펴 알 량 / 믿을 량)

75. ㉠, ㉡의 한자 표기로 옳은 것은? 2020 지방직 7급

- ㉠ 간발의 차이로 비행기를 놓쳤다.
- 그의 실력은 장인의 실력에 ㉡ 비견될 만하다.

	㉠	㉡
①	間髮	批腑
②	簡拔	比房
③	間髮	比肩
④	簡拔	批腑

[정답풀이] ㉠ 간발 (間髮 : 間 사이 간, 髮 터럭 발)
: 아주 잠시 또는 아주 적음을 이르는 말.
터럭만큼의 아주 작은 차이로 비행기를 놓쳤다는 것으로 보아 '간발 (間髮)'이 적절하다.
㉡ 비견 (比肩 : 比 견줄 비, 肩 어깨 견)
: 서로 비슷한 위치에서 견줌. 또는 견주어짐.
그와 장인의 실력이 비슷한 위치에서 서로 견줄 만하다는 것으로 보아 '비견 (比肩)'이 적절하다.

[오답풀이] ① ㉡ 비부 (批腑 : 批 칠 비, 腑 장부 부)
: 없는 단어이다.
② ㉠ 간발 (簡拔 : 簡 대쪽 간, 拔 뽑을 발)
: 여러 사람 가운데 골라 뽑음.
㉡ 비방 (比房 : 比 견줄 비, 房 방 방) : 없는 단어이다.

③ 징구 (徵求 : 徵 부를 징, 求 구할 구)
: 돈, 곡식 따위를 내놓으라고 요구함.
따라서 '징구 (徵求)'를 '제출 요구'로 고쳐 쓴 것은 적절하다.
④ 산입 (算入 : 算 셀 산, 入 들 입) : 셈하여 넣음.
따라서 '산입 (算入)'을 '포함'으로 고쳐 쓴 것은 적절하다.

2021 국가직, 지방직, 서울시 9급, 7급

77 한자 표기가 옳은 것은? 2021 국가직 9급

① 그분은 냉혹한 현실(現室)을 잘 견뎌 냈다.
② 첫 손님을 야박(野薄)하게 대해서는 안 된다.
③ 그에게서 타고난 승부 근성(謹性)이 느껴진다.
④ 그는 평소 희망했던 기관에 채용(債用)되었다.

76 밑줄 친 한자어를 고쳐 쓴 것으로 적절하지 않은 것은?
2020 지방직 7급

① 우리 시에서는 그 안건을 부의(附議)하겠다고 밝혔다.
→ 우리 시에서는 그 안건을 토의에 부치겠다고 밝혔다.
② 당국은 불법 점유 토지를 명도(明渡)하라고 지시했다.
→ 당국은 불법 점유 토지를 명확하게 파악하라고 지시했다.
③ 우리 조합은 주민들에게 동의서 징구(徵求)를 결정했다.
→ 우리 조합은 주민들에게 동의서 제출 요구를 결정했다.
④ 이 기업은 상여금을 임금에 산입(算入)할 것인지를 논의했다.
→ 이 기업은 상여금을 임금에 포함할 것인지를 논의했다.

[정답풀이] 야박 (野薄 : 野 들 야, 薄 야박할 박)
: 야멸치고 인정(人情)이 없음.
'야박 (野薄)'의 한자 표기는 적절하다. 나머지 선지의 한자 표기는 적절하지 않다.

[오답풀이] ① 室 집 실(×) → 實 열매 실(○)
현실 (現實 : 現 나타날 현, 實 열매 실)
: 현재 실제로 존재하는 사실이나 상태.
③ 謹 삼갈 근(×) → 根 뿌리 근(○)
근성 (根性 : 根 뿌리 근, 性 성품 성)
: 「1」 태어날 때부터 지니고 있는 근본적인 성질. 「2」 뿌리가 깊게 박힌 성질.
④ 債 빚 채(×) → 採 캘 채(○)
채용 (採用 : 採 캘 채, 用 쓸 용)
: 「1」 사람을 골라서 씀. 「2」 어떤 의견, 방안 등을 고르거나 받아들여서 씀.

[정답풀이] 명도 (明渡 : 明 밝을 명, 渡 건널 도)
: 건물, 토지, 선박 따위를 남에게 주거나 맡김. 또는 그런 일.
따라서 '명도 (明渡)'를 '명확하게 파악'으로 고쳐 쓴 것은 적절하지 않다. '당국은 불법 점유 토지를 남에게 주라고 지시했다.'로 바꿔야 적절하게 고쳐 쓴 것이다.

[오답풀이] ① 부의 (附議 : 附 붙을 부, 議 의논할 의)
: 토의에 부침.
따라서 '부의 (附議)'를 '토의에 부치겠다'고 고쳐 쓴 것은 적절하다.

Answer
73 ③ 74 ② 75 ③ 76 ② 77 ②

78 밑줄 친 한자어를 쉬운 표현으로 바꾼 것으로 적절하지 않은 것은? 2021 서울시 9급

① 일부인을 찍은 접수증을 발급한다.
　→ 날짜 도장을 찍은 접수증을 발급한다.
② 굴삭기에는 굴삭 시건장치를 갖춰야 한다.
　→ 굴삭기에는 굴삭 멈춤장치를 갖춰야 한다.
③ 소작농에게 농지를 불하하였다.
　→ 소작농에게 농지를 매각하였다.
④ 공무상 지득한 사실을 누설하였다.
　→ 공무상 알게 된 사실을 누설하였다.

정답풀이 시건 장치 (施鍵裝置 : 施 베풀 시, 鍵 열쇠 건, 裝 꾸밀 장, 置 둘 치)
: 문 따위를 잠그는 장치. 또는 잠금장치.
잠금장치의 뜻을 지닌 '시건장치'를 '멈춤장치'라고 바꾸어 표현한 것은 적절하지 않다.

오답풀이 ① 일부인 (日附印 : 日 날 일, 附 붙을 부, 印 도장 인)
　: 서류 따위에 그날그날의 날짜를 찍게 만든 도장.
③ 불하 (拂下 : 拂 떨칠 불, 下 아래 하)
　: 국가 또는 공공 단체의 재산을 개인에게 팔아넘기는 일.
》 매각 (賣却 : 賣 팔 매, 却 물리칠 각) : 물건을 팔아 버림.
④ 지득 (知得 : 知 알 지, 得 얻을 득) : 깨달아 앎.

79 밑줄 친 부분의 한자 표기가 잘못된 것은? 2021 지방직 7급

① 이 경기의 승리는 노력의 결과(結果)이다.
② 사상 초유(初有)의 사태 앞에서 한없이 나약했다.
③ 그는 수많은 곡절(曲絶)을 겪은 후 대통령이 되었다.
④ 그 모임은 새로운 변화의 서막(序幕)을 올린 사건이다.

정답풀이 絶 끊을 절(×) → 折 꺾을 절(○)
• 곡절 (曲絶 : 曲 굽을 곡, 絶 끊을 절) : 없는 단어이다.
• 곡절 (曲折 : 曲 굽을 곡, 折 꺾을 절)
: 「1」 순조롭지 아니하게 얽힌 이런저런 복잡한 사정이나 까닭. 「2」 구불구불 꺾이어 있는 상태. 「3」 글의 문맥 따위가 단조롭지 아니하고 변화가 많음.

오답풀이 ① 결과 (結果 : 結 맺을 결, 果 결과 과)
: 「1」 열매를 맺음. 또는 그 열매. 「2」 어떤 원인으로 결말이 생김. 또는 그런 결말의 상태.
② 초유 (初有 : 初 처음 초, 有 있을 유) : 처음으로 있음.
④ 서막 (序幕 : 序 차례 서, 幕 장막 막)
: 「1」 연극 따위에서, 처음 여는 막. 인물과 사건 따위를 예비적으로 보여 준다. 「2」 일의 시작이나 발단.

2022 국가직, 지방직, 서울시 9급, 7급

80 한자 표기가 옳지 않은 것은? 2022 국가직 9급

① 오늘 협상에서 만족(滿足)할 만한 성과를 거두었다.
② 김 위원의 주장을 듣고 그 의견에 동의하여 재청(再請)했다.
③ 우리 지자체의 해묵은 문제를 해결(解結)할 방안이 생각났다.
④ 다수가 그 의견에 동의하지 않았기에 재론(再論)이 필요하다.

정답풀이 結 맺을 결(×) → 決 결단할 결(○)
• 해결 (解結 : 解 풀 해, 結 맺을 결) : 없는 단어이다.
• 해결 (解決 : 解 풀 해, 決 결단할 결)
: 제기된 문제를 해명하거나 얽힌 일을 잘 처리함.
나머지 선지의 한자 표기는 적절하다.

오답풀이 ① 만족 (滿足 : 滿 찰 만, 足 발 족) : 마음에 흡족함.
② 재청 (再請 : 再 두 재, 請 청할 청)
: 회의 때, 남의 동의에 찬성하여 거듭 청함.
④ 재론 (再論 : 再 두 재, 論 논할 론(논))
: 이미 논의한 것을 다시 논함.

박혜선 출졸포 어휘·한자

81 밑줄 친 단어 중 사람의 몸을 지시하는 말이 포함되지 않은 것은? 2022 지방직 9급

① 선생님께서는 슬하에 세 명의 자녀를 두셨다고 한다.
② 그는 수완이 좋아서 사람들에게 인정을 받는다.
③ 여러 팀이 우승을 위해 긴 시간 동안 각축을 벌였다.
④ 사업단의 발족으로 미뤄 뒀던 일들이 진행되기 시작했다.

[정답풀이] 각축 (角逐 : 뿔 각, 쫓을 축)은 '서로 이기려고 다투며 덤벼듦'이라는 뜻으로, '뿔'은 사람의 몸을 지시하는 말이 아니다. 나머지 선지에는 사람의 몸을 지시하는 말이 포함되어 있다.

[오답풀이] ① 슬하 (膝下 : 膝 무릎 슬, 下 아래 하)
: 무릎의 아래라는 뜻으로, 어버이나 조부모의 보살핌 아래. 주로 부모의 보호를 받는 테두리 안을 이른다.
② 수완 (手腕 : 手 손 수, 腕 팔 완)
: 「1」일을 꾸미거나 치러 나가는 재간. 「2」손목의 잘록하게 들어간 부분.
④ 발족 (發足 : 發 필 발, 足 발 족)
: 어떤 조직체가 새로 만들어져서 일이 시작됨. 또는 그렇게 일을 시작함.

82 밑줄 친 부분의 한자 표기가 옳지 않은 것은? 2022 지방직 9급

① 우리 시대 영웅으로 소방관(消防官)이 있다.
② 과학자(科學者)는 청소년들이 선망하는 직업이다.
③ 그는 인공지능 연구소의 연구원(研究員)이 되었다.
④ 그는 법원의 명령에 따라 변호사(辯護事)로 선임되었다.

[정답풀이] 事 일 사(×) → 士 선비 사(○)
변호사 (辯護士 : 辯 말씀 변, 護 도울 호, 士 선비 사)
: 법률에 규정된 자격을 가지고 소송 당사자나 관계인의 의뢰 또는 법원의 명령에 따라 피고나 원고를 변론하며 그 밖의 법률에 관한 업무에 종사하는 사람.
나머지 선지들의 한자 표기는 적절하다.

[오답풀이] ① 소방관 (消防官 : 消 사라질 소, 防 막을 방, 官 벼슬 관)
② 과학자 (科學者 : 科 과목 과, 學 배울 학, 者 놈 자)
③ 연구원 (研究員 : 研 갈 연, 究 연구할 구, 員 인원 원)

> **직업과 관련된 한자 '-사'**
> 1. 선비 사(士) : 변호사(辯護士), 변리사(辨理士), 회계사(會計士), 세무사(稅務士), 노무사(勞務士) 등...
> 2. 스승 사(師) : 교사(教師), 목사(牧師), 의사(醫師), 강사(講師), 간호사(看護師), 요리사(料理師) 등...
> 3. 일 사(事) : 판사(判事), 검사(檢事), 형사(刑事), 도지사(道知事), 영사(領事), 감사(監事) 등...
> 4. 부릴 사(使) : 대사(大使), 공사(公使), 등...

> **주의 : 비슷한 부류의 직업이지만 다른 한자 '-사' 사용**
> 1. 변호사(士) vs 판사, 검사(事)
> 2. 영사(事) vs 대사, 공사(使)
> 3. 요리사(師) vs 조리사(士)
> 4. 의사, 간호사(師) vs 간호조무사(士)

83 밑줄 친 부분의 한자 표기가 가장 옳지 않은 것은? 2022 서울시 9급(2월)

① 이 책에는 이론이 체계적(體系的)으로 잘 정립되어있다.
② 신문에서 사건의 진상에 대해 자세히 보고(報誥)를 했다.
③ 그는 이미지 제고(提高)를 위한 노력을 게을리하지 않았다.
④ 그 분야 전문가이기 때문에 유명세(有名稅)를 치를 수밖에 없었다.

[정답풀이] 誥 고할 고(×) → 告 알릴 고(○)
• 보고 (報誥 : 報 알릴 보, 誥 고할 고) : 없는 단어이다.
• 보고 (報告 : 報 알릴 보, 告 알릴 고)
: 일에 관한 내용이나 결과를 말이나 글로 알림.
≫ 보고 (寶庫 : 寶 보배 보, 庫 곳집 고)
: 「1」귀중한 물건을 간수해 두는 창고. 「2」귀중한 것이 많이 나거나 간직되어 있는 곳을 비유적으로 이르는 말.

[오답풀이] ① 체계적 (體系的 : 體 몸 체, 系 이을 계, 的 목적 적)
: 일정한 원리에 따라서 낱낱의 부분이 짜임새 있게 조직되어 통일된 전체를 이루는 것.
③ 제고 (提高 : 提 끌 제, 高 높을 고)
: 수준이나 정도 따위를 끌어올림.
④ 유명세 (有名稅 : 有 있을 유, 名 이름 명, 稅 세금 세)
: 세상에 이름이 널리 알려져 있는 탓으로 당하는 불편이나 곤욕을 속되게 이르는 말.

Answer
78 ② 79 ③ 80 ③ 81 ③ 82 ④ 83 ②

84 밑줄 친 부분의 한자 표기가 옳은 것은? 2022 지방직 7급

① 이번 연주회의 백미(百眉)는 단연 바이올린 독주였다.
② 그분은 고령에도 불구하고 노익장(老益壯)을 과시했다.
③ 신춘문예 공모는 젊은 소설가들의 등용문(燈龍門)이다.
④ 우리 회사에는 미봉책(未縫策)이 아닌 근본 대책이 필요하다.

2023 국가직, 지방직, 서울시 9급, 7급

85 ㉠~㉣의 한자로 적절하지 않은 것은? 2023 국가직 9급

> 예정보다 지연되긴 했으나 열 시쯤에는 마애불에 ㉠ 도착할 수가 있었다. 맑은 날씨에 빛나는 햇살이 환히 비춰 ㉡ 불상들은 불그레 물들어 있었다. 만일 신비로운 ㉢ 경지라는 말을 할 수 있다면 바로 이런 경우가 아닐지 모르겠다. 꼭 보고 싶다는 숙원이 이루어진 기쁨에 가슴이 벅차 왔다. 아마 잊을 수 없는 ㉣ 추억의 한 토막으로 남을 것 같다.

① ㉠: 到着
② ㉡: 佛像
③ ㉢: 境地
④ ㉣: 記憶

[정답풀이] 노익장 (老益壯: 老 늙을 노, 益 더할 익, 壯 씩씩할 장)
: 늙었지만 의욕이나 기력은 점점 좋아짐. 또는 그런 상태.

[오답풀이] ① 百 일백 백(×) → 白 흰 백(○)
백미 (白眉: 白 흰 백, 眉 눈썹 미)
: '흰 눈썹'이라는 뜻으로, 여럿 가운데에서 가장 뛰어난 사람이나 훌륭한 물건을 비유적으로 이르는 말.
③ 燈 등불 등(×) → 登 오를 등(○)
등용문 (登龍門: 登 오를 등, 龍 용 용, 門 문 문)
: '용문(龍門)에 오른다'는 뜻으로, 어려운 관문을 통과하여 크게 출세하게 됨. 또는 그 관문을 이르는 말.
④ 未 아닐 미(×) → 彌 두루 미(○)
미봉책 (彌縫策: 彌 두루 미, 縫 꿰맬 봉, 策 꾀 책)
: 눈가림만 하는 일시적인 계책.

[정답풀이] 記 기록할 기(×) → 追 쫓을 추(○)
추억 (追憶: 追 쫓을 추, 憶 생각할 억)
: 지나간 일을 돌이켜 생각함. 또는 그런 생각이나 일.
» 기억 (記憶: 記 기록할 기, 憶 생각할 억)
: 이전의 인상이나 경험을 의식 속에 간직하거나 도로 생각해 냄.

[오답풀이] ① ㉠ 도착 (到着: 到 이를 도, 着 붙을 착)
: 목적(目的)한 곳에 다다름.
» 도착 (倒錯: 倒 넘어질 도, 錯 어긋날 착)
: 「1」 뒤바뀌어 거꾸로 됨. 「2」 본능이나 감정 또는 덕성의 이상(異常)으로 사회나 도덕에 어긋난 행동을 나타냄.
② ㉡ 불상 (佛像: 佛 부처 불, 像 모양 상): 부처의 형상을 표현한 상.
» 불상 (不詳: 不 아닐 불(부), 詳 자세할 상)
: 자세(仔細)하지 아니함.
③ ㉢ 경지 (境地: 境 지경 경, 地 땅 지)
: 「1」 몸이나 마음, 기술 따위가 어떤 단계에 도달해 있는 상태. 「2」 학문, 예술, 인품 따위에서 일정한 특성과 체계를 갖춘 독자적인 범주나 부분. 「3」 일정한 경계 안의 땅.

Answer
84 ② 85 ④

Chapter 06 亦功 기출 2글자 한자(기타 직렬)

Part 01 한자 성어 및 한자

2012 기타직렬 9급

01 ㉠에 들어갈 말로 가장 적절한 것은? 2012 법원직 9급

> (중략)
> 그런데 많은 인문 학자들은 현대 기술이나 기업 활동에 대해 비판적이다. 이들은 기술이 시장 지향적이며 몰가치적이고 피상적임에 비해, 인문학은 인간적이고 가치 지향적이며 근본적이라는 식으로 기술과 인문학을 (㉠)하곤 한다. 그러나 인문학이 응용 학문에서 추구하는 '실용'과 무관한 '순수'학문이라고 주장하는 것은 인문학을 위해서 별로 도움이 되지 않는다. 모든 지식이 직·간접적으로 연관되어 있고, 지식과 문화가 산업의 핵심으로 자리 잡은 지금, 순수와 응용의 경직된 구분은 불필요할 뿐만 아니라 잘못된 것이고 학문의 건강을 해치기 때문이다.
> (하략)

① 분류(分類) ② 분석(分析)
③ 세분(細分) ④ 양분(兩分)

[정답풀이] 양분 (兩分: 兩 두 양, 分 나눌 분): 둘로 가르거나 나눔.
제시문을 보면 ㉠의 다음 문장이 '그러나'로 시작하므로 ㉠ 문장과 뒷문장이 서로 역접임을 짐작할 수 있다. 뒷 문장 내용을 보면 인문학을 실용과 무관한 순수 학문이라고 따로 구분 짓는 것은 별로 도움이 되지 않는다고 할 뿐만 아니라 순수와 응용의 경직된 구분은 불필요하고 잘못된 것이라고 거듭 강조하는 것으로 보아 ㉠에 들어갈 말로 가장 적절한 것은 '양분(兩分)'이다.

[오답풀이] ① 분류 (分類: 分 나눌 분, 類 무리 류)
: 「1」 종류에 따라서 가름. 「2」 유개념의 외연에 포함된 종개념을 명확히 구분하여 체계적으로 정리하는 것.
② 분석 (分析: 分 나눌 분, 析 쪼갤 석)
: 「1」 얽혀 있거나 복잡한 것을 풀어서 개별적인 요소나 성질로 나눔. 「2」 개념이나 문장을 보다 단순한 개념이나 문장으로 나누어 그 의미를 명료하게 함.
③ 세분 (細分: 細 가늘 세, 分 나눌 분)
: 사물을 여러 갈래로 자세히 나누거나 잘게 가름.

02 다음 중 가장 많은 나이를 가리키는 한자어는?
2012 사회복지직 9급

① 이순(耳順)   ② 불혹(不惑)
③ 희수(喜壽)   ④ 미수(米壽)

[정답풀이] 미수 (米壽: 米 쌀 미, 壽 목숨 수): 나이 88세.
[오답풀이] ① 이순 (耳順: 耳 귀 이, 順 순할 순): 나이 60세.
② 불혹 (不惑: 不 아닐 불, 惑 미혹할 혹): 나이 40세.
③ 희수 (喜壽: 喜 기쁠 희, 壽 목숨 수): 나이 77세.

> **» 나이 관련 한자어**
> 지학(志學): 나이 15세.
> 과년(瓜年): 나이 16세.
> 약관(弱冠) / 방년(芳年) / 묘령(妙齡): 나이 20세(안팎).
> 이립(而立): 나이 30세.
> 불혹(不惑): 나이 40세.
> 상수(桑壽): 나이 48세.
> 지천명(知天命): 나이 50세.
> 이순(耳順): 나이 60세.
> 회갑(回甲) / 환갑(還甲) / 화갑(華甲): 나이 61세.
> 진갑(進甲): 나이 62세.
> 고희(古稀) / 종심(從心): 나이 70세.
> 산수(傘壽) / 팔순(八旬): 나이 80세.
> 졸수(卒壽) / 동리(凍梨) / 구순(九旬): 나이 90세.
> 상수(上壽) / 기이지수(期頤之壽): 나이 100세.

2013 기타직렬 9급

03 다음 중 한자의 독음이 모두 옳은 것은? 2013 국회직 9급

① 桎梏(질곡), 隘路(애로)
② 暴惡(포악), 遝至(속지)
③ 忖度(촌탁), 膏肓(고망)
④ 分別(분별), 看過(간고)
⑤ 邁進(매진), 前揭(전갈)

[정답풀이] • 질곡 (桎梏: 桎 차꼬 질, 梏 쇠고랑 곡)
: '차꼬와 수갑'이란 뜻으로, 즉 몹시 속박하여 자유를 가질 수 없는 고통의 상태를 비유한 말.
• 애로 (隘路: 隘 좁을 애, 路 길 로)
: 좁고 험한 길. 또는 어떤 일을 하는 데 장애가 되는 것.

[오답풀이] ② 遝至의 독음은 '속지'가 아니라 '답지'가 옳다.
• 포악 (暴惡: 暴 사나울 포, 惡 악할 악) : 사납고 악함.
• 답지 (遝至: 遝 뒤섞일 답, 至 이를 지) : 한군데로 몰려옴.
» 속지 (屬地: 屬 무리 속, 地 땅 지)
: 어느 나라에 속하여 있는 땅.
③ 膏肓의 독음은 '고망'이 아니라 '고황'이 옳다.
• 촌탁 (忖度: 忖 헤아릴 촌, 度 헤아릴 탁)
: 남의 마음을 미루어서 헤아림.
• 고황 (膏肓: 膏 심장밑 고, 肓 명치끝 황)
: 심장과 횡격막의 사이. 고는 심장의 아랫부분이고, 황은 횡격막의 윗부분으로, 이 사이에 병이 생기면 낫기 어렵다고 한다.
» 고망 (顧望: 顧 돌아볼 고, 望 바랄 망)
: 「1」 되돌아보거나 둘러봄. 「2」 이것저것 생각하고 결정하지 못함.
④ 看過의 독음이 '간고'가 아니라 '간과'가 옳다.
• 분별 (分別: 分 나눌 분, 別 나눌 별)
: 서로 다른 일이나 사물을 구별하여 가름.
• 간과 (看過: 看 볼 간, 過 지날 과)
: 큰 관심 없이 대강 보아 넘김.
» 간고 (艱苦: 艱 어려울 간, 苦 쓸 고)
: 「1」 가난하고 고생스러움. 「2」 처지나 상태가 어렵고 힘듦.
⑤ 前揭의 독음은 '전갈'이 아니라 '전게'가 옳다.
• 매진 (邁進: 邁 갈 매, 進 나아갈 진)
: 어떤 일을 전심전력을 다하여 해 나감.
• 전게 (前揭: 前 앞 전, 揭 걸 게): 앞에서 게재(揭載)함.
» 전갈 (傳喝: 傳 전할 전, 喝 꾸짖을 갈)
: 사람을 시켜 말을 전하거나 안부를 물음. 또는 전하는 말이나 안부.

2014 기타직렬 9급

04 〈보기〉의 글에서 ( )안에 들어갈 단어의 순서로 적절한 것은? 2014 국회직 9급

[보기]
나는 우리나라가 세계에서 가장 아름다운 나라가 되기를 원한다. 가장 부강한 나라가 되기를 원하는 것은 아니다. 내가 남의 침략에 가슴이 아팠으니, 내 나라가 남을 침략하는 것을 원치 아니한다. 우리의 (A)은 우리의 생활을 풍족히 할 만하고, 우리의 (B)은/는 남의 침략을 막을 만하면 족하다. 오직 한없이 가지고 싶은 것은 높은 (C)의 힘이다. (C)의 힘은 우리 자신을 행복되게 하고, 나아가서 남에게 행복을 주겠기 때문이다. 지금 인류에게 부족한 것은 (D)도 아니요, (E)도 아니다. 자연과학의 힘은 아무리 많아도 좋으나, 인류 전체로 보면 현재의 자연과학만 가지고도 편안히 살아가기에 넉넉하다.

① 經濟力 – 富力 – 武力 – 文化 – 強力
② 經濟力 – 強力 – 武力 – 文化 – 富力
③ 富力 – 文化 – 強力 – 武力 – 經濟力
④ 富力 – 強力 – 文化 – 武力 – 經濟力
⑤ 富力 – 武力 – 經濟力 – 文化 – 強力

[정답풀이] A. 부력 (富力: 富 부유할 부, 力 힘 력)
: 「1」 재산을 지닌 정도. 「2」 많은 재산으로 인하여 생기는 힘.
B. 강력 (強力: 強 강할 강, 力 힘 력): 힘이나 영향이 강함.
C. 문화 (文化: 文 글월 문, 化 될 화)
: 자연 상태에서 벗어나 일정한 목적 또는 생활 이상을 실현하고자 사회 구성원에 의하여 습득, 공유, 전달되는 행동 양식이나 생활 양식의 과정 및 그 과정에서 이룩하여 낸 물질적·정신적 소득을 통틀어 이르는 말.
D. 무력 (武力: 武 호반 무, 力 힘 력): 「1」 군사상의 힘. 「2」 때리거나 부수는 따위의 육체를 사용한 힘.
E. 경제력 (經濟力: 經 지날 경, 濟 건널 제, 力 힘 력)
: 경제(經濟) 행위(行爲)를 하여 나가는 힘.

Answer
01 ④ 02 ④ 03 ① 04 ④

05 다음 ㉠, ㉡의 한자 표기가 올바르게 짝지어진 것은?

2014 경찰 1차

> 김득신은 나이 20세가 되어 비로소 글 한 편을 지을 수 있게 되었고, 이후 더욱 정진하여 59세에 이르는 나이에 ㉠ <u>과거</u>에 ㉡ <u>급제</u>하고 성균관에까지 들어가게 되었다.

① ㉠ 科擧 ㉡ 及第
② ㉠ 過擧 ㉡ 扱濟
③ ㉠ 科擧 ㉡ 扱濟
④ ㉠ 過擧 ㉡ 及第

정답풀이 ㉠ 과거 (科擧: 科 과목 과, 擧 들 거)
: 옛날 문무관(文武官)을 뽑을 때에 보던 시험(試驗).
㉡ 급제 (及第: 及 미칠 급, 第 차례 제)
: 「1」 시험이나 검사 따위에 합격함. 「2」 과거에 합격하던 일.

오답풀이 • 과거 (過擧: 過 지날 과, 擧 들 거)
: 정도에 지나친 움직임
» 과거 (過去: 過 지날 과, 去 갈 거)
: 「1」 이미 지나간 때. 「2」 지나간 일이나 생활.
• 급제 (扱濟: 扱 미칠 급, 濟 건널 제): 없는 단어이다.
» 扱(미칠 급, 거둘 흡, 꽂을 삽)

---

06 다음 ㉠~㉣의 단어에 맞는 한자가 잘못 짝지어진 것은?

2014 경찰 2차

> 내 장차 장자방(張子房)의 적송자(赤松子) 좇음을 ㉠ <u>효칙</u>하여 집을 버리고 스승을 구하여 남해를 건너 관음(觀音)을 찾고, 오대(五臺)에 올라 문수(文殊)께 예를 하여 ㉡ <u>불생불멸</u>할 도를 얻어 ㉢ <u>진세</u> 고락(苦樂)을 뛰어나려 하되, 제 낭자로 더불어 반생을 좇았다가 ㉣ <u>일조</u>에 이별하려 하니 슬픈 마음이 자연 곡조에 나타남이로소이다.
> — 「구운몽」 중에서 —

① ㉠ - 效則
② ㉡ - 不生不滅
③ ㉢ - 塵世
④ ㉣ - 日朝

정답풀이 ㉣ 日 날 일(×) → 一 한 일(○)
일조 (日朝: 日 날 일, 朝 아침 조): 없는 단어이다.
일조 (一朝: 一 한 일, 朝 아침 조)
: 갑작스러울 정도의 짧은 시간. 또는 하루아침.

오답풀이 ① 효칙 (效則: 效 본받을 효, 則 법칙 칙)
: 본받아 법으로 삼음.
② 불생불멸 (不生不滅: 不 아닐 불, 生 날 생, 不 아닐 불, 滅 꺼질 멸)
: 「1」 죽지도 살지도 아니하고 겨우 목숨만 붙어 있음. 「2」 생겨나지도 않고 없어지지도 않고 항상 그대로 변함이 없음. 모든 존재의 실상을 이른다.
③ 진세 (塵世: 塵 티끌 진, 世 세상 세)
: 정신에 고통을 주는 복잡하고 어수선한 세상.

2015 기타직렬 9급

07 밑줄 친 ⓐ~ⓓ를 한자로 표기한 것 중 잘못된 것은?

2015 지방교육행정직 9급(한문포함)

우리는 이제 우리 자신을 복제할 수 있는 시대에 살고 있다. 기술적으로는 이 일이 어렵지 않게 되었다. 과학이 삶의 질을 높인다는 점도 맞지만, 점점 더 거대한 공포의 대상으로 우리를 ⓐ <u>엄습</u>하고 있는 것도 사실이다.

그러나 과학에 대한 좀 더 명확한 이해가 필요할 것 같다. 지금 우리가 하고 있는 일은 어디까지나 유전자 복제이지 생명체 복제가 아니다. 평생을 타인을 위해 헌신했던 테레사 수녀를 복제한다고 해도 복제로 태어난 그녀가 제2의 테레사로 성장할 가능성은 거의 없다. 테레사 수녀의 온화한 성격은 타고날 수 있지만 세상이 완전히 딴판으로 바뀐 오늘날 복제된 그녀가 동일한 테레사가 될 확률은 거의 없다.

유전자 복제 인간은 시간 ⓑ <u>격차</u>가 있는 쌍둥이에 불과하다. 만일 내가 지금의 나를 복제한다면, 그 복제 인간은 몇 십 년의 차이를 두고 태어난 쌍둥이 동생이라고 보면 된다. 몇 초 간격으로 태어난 일란성 쌍둥이가 결코 똑같은 사람으로 자라지 않는 것처럼 나를 복제한 쌍둥이 동생도 나와 같은 인간이 될 리는 절대 없다. 유전자는 나와 완벽하게 동일하더라도 그 유전자들이 발현되는 환경이 나와 다르기 때문에 전혀 다른 인간으로 성장하게 될 것이다.

그런데 유전자 복제보다 더 심각하게 고민해야 할 것이 있다. 바로 유전자 조작이다. 복제 인간은 얼마 지나지 않아 시들해질 가능성이 크지만 유전자 조작의 ⓒ <u>매력</u>은 더욱 더 커질 것이기 때문이다. 유전자의 기능이 속속 밝혀지고 내가 가진 치명적인 결함이 어떤 유전자에 의해 발생하는 것인지를 알게 될 때 그 유전자를 더 훌륭한 유전자로 바꾸고 싶은 욕망이 일어날 것이다. 노화의 비밀이 밝혀져 다만 몇 개의 유전자만 바꾸어 더 살 수 있게 된다면 영생을 바랐던 진시황의 욕망을 누구인들 갖지 않겠는가?

처음에는 생명에 직접적으로 지장을 주는 요인들을 해결하기 위해 시작하겠지만 서서히 삶의 질을 개선한다는 ⓓ <u>미명</u> 아래 온갖 조작들이 합리화될지 모른다. 우리가 우려해야 할 점은 바로 이것이다. 유전자 조작이 몰고 올 상황이 어떠한 문제가 있는지 따져 보지도 않은 채 위험한 선택을 하게 될 가능성이 크기 때문이다. 이 문제를 해결하기 위해 지혜로운 선택이 무엇인지 함께 고민해 보아야 한다.

① ⓐ 엄습: 掩襲
② ⓑ 격차: 格差
③ ⓒ 매력: 魅力
④ ⓓ 미명: 美名

[정답풀이] 格 격식 격(×) → 隔 사이 뜰 격(○)
- 격차 (格差: 格 격식 격, 差 다를 차)
  : 가격이나 자격, 품등 따위의 서로 다른 정도.
- 격차 (隔差: 隔 사이 뜰 격, 差 다를 차)
  : 빈부, 임금, 기술 수준 따위가 서로 벌어져 다른 정도.
문맥상 시간의 격차를 의미하므로 '격차(格差)'보다 '격차(隔差)'가 더 적절하다.

[오답풀이] ① 엄습 (掩襲: 掩 가릴 엄, 襲 엄습할 습)
: 「1」 뜻하지 아니하는 사이에 습격함. 「2」 감정, 생각, 감각 따위가 갑작스럽게 들이닥치거나 덮침.
③ 매력 (魅力: 魅 매혹할 매, 力 힘 력)
: 사람의 마음을 사로잡아 끄는 힘.
④ 미명 (美名: 美 아름다울 미, 名 이름 명)
: 그럴듯하게 내세운 명목이나 명칭.

Answer
05 ① 06 ④ 07 ②

08 ㉠~㉣에 들어갈 한자로 적절한 것은?

2015 지방교육행정직 9급(한문포함)

> 여름 절기에는 입하(㉠), 소만(㉡), 망종(㉢),
> 하지(㉣), 소서(小暑), 대서(大暑)가 있다.

① ㉠: 入夏
② ㉡: 小晚
③ ㉢: 望種
④ ㉣: 夏至

[정답풀이] ㉣ 하지 (夏至: 夏 여름 하, 至 이를 지)
: 24절기의 하나. 망종과 소서 사이에 들며, 양력 6월 21일경으로, 북반구에서는 낮이 가장 길고 밤이 가장 짧다.

[오답풀이] ① 入 들 입(×) → 立 설 립(입)(○)
- 입하 (入夏: 入 들 입, 夏 여름 하): 없는 단어이다.
- 입하 (立夏: 立 설 입, 夏 여름 하)
  : 24절기의 하나, 곡우(穀雨)와 소만(小滿) 사이에 들며, 이때부터 여름이 시작된다고 한다. 양력으로는 5월 5일경이다.

② 晚 늦을 만(×) → 滿 찰 만(○)
- 소만 (小晚: 小 작을 소, 晚 늦을 만): 없는 단어이다.
- 소만 (小滿: 小 작을 소, 滿 찰 만)
  : 24절기기의 하나, 입하(立夏)와 망종(芒種) 사이에 들며, 만물이 점차 생장(生長)하여 가득 찬다고 한다. 양력으로는 5월 21일경이다.

③ 望 바랄 망(×) → 芒 까끄라기 망(○)
- 망종 (望種: 望 바랄 망, 種 씨 종): 없는 단어이다.
- 망종 (芒種: 芒 까끄라기 망, 種 씨 종)
  : 24절기의 하나, 소만(小滿)과 하지(夏至) 사이에 들며, 이맘때가 되면 보리는 익어 먹게 되고 모를 심게 된다. 6월 6일 무렵이다.

계절	절기	계절	절기
봄 春	입춘(立春)	가을 秋	입추(立秋)
	우수(雨水)		처서(處暑)
	경칩(驚蟄)		백로(白露)
	춘분(春分)		추분(秋分)
	청명(淸明)		한로(寒露)
	곡우(穀雨)		상강(霜降)
여름 夏	입하(立夏)	겨울 冬	입동(立冬)
	소만(小滿)		소설(小雪)
	망종(芒種)		대설(大雪)
	하지(夏至)		동지(冬至)
	소서(小暑)		소한(小寒)
	대서(大暑)		대한(大寒)

09 문장의 의미를 고려할 때, 한자가 잘못 병기된 것은?

2015 사회복지지 9급

① 임신부가 진통(陣痛)을 시작하였다.
② 그 학자는 평생을 오로지 학문(學問)에만 정진하였다.
③ 그의 취미는 음악 감상(感想)이다.
④ 그는 자신의 추정(推定)을 뒷받침하는 근거를 제시하지 못했다.

[정답풀이] 感 느낄 감, 想 생각 상(×) → 鑑 거울 감, 賞 상줄 상(○)
- 감상 (感想: 感 느낄 감, 想 생각 상)
  : 마음속에서 일어나는 느낌이나 생각.
- 감상 (鑑賞: 鑑 거울 감, 賞 상줄 상)
  : 주로 예술 작품을 이해하여 즐기고 평가함.

문맥상 그의 취미는 음악을 듣고 즐기는 것임을 의미하므로 '감상 (感想)'보다 '감상 (鑑賞)'이 더 적절하다.

[오답풀이] ① 진통 (陣痛: 陣 진 칠 진, 痛 아플 통)
: 「1」해산할 때에, 짧은 간격을 두고 주기적으로 반복되는 배의 통증. 「2」일이 다 되어 가는 무렵에 겪는 어려움을 비유적으로 이르는 말.

② 학문 (學問: 學 배울 학, 問 물을 문)
: 어떤 분야를 체계적으로 배워서 익힘. 또는 그런 지식.

④ 추정 (推定: 推 밀 추, 定 정할 정)
: 「1」미루어 생각하여 판정함. 「2」확실하지 않은 사실을 그 반대 증거가 제시될 때까지 진실한 것으로 인정하여 법적 효과를 발생시키는 일.

10 다음 중 한자의 독음이 옳지 않은 것은? 2015 국회직 9급

① 捺印 – 눌인, 桎梏 – 질혹
② 謁見 – 알현, 龜裂 – 균열
③ 漏泄 – 누설, 敷衍 – 부연
④ 前揭 – 전게, 行列 – 항렬
⑤ 嚆矢 – 효시, 殺到 – 쇄도

정답풀이 捺印의 독음은 '눌인'이 아니라 '날인'이 옳다.
- 날인 (捺印: 捺 누를 날, 印 도장 인): 도장을 찍음.
桎梏의 독음은 '질혹'이 아니라 '질곡'이 옳다.
- 질곡 (桎梏: 桎 차꼬 질, 梏 수갑 곡)
 : '차꼬와 수갑'이란 뜻으로, 몹시 속박하여 자유를 가질 수 없는 고통의 상태를 비유적으로 이르는 말.
나머지 선지들의 한자의 독음은 모두 옳다.

오답풀이 ② • 알현 (謁見: 謁 뵐 알, 見 뵈올 현)
 : 지체 높은 사람을 찾아가 뵘.
- 균열 (龜裂: 龜 터질 균, 裂 찢을 열)
 : 「1」 거북의 등에 있는 무늬처럼 갈라져 터짐. 「2」 친하게 지내는 사이에 틈이 남. 「3」 추위 따위로 손발이 터짐.
③ • 누설 (漏泄: 漏 샐 누, 泄 샐 설)
 : 「1」 기체나 액체 따위가 밖으로 새어 나감. 또는 그렇게 함. 「2」 비밀이 새어 나감. 또는 그렇게 함.
- 부연 (敷衍: 敷 펼 부, 衍 넓을 연)
 : 이해하기 쉽도록 설명을 덧붙여 자세히 말함.
④ • 전게 (前揭: 前 앞 전, 揭 높이 들 게): 앞에서 게재함.
- 항렬 (行列: 行 항렬 항, 列 벌일 렬)
 : 같은 혈족의 직계에서 갈라져 나간 계통 사이의 대수 관계를 나타내는 말.
⑤ • 효시 (嚆矢: 嚆 울릴 효, 矢 화살 시)
 : 어떤 사물이나 현상이 시작되어 나온 맨 처음을 비유적으로 이르는 말.
- 쇄도 (殺到: 殺 빠를 쇄, 到 이를 도)
 : 「1」 전화, 주문 따위가 한꺼번에 세차게 몰려듦. 「2」 어떤 곳을 향해 세차게 달려듦.

11 윗글의 ㉠, ㉡, ㉢, ㉣을 한자로 바꿀 때 적절한 것은? 2015 경찰 1차

이자(李子, 이규보)가 남쪽으로 어떤 강을 건너는데, 때마침 배를 나란히 해서 건너는 사람이 있었다. 두 배의 크기도 같고 사공의 수도 같으며, 배에 탄 사람과 말의 수도 거의 비슷하였다. 그런데 조금 후에 보니, 그 배는 나는 듯이 달려서 벌써 저쪽 언덕에 닿았지만, 내가 탄 배는 오히려 머뭇거리고 ㉠ 전진하지 않았다. 그래서 그 까닭을 물었더니, 배 안에 있는 사람이 말하기를
"저 배는 사공에게 술을 먹여서 사공이 힘을 다하여 노를 저었기 때문이오."
하였다. 나는 부끄러워하지 않을 수 없었으며, 따라서 탄식하기를
"아 이 조그마한 배가 가는 데도 오히려 ㉡ 뇌물의 있고 없음에 따라 ㉢ 지속, ㉣ 선후가 있거늘 오늘날까지 하급 관직 하나도 얻지 못한 것이 당연하구나."
하였다. 이것을 기록하여 후일의 참고로 삼으려 한다.
― 이규보, 「주뢰설」 ―

① 前進, 賂物, 遲速, 先後
② 前進, 賂勿, 持續, 先後
③ 前津, 賂物, 遲續, 先俊
④ 前津, 賂勿, 持速, 先俊

정답풀이 ㉠ 전진 (前進: 前 앞 전, 進 나아갈 진): 앞으로 나아감.
㉡ 뇌물 (賂物: 賂 뇌물 뇌, 物 물건 물)
 : 어떤 직위에 있는 사람을 매수하여 사사로운 일에 이용하기 위하여 넌지시 건네는 부정한 돈이나 물건.
㉢ 지속 (遲速: 遲 더딜 지, 速 빠를 속): 더딤과 빠름
㉣ 선후 (先後: 先 먼저 선, 後 뒤 후)
 : 「1」 먼저와 나중을 아울러 이르는 말. 「2」 앞서거니 뒤서거니 함.

오답풀이 ② • 뇌물 (賂勿: 賂 뇌물 뇌, 勿 말 물): 없는 단어이다.
≫ 勿(말 물)과 物(물건 물)은 비슷하므로 주의가 필요하다.
- 지속 (持續: 持 가질지, 續 이을 속)
 : 어떤 상태가 오래 계속됨. 또는 어떤 상태를 오래 계속함.
③ • 전진 (前津: 前 앞 전, 津 나루 진): 없는 단어이다.
- 지속 (遲續: 遲 더딜 지, 續 이을 속): 없는 단어이다.
- 선준 (先俊: 先 먼저 선, 俊 준걸 준): 없는 단어이다.
≫ 俊(준걸 준)과 後(뒤 후)는 비슷하므로 주의가 필요하다.
④ 지속 (持速: 持 가질 지, 速 빠를 속): 없는 단어이다.

Answer 08 ④ 09 ③ 10 ① 11 ①

12 윗글의 문맥을 고려할 때 ㉠~◎ 중 괄호 안의 한자가 가장 적절하지 않은 것은? 2015 경찰 2차

> 공방(孔方)의 자(字)는 관지(貫之)이니, 그 조상이 일찍이 수양산 속에 숨어 살아 아직 세상에 나와서 쓰여진 적이 없었다. 처음 황제(黃帝) 때에 조금 ㉠ 채용되었으나, 성질이 굳세어 세상일에는 그리 세련되지 못하였다. 어느 날 황제가 상공(相工)을 불러 그를 보이니, 공(工)이 한참 들여다보고 말했다.
> "이는 산야(山野)의 성질을 가져서 쓸 만한 것이 못 되오나, 만일 폐하가 만물을 조화(造化)하는 풀무와 망치를 써서 때를 긁고 빛을 낸다면 그 ㉡ 자질이 차차 드러날 것입니다. 왕자(王者)는 사람으로 하여금 그릇[器]이 되게 하오니, 원컨대 폐하께서는 이 사람을 저 완고한 구리[銅]와 함께 내버리지 마옵소서."
> 이리하여 차츰 공방의 이름이 세상에 드러나기 시작했다. (중략)
> 방(方)의 생김새는 밖은 둥글고 안은 모나며, 때에 따라 응변을 잘하여, 한(漢)나라에 벼슬하여 홍로경이 되었다. 그때에 오왕(五王) 비(濞)가 ㉢ 교만하고 주제넘어 ㉣ 권세를 도맡아 부렸는데, 방(方)이 그에게 붙어 많은 이(利)를 보았다. (중략)
> 그는 백성을 상대로 한 푼 한 리의 이익이라도 다투는 한, 물건값을 낮추어 곡식을 천하게 하고, 화(貨)를 중(重)하게 하여 백성으로 하여금 근본을 버리고 사농공상(士農工商)의 끝을 좇게 하여 농사짓는 것을 방해했다. 이를 본 간관(諫官)들이 상소(上疏)하여 이것이 잘못이라고 간(諫)했으나 임금은 그 말을 듣지 않았다.
> 방(方)은 또 권세 있고 귀한 사람을 재치 있게 잘 섬겼다. 그들의 집에 드나들며 권세를 부리고, 그들의 등에 업고 벼슬을 팔아, 승진시키고 갈아치우는 것마저도 모두 방의 손에 매이게 되었다. (중략) 때로는 거리에 돌아다니는 나쁜 소년들과 어울려 바둑도 두고 투전도 했다. 이렇게 남과 사귀는 것을 좋아하므로 그때 사람들이 말하기를,
> "공방의 말 한마디는 황금 백 근만 못하지 않다."
> 라고 하였다.
> 원제(元帝)가 위(位)에 오르자 공우(貢禹)가 글을 올려 아뢰기를,
>
> "방(方)이 오랫동안 어려운 ㉤ 직책을 맡아 보면서, 농사가 국가의 근본임을 알지 못하고 한갓 장사치의 이(利)만을 일으켜 나라를 좀먹고 백성을 해하여 공사(公私)가 다 곤궁에 빠지게 되었습니다. 뇌물이 성행하고 ㉥ 청탁하는 일이 버젓이 행해지고 있습니다. 대저 '짐을 지고 또 타게 되면 도둑이 온다.'라고 한 것은 『주역』에 있는 분명한 경계이니, 청컨대 그를 ㉦ 면직시켜 욕심 많고 더러운 자를 징계하옵소서."라고 하였다. 그때에 정권을 잡은 자 중에는 곡량(穀梁)의 학문을 쌓아 ◎ 정계에 진출한 이가 있어, 군자(軍資)를 맡은 장수로 변방을 막는 방책을 세우려 했다. 이에 방(方)의 일을 미워하는 자들이 드디어 그 말을 도우니, 임금이 이들의 말을 들어 마침내 방(方)이 쫓겨나게 되었다.
>
> – 임춘, 「공방전」

① ㉠ 채용(採用), ㉡ 자질(資質)
② ㉢ 교만(驕慢), ㉣ 권세(權勢)
③ ㉤ 직책(職責), ㉥ 청탁(請託)
④ ㉦ 면직(勉職), ◎ 정계(政戒)

정답풀이 勉 힘쓸 면(×) → 免 면할 면(○)
㉦ 면직 (勉職: 勉 힘쓸 면, 職 직분 직): 없는 단어이다.
》 면직 (免職: 免 면할 면, 職 직분 직)
: 일정한 직위나 직무에서 물러나게 함.
戒 경계할 계(×) → 界 지경 계(○)
◎ 정계 (政戒: 政 정사 정, 戒 경계할 계)
: (책명) 고려 태조 왕건이 신하로서 지켜야 할 규범에 대하여 적은 책. 오늘날 전하여지지는 않는다.
》 정계 (政界: 政 정사 정, 界 지경 계)
: 정치에 관련된 일에 종사하는 조직체나 개인의 활동 분야.

오답풀이 ① ㉠ 채용 (採用: 採 캘 채, 用 쓸 용)
: 「1」 사람을 골라서 씀. 「2」 어떤 의견, 방안 등을 고르거나 받아들여서 씀.
㉡ 자질 (資質: 資 재물 자, 質 바탕 질)
: 「1」 타고난 성품이나 소질. 「2」 어떤 분야의 일에 대한 능력이나 실력의 정도.
② ㉢ 교만 (驕慢: 驕 교만할 교, 慢 거만할 만)
: 잘난 척하며 뽐내고 건방짐.
㉣ 권세 (權勢: 權 권세 권, 勢 형세 세): 권력과 세력.
③ ㉤ 직책 (職責: 職 직분 직, 責 꾸짖을 책): 직무상의 책임.
㉥ 청탁 (請託: 請 청할 청, 託 부탁할 탁): 청하여 부탁함.

13 괄호에 들어갈 한자어로 옳은 것은? 2015 경찰 3차

> 梨花에 月白ᄒ고 銀漢이 三更인 제
> 一枝春心을 (　　)ㅣ야 아랴마ᄂᆞᆫ
> 多情도 병인 냥ᄒ여 ᄌᆞᆷ 못 드러 ᄒ노라
> 　　　　　　　　　－ 이조년,「多情歌」－

① 子規　　② 細雨
③ 陰雨　　④ 錦繡

2016 기타직렬 9급

14 각 연의 대상과 그에 대응하는 봄의 특징으로 가장 적절한 것은? 2016 지방교육행정직 9급

> 꽃가루와 같이 부드러운 고양이의 털에
> 고운 봄의 향기가 어리우도다.
>
> 금방울과 같이 호동그란 고양이의 눈에
> 미친 봄의 불길이 흐르도다.
>
> 고요히 다물은 고양이의 입술에
> 포근한 봄졸음이 떠돌아라.
>
> 날카롭게 쭉 뻗은 고양이의 수염에
> 푸른 봄의 생기가 뛰놀아라.
> 　　　　　－ 이장희,「봄은 고양이로다」－

① 1연: 毛 － 華麗
② 2연: 眼 － 憤怒
③ 3연: 齒 － 倦怠
④ 4연: 鬚 － 躍動

[정답풀이] 자규 (子規: 子 아들 자, 規 법 규): 두견과의 새.

[오답풀이] ② 세우 (細雨: 細 가늘 세, 雨 비 우)
: 가늘게 내리는 비. 또는 가랑비.
③ 음우 (陰雨: 陰 그늘 음, 雨 비 우)
:「1」몹시 음산하게 오는 비.「2」오래 내리는 궂은비.
④ 금수 (錦繡: 錦 비단 금, 繡 수놓을 수)
:「1」수를 놓은 비단. 또는 아름답고 화려한 옷이나 직물.
「2」아름다운 시문(詩文)을 비유적으로 이르는 말.

[작품해설] 〈多情歌〉, 이조년

[현대어 풀이]
梨花에 月白ᄒ고 銀漢이 三更인 제
(이화에 월백하고 은한이 삼경인제)
: 배나무꽃에 하얀 달빛이 내리고 은하수 가득한 깊은 밤에
一枝春心을 (子規)ㅣ야 아랴마ᄂᆞᆫ
(일지춘심을 자규야 알랴마는)
: 나뭇가지에 어린 봄 같은 내 마음을 소쩍새야 네가 알겠냐마는
多情도 병인 냥ᄒ여 ᄌᆞᆷ 못 드러 ᄒ노라
(다정도 병인 양하여 잠 못 들어 하노라)
: 정이 많은 마음도 병인 모양인지 잠들 수가 없구나

[정답풀이] 鬚(수염 수), 약동 (躍動: 躍 뛸 약, 動 움직일 동)
: 생기 있고 활발하게 움직임.

[오답풀이] ① 毛(털 모), 화려 (華麗: 華 빛날 화, 麗 고울 려)
: 환하게 빛나며 곱고 아름다움.
② 眼(눈 안), 분노 (憤怒: 憤 분할 분, 怒 성낼 노)
: 분개하여 몹시 성을 냄. 또는 그렇게 내는 성.
③ 齒(이 치), 권태 (倦怠: 倦 게으를 권, 怠 게으를 태)
: 어떤 일이나 상태에 시들해져서 생기는 게으름이나 싫증.

Answer
12 ④　13 ①　14 ④

15 ㉠~㉣의 한자 표기로 적절하지 않은 것은?

2016 지방교육행정직 9급

> 논증은 여러 가지 논거를 들어 자신이 주장하는 명제가 참이라는 것을 증명하는 것이다. 논증의 목적은 상대방을 효과적으로 설득하는 것이다. 논증이 설득력을 가지려면 주장을 뒷받침할 수 있는 충분하고 객관적인 논거의 제시가 중요한데, 이러한 논거로는 이미 입증된 일반적 원리, 여러 객관적 사례, 권위 있는 전문가의 견해 등이 있다.
> 논증의 특성은 기술, 인과적 설명 등과 비교해 보면 분명히 드러난다. ㉠ 기술은 설명 대상이 되는 사물이나 ㉡ 현상 또는 사건을 객관적인 입장에서 있는 그대로 서술하는 것으로, 개인의 주관적 평가나 가치관의 개입이 배제된다. 인과적 설명은 결과에 대한 원인을 제시함으로써 그것의 발생 이유나 ㉢ 정황을 설명하는 것으로, 논거를 통하여 주장이 참임을 밝히는 논증과 차이가 있다.
> 논증 방법에는 연역법, 귀납법, 유추가 있다. 연역법은 일반적인 사실이나 원리를 전제로 하여 구체적인 사실을 결론으로 이끌어 내는 방법이다. 이 방법은 전제가 반드시 참이어야 하며 전제에 오류가 있으면 성립하지 않는다.
> 귀납법은 구체적인 사실로부터 일반적인 사실을 결론으로 이끌어 내는 방법이다. 가능한 한 많은 사례를 통해 결론을 도출하는 것이 중요하지만 예외가 있을 때는 주장을 완벽하게 증명하기 어렵다. 유추는 두 대상의 유사한 속성을 근거로 하여 주장을 이끌어 내는 방법이다. 어떤 두 대상에 비슷한 ㉣ 속성이 있기 때문에 하나의 대상에서 발견되는 현상이 다른 대상에서도 발견될 것이라고 주장하는 것이다. 하지만 두 대상의 속성이 비슷하다고 해서 반드시 다른 대상에 같은 현상이 일어나는 것은 아니므로 주장을 완벽하게 증명하기 어려울 수 있다.

① ㉠ 기술 : 記述
② ㉡ 현상 : 現象
③ ㉢ 정황 : 情況
④ ㉣ 속성 : 俗性

정답풀이) 俗 풍속 속(×) → 屬 무리 속(○)
㉣ 속성 (俗性 : 俗 풍속 속, 性 성품 성) : 속된 성질.
» 속성 (屬性 : 屬 무리 속, 性 성품 성) : 사물의 특징이나 성질.

오답풀이) ① 기술 (記述 : 記 기록할 기, 述 펼 술)
: 대상이나 과정의 내용과 특징을 있는 그대로 열거하거나 기록하여 서술함. 또는 그런 기록.
② 현상 (現象 : 現 나타날 현, 象 코끼리 상)
: 「1」 인간이 지각할 수 있는, 사물의 모양과 상태.
「2」 본질이나 객체의 외면에 나타나는 상.
③ 정황 (情況 : 情 뜻 정, 況 상황 황)
: 「1」 일의 사정과 상황. 「2」 인정상 딱한 처지에 있는 상황.

16 밑줄 친 단어에 가장 적절한 한자는?

2016 사회복지직 9급

> 나는 구청의 담당자에게 연유를 설명하고 서류를 찾아와서 서류 내용을 <u>정정</u>해야만 했다.

① 訂正   ② 正定   ③ 正丁   ④ 正正

정답풀이) 정정 (訂正 : 訂 바로잡을 정, 正 바를 정)
: 글자나 글 따위의 잘못을 고쳐서 바로잡음.
밑줄 친 '정정'은 문맥상 서류 내용의 잘못을 바로잡아 고침을 뜻한다고 볼 수 있으므로 적절한 것은 '정정 (訂正)'이다.

오답풀이) ② 정정 (正定 : 正 바를 정, 定 정할 정)
: 『불교』 팔정도의 하나. 번뇌로 인한 어지러운 생각을 버리고 마음을 안정하는 일이다.
③ 정정 (正丁 : 正 바를 정, 丁 고무래 정)
: 직접 군역(軍役)에 나가는 사람.
④ 정정 (正正 : 正 바를 정, 正 바를 정)
: 「1」 바르고 가지런함. 「2」 바르고 떳떳함.

17 밑줄 친 '고'와 한자가 같은 것은? 2016 사회복지직 9급

> 구민들의 고충(苦衷)에 귀 기울이고 문제를 해결하기 위해 노력하겠습니다.

① 과거에는 신문고를 이용해 백성들의 이야기를 듣곤 했다.
② 한정된 예산에서 최대한 복지 예산을 확보하기 위한 고민이 계속된다.
③ 그 방송은 요즘 문제가 되고 있는 과소비의 실태에 대한 고발인 듯했다.
④ 민원을 처리하기 전에 먼저 법에 저촉되는 것은 없는지 숙고하는 자세가 필요하다.

[정답풀이] 고민 (苦悶: 苦 쓸 고, 悶 답답할 민)
: 마음속으로 괴로워하고 애를 태움.

[오답풀이] ① 신문고 (申聞鼓: 申 거듭 신, 聞 들을 문, 鼓 북 고)
: 조선 태종 때, 대궐 문루(門樓)에 달아 백성이 원통한 일을 하소연할 때 치게 하던 북.
③ 고발 (告發: 告 고할 고, 發 필 발)
: 「1」 세상에 잘 알려지지 않은 잘못이나 비리 따위를 드러내어 알림. 「2」 피해자나 고소권자가 아닌 제삼자가 수사 기관에 범죄 사실을 신고하여 수사 및 범인의 기소를 요구하는 일.
④ 숙고 (熟考: 熟 익을 숙, 考 생각할 고)
: 「1」 곰곰 잘 생각함. 또는 그런 생각. 「2」 아주 자세히 참고함.

Answer
15 ④ 16 ① 17 ②

18 다음 중 ㉠, ㉡, ㉢의 한자 표기가 모두 옳은 것은?

2016 국회직 9급

안초시의 소위 ㉠ 영결식이 그 딸의 연구소 마당에서 열리었다. 서참의와 박희완 영감은 술이 거나하게 취해 갔다. 박희완 영감이 무얼 잡혀서 가져왔다는 ㉡ 부의 이 원을 서참의가,
"장례비가 넉넉하니 자네 돈 그 계집애 줄 거 없네."
하고 우선 술집에 들러 거나하게 곱빼기들을 한 것이다.
영결식장에는 제법 반반한 조객들이 모여들었다. 예복을 차리고 온 사람도 두엇 있었다. 모두 고인을 알아 온 것이 아니요, 무용가 안경화를 보아 온 사람들 같았다. 그 중에는, 고인의 슬픔을 알아 우는 사람인지, 덩달아 기분으로 우는 사람인지 울음을 삼키느라고 끽끽 하는 사람도 있었다. 안경화도 제법 눈이 젖어 가지고 신식 상복이라나 공단 같은 새까만 양복으로 관 앞에 나와 향불을 놓고 절하였다. 그 뒤를 따라 한 이십 명 관 앞에 와 꾸벅거리었다. 그리고 무어라고 지껄이고 나가는 사람도 있었다.
그들의 분향이 거의 끝난 듯하였을 때,
"에헴!"
하고 얼굴이 시뻘건 서참의도 한마디 없을 수 없다는 듯이 나섰다. 향을 한움큼이나 집어 놓아 연기가 시커멓게 올려 솟더니 불이 일어났다. 후— 후— 불어 불을 끄고, 수염을 한번 쓰다듬고 절을 했다. 그리고 다시,
"헴······."
하더니 ㉢ 조사를 하였다.
"나 서참일세, 알겠나? 흥······ 자네 참 호살세 호사야······ 잘 죽었느니. 자네 살았으믄 이만 호살 해보겠나? 인전 안경다리 고칠 걱정두 없구······ 아무튼지······."
하는데 박희완 영감이 들어서더니,
"이 사람 취했네그려."
하며 서참의를 밀어냈다. 박희완 영감도 가슴이 답답하였다. 분향을 하고 무슨 소리를 한마디 했으면 속이 후련히 트일 것 같아서 잠깐 멈칫하고 서있어 보았으나,

"으흐흙······."
하고 울음이 먼저 터져 그만 나오고 말았다.
서참의와 박희완 영감도 묘지까지 나갈 작정이었으나 거기 모인 사람들이 하나도 마음에 들지 않아 도로 술집으로 내려오고 말았다.

① ㉠ 永訣式 ㉡ 附議 ㉢ 弔詞
② ㉠ 永決式 ㉡ 賻儀 ㉢ 弔辭
③ ㉠ 永決式 ㉡ 附議 ㉢ 弔辭
④ ㉠ 永訣式 ㉡ 賻儀 ㉢ 弔辭
⑤ ㉠ 永決式 ㉡ 附議 ㉢ 弔詞

19 다음 중 적절한 한자만 쓰인 것은? 2016 경찰 1차

① 이 무기는 辭呈 거리가 너무 짧다. 신무기 개발과 補給이 時急하다.
② 사건을 造作한 것이 경찰에 의해 發覺되었다. 이는 권력을 지나치게 濫用한 결과다.
③ 조선시대 의식주에 관한 資料가 필요하면 민속학 事典에 있는 정보를 수집해라. 그리고 고적을 答辭해라.
④ 이번 事件에 대해 한국 정부는 有感의 뜻을 표했다. 이는 한국인의 소행으로 斷定할 근거가 없기 때문이다.

[정답풀이] • 조작 (造作 : 造 지을 조, 作 지을 작)
 :「1」어떤 일을 사실인 듯이 꾸며 만듦.「2」진짜를 본떠서 가짜를 만듦. 또는 그렇게 만든 물건.「3」지어서 만듦.
• 발각 (發覺 : 發 필 발, 覺 깨달을 각) : 숨기던 것이 드러남.
• 남용 (濫用 : 濫 넘칠 남, 用 쓸 용)
 :「1」일정한 기준이나 한도를 넘어서 함부로 씀.「2」권리나 권한 따위를 본래의 목적이나 범위를 벗어나 함부로 행사함.

[오답풀이] ① 辭 말씀 사, 呈 드릴 정(×)→射 쏠 사, 程 한도 정(○)
• 사정 (辭呈 : 辭 말씀 사, 呈 드릴 정) : 없는 단어이다.
• 사정 (射程 : 射 쏠 사, 程 한도 정)
 : 탄알, 포탄, 미사일 따위가 발사되어 도달할 수 있는 곳까지의 거리. 또는 사정거리.
 '무기의 거리가 짧다'고 하는 것으로 보아 '사정 (射程)'이 적절하다.
• 보급 (補給 : 補 기울 보, 給 줄 급)
 : 물자나 자금 따위를 계속해서 대어 줌.
• 시급 (時急 : 時 때 시, 急 급할 급)
 : 시각을 다툴 만큼 몹시 절박하고 급함.
③ 答 대답 답, 辭 말씀 사(×) → 踏 밟을 답, 査 조사할 사(○)
• 답사 (答辭 : 答 대답 답, 辭 말씀 사)
 : 식장에서 환영사나 환송사 따위에 답함. 또는 그런 말.
• 답사 (踏査 : 踏 밟을 답, 査 조사할 사)
 : 현장에 가서 직접 보고 조사함.
 '정보를 수집하기 위해 고적을 답습해라'라고 하는 것으로 보아 '답사 (答辭)'보다 '답사 (踏査)'가 더 적절하다.
• 자료 (資料 : 資 재물 자, 料 헤아릴 료)
 :「1」연구나 조사 따위의 바탕이 되는 재료.「2」만들거나 이루는 데 바탕이 되는 물자나 재료.
• 사전 (事典 : 事 일 사, 典 법 전)
 : 여러 가지 사항을 모아 일정한 순서로 배열하고 그 각각에 해설을 붙인 책.
④ 有 있을 유, 感 느낄 감(×) → 遺 끼칠 유, 憾 한할 감(○)
• 유감 (有感 : 有 있을 유, 感 느낄 감) : 느끼는 바가 있음.
• 유감 (遺憾 : 遺 남길 유, 憾 섭섭할 감)
 : 마음에 차지 아니하여 섭섭하거나 불만스럽게 남아 있는 느낌
 '사건에 대해 정부는 유감의 뜻을 표했다'라고 하는 것으로 보아 '유감 (有感)'보다 '유감 (遺憾)'이 더 적절하다.

• 사건 (事件 : 事 일 사, 件 물건 건) :「1」사회적으로 문제를 일으키거나 주목을 받을 만한 뜻밖의 일.「2」수사, 기소, 재판 등 사법 작용의 대상이 되는 일.
• 단정 (斷定 : 斷 끊을 단, 定 정할 정) : 딱 잘라서 판단하고 결정함.

20 다음 밑줄 친 부분을 한자로 표기할 때 적절한 것은? 2016 경찰 2차

> 1. 오늘 우리의 이번 거사는 정의, 인도와 생존과 영광을 갈망하는 민족 전체의 요구이니, 오직 자유의 정신을 ⓒ 발휘할 것이요, 결코 ⓒ 배타적인 감정으로 정도에서 벗어난 잘못을 저지르지 마라.
> 1. 최후의 한 사람까지, 최후의 ⓒ 일각까지 민족의 정당한 의사를 시원하게 발표하라.
> 1. 모든 행동은 질서를 가장 존중하며, 우리의 주장과 태도를 어디까지나 떳떳하고 정당하게 하라.

	㉠	㉡	㉢
①	發揮	排他的	一刻
②	撥揮	排他的	一覺
③	發揮	俳他的	一刻
④	撥揮	俳他的	一覺

[정답풀이] ㉠ 발휘 (發揮 : 發 필 발, 揮 휘두를 휘)
 : 재능, 능력 따위를 떨치어 나타냄.
㉡ 배타적 (排他的 : 排 밀칠 배, 他 다를 타, 的 과녁 적)
 : 남을 배척(排斥)하는 것.
㉢ 일각 (一刻 : 一 한 일, 刻 새길 각)
 :「1」아주 짧은 시간.「2」한 시간의 4분의 1. 곧 15분을 이른다.

[오답풀이] ㉠ 발휘 (撥揮 : 撥 다스릴 발, 揮 휘두를 휘)
 : 없는 단어이다.
» 撥(다스릴 발)과 發(필 발)은 비슷하므로 주의가 필요하다.
㉡ 배타적 (俳他的 : 俳 배우 배, 他 다를 타, 的 과녁 적)
 : 없는 단어이다.
» 俳(배우 배)와 排(밀칠 배)는 비슷하므로 주의가 필요하다.
㉢ 일각 (一覺 : 一 한 일, 覺 깨달을 각) :「1」한 번 잠에서 깸.「2」한 번 깨달음.

18 ④ 19 ② 20 ①

2017 기타직렬 9급

21 ㉠~㉣에 들어갈 한자로 적절한 것은?

2017 지방교육행정직 9급(한문포함)

> 하마평(㉠)이란 관직의 이동이나 임명과 관련된 소문을 뜻하며, 관리들이 말에서 내려 관아에 들어가면 마부들이 모여 주인에 대하여 평하였다는 데서 유래했다. 하마평과 관련된 말에는 물망(㉡)이 있다. 물망이란 여러 사람들이 우러러본다는 뜻으로, '물망에 오른다.'란 말은 관직의 후보자로 여러 사람들의 입에 오르내린다는 뜻이다. 소문이 좋고 그 일에 적합하다고 생각하는 사람을 추천(㉢)하게 되면, 결정권자는 추천받은 후보자들 가운데 한 사람을 낙점(㉣)하게 된다. 낙점은 적합한 사람의 이름 위에 점을 찍었다는 데서 유래했다.

① ㉠: 下馬呼
② ㉡: 物望
③ ㉢: 追薦
④ ㉣: 諾點

[정답풀이] ㉡ 물망 (物望: 物 물건 물, 望 바랄 망)
: 여러 사람이 우러러보는 명망(名望).

[오답풀이] ① 呼 애교있는 음성 평(×) → 評 평할 평(○)
- 하마평 (下馬呼: 下 아래 하, 馬 말 마, 呼 애교있는 음성 평)
  : 없는 단어이다.
- 하마평 (下馬評: 下 아래 하, 馬 말 마, 評 평할 평)
  : 관직의 인사이동이나 관직에 임명될 후보자에 관하여 세상에 떠도는 소문이나 평판.
③ 追 쫓을 추(×) → 推 밀 추(○)
- 추천 (追薦: 追 쫓을 추, 薦 천거할 천)
  : 죽은 사람의 넋의 괴로움을 덜고 명복을 축원하려고 선근 복덕(善根福德)을 닦아 그 공덕을 회향함.
- 추천 (推薦: 推 밀 추, 薦 천거할 천)
  : 어떤 조건에 적합한 대상을 책임지고 소개함.
④ 諾 허락할 낙(락)(×) → 落 떨어질 낙(락)(○)
- 낙점 (諾點: 諾 허락할 낙, 點 점 점): 없는 단어이다.
- 낙점 (落點: 落 떨어질 낙, 點 점 점)
  : 여러 후보가 있을 때 그중에 마땅한 대상을 고름.

22 문맥상 ㉠~㉢과 바꿔 쓰기에 적절하지 않은 것은?

2017 법원직 9급

> 병원, 정신병자 수용소, 감옥, 병영, 공장으로 이루어진 푸코의 규율사회는 더 이상 오늘의 사회가 아니다. 규율사회는 이미 오래전에 사라졌고 그 자리에 완전히 다른 사회가 들어선 것이다. 그것은 피트니스 클럽, 오피스 빌딩, 은행, 공항, 쇼핑몰, 유전자 실험실로 이루어진 사회이다. 21세기의 사회는 규율사회에서 성과사회로 변모했다. 이 사회의 주민도 더 이상 "복종적 주체"가 아니라 "성과주체"라고 불린다. 그들은 자기 자신을 경영하는 기업가이다. 정상적인 것과 비정상적인 것을 ㉠ <u>갈라놓는</u> 규율 기관들의 장벽은 이제 거의 고대의 유물처럼 느껴질 지경이다. 권력에 대한 푸코의 분석은 규율사회가 성과사회로 변모하면서 ㉡ <u>일어난</u> 심리적·공간구조적 변화를 설명하지 못한다. 자주 사용되는 "통제사회"와 같은 개념 역시 이러한 변화를 이해하는 데 적절한 것이 못 된다. 그런 개념 속에는 지나치게 많은 부정성이 담겨 있기 때문이다.
> 규율사회는 부정성의 사회이다. 이러한 사회를 규정하는 것은 금지의 부정성이다. '~해서는 안 된다'가 여기서는 지배적인 조동사가 된다. '~해야 한다'에도 어떤 부정성, 강제의 부정성이 ㉢ <u>깃들어</u> 있다. 성과사회는 점점 더 부정성에서 벗어난다. 점증하는 탈규제의 경향이 부정성을 폐기하고 있다. 무한정한 '할 수 있음'이 성과사회의 긍정적 조동사이다. "예스 위 캔"이라는 복수형 긍정은 이러한 사회의 긍정적 성격을 정확하게 드러내 준다. 이제 금지 명령, 법률의 자리를 프로젝트, 이니셔티브, 모티베이션이 대신한다. 규율사회에서는 여전히 '노'가 지배적이었다. 규율사회의 부정성은 광인과 범죄자를 낳는다. 반면 성과사회는 우울증 환자와 낙오자를 만들어낸다.

규율사회에서 성과사회로의 패러다임 전환은 하나의 층위에서만큼은 연속성을 유지한다. 사회적 무의식 속에는 분명 생산을 최대화하고자 하는 열망이 ㉣ 숨어 있다. 생산성이 일정한 지점에 이르면 규율의 기술이나 금지라는 부정적 도식은 곧 그 한계를 드러낸다. 생산성의 향상을 위해서 규율의 패러다임은 '성과의 패러다임' 내지 '할 수 있음'이라는 긍정의 도식으로 대체된다. 생산성이 일정한수준에 도달하면 금지의 부정성은 그 이상의 생산성 향상을 가로막는 걸림돌로 작용하기 때문이다. 능력의 긍정성은 당위의 부정성보다 훨씬 더 효율적이다. 따라서 사회적 무의식은 당위에서 능력으로 방향을 전환하게 된다.

(하략)

① ㉠ 구별(區別)짓는
② ㉡ 발생(發生)한
③ ㉢ 침잠(沈潛)해
④ ㉣ 잠재(潛在)해

23 문맥을 고려할 때 괄호 안의 한자가 옳은 것은?

2017 사회복지직 9급

① 그는 변명(辨明)을 늘어놓기에 급급했다.
② 사람의 마음가짐은 대상 인식(人識)에 영향을 끼친다.
③ 제4차 산업혁명에 능동적으로 대처(大處)해야 한다.
④ 올림픽은 국위를 선양(禪讓)하기 위한 겨루기의 장이다.

[정답풀이] ㉢ 침잠 (沈潛 : 沈 잠길 침, 潛 잠길 잠)
: 「1」 겉으로 드러나지 아니하게 물속 깊숙이 가라앉거나 숨음. 「2」 마음을 가라앉혀서 깊이 생각하거나 몰입함.
㉣의 '깃들다'는 '감정, 생각, 노력 따위가 어리거나 스미다'를 뜻한다. 따라서 '깃들어'를 '침잠해'로 바꿔 쓴 것은 적절하지 않다. 나머지 선지들은 적절한 한자어로 바꿔 쓰였다.

[오답풀이] ① 구별 (區別 : 區 구분할 구, 別 나눌 별)
: 성질이나 종류에 따라 차이가 남. 또는 성질이나 종류에 따라 갈라놓음.
② 발생 (發生 : 發 필 발, 生 날 생)
: 어떤 일이나 사물이 생겨남.
④ 잠재 (潛在 : 潛 잠길 잠, 在 있을 재)
: 겉으로 드러나지 않고 속에 잠겨 있거나 숨어 있음.

[정답풀이] 변명 (辨明 : 辨 분별할 변, 明 밝을 명)
: 「1」 어떤 잘못이나 실수에 대하여 구실을 대며 그 까닭을 말함. 「2」 옳고 그름을 가려 사리를 밝힘.

[오답풀이] ② 人 사람 인(✕) → 認 알 인(○)
• 인식 (人識 : 人 사람 인, 識 알 식) : 없는 단어이다.
• 인식 (認識 : 認 알 인, 識 알 식)
: 사물을 분별하고 판단하여 앎.
③ 大 큰 대 (✕) → 對 대할 대 (○)
• 대처 (大處 : 大 큰 대, 處 곳 처)
: 사람이 많이 살고 상공업이 발달한 번잡한 지역.
• 대처 (對處 : 對 대할 대, 處 곳 처)
: 어떤 정세나 사건에 대하여 알맞은 조치를 취함.
④ 禪 선 선, 讓 사양할 양(✕) → 宣 베풀 선, 揚 날릴 양(○)
• 선양 (禪讓 : 禪 선 선, 讓 사양할 양)
: 임금의 자리를 물려줌. 또는 양위.
• 선양 (宣揚 : 宣 베풀 선, 揚 날릴 양)
: 명성이나 권위 따위를 널리 떨치게 함.

Answer
21 ② 22 ③ 23 ①

24 다음 밑줄 친 부분을 한자로 표기할 때 적절한 것은?

2017 경찰 1차

> ㉠ 환웅은 그 무리 3천 명을 거느리고 태백산(太伯山) 꼭대기—태백산은 지금의 묘향산(妙香山)이다.—의 ㉡ 신단수 아래에 내려와서 이곳을 신시(神市)라고 부르니, 이분이 곧 환웅천왕이다. 그는 풍백(風伯)·우사(雨師)·운사(雲師)를 거느리고 곡식·수명·질병·형벌·선악 등을 주관하고, 인간 세상의 삼백예순 가지 일을 맡아서 인간 세계를 다스리고 교화(敎化)하였다.

	㉠	㉡
①	桓雄	神壇水
②	桓雄	神壇樹
③	桓熊	神端水
④	桓熊	神端樹

정답풀이) ㉠ 환웅 (桓雄 : 桓 굳셀 환, 雄 수컷 웅)
: 단군 신화에 나오는 인물. 천제(天帝)인 환인의 아들로, 천부인 3개와 무리 3천 명을 거느리고 태백산 신단수 밑에 내려와 신시를 베풀고, 인간의 360여 가지 일을 맡아서 세상을 다스렸으며, 웅녀와 결혼하여 단군을 낳았다고 한다.
㉡ 신단수 (神檀樹 : 神 귀신 신, 壇 제단 단, 樹 나무 수)
: 단군 신화에서, 환웅이 처음 하늘에서 그 밑으로 내려왔다는 신성한 나무.

오답풀이) 나머지는 모두 없는 단어들이다.
㉠ 환웅 (桓熊 : 桓 굳셀 환, 熊 곰 웅)
㉡ 신단수 (神壇水 : 神 귀신 신, 壇 제단 단, 水 물 수)
㉡ 신단수 (神端水 : 神 귀신 신, 端 끝 단, 水 물 수)
㉡ 신단수 (神端樹 : 神 귀신 신, 端 끝 단, 樹 나무 수)

25 다음 한자어와 한글 독음 표기가 적절하지 않은 것은?

2017 경찰 2차

① 尿素 – 요소
② 匿名 – 익명
③ 理髮 – 이발
④ 雙龍 – 쌍용

정답풀이) 雙龍의 독음은 '쌍용'이 아니라 '쌍룡'이 옳다.
쌍룡 (雙龍 : 雙 두 쌍, 龍 용 룡) : 한 쌍의 용.
이 문제는 한자어의 두음 법칙을 물어보는 것이다.

> **한글 맞춤법 제11항**
> 한자음 '랴, 려, 례, 료, 류, 리'가 단어의 첫머리에 올 적에는 두음 법칙에 따라 '야, 여, 예, 요, 유, 이'로 적는다.
> 붙임1. 단어의 첫머리 이외에는 본음대로 적는다.

오답풀이) ① 요소 (尿素 : 尿 오줌 요, 素 흴 소)
: 동물 몸 안의 단백질이 분해할 때 생겨서 오줌으로 배설되는 질소 화합물. '尿'는 두음 법칙에 의해 '뇨'가 '요'로 표기된다.
② 익명 (匿名 : 匿 숨길 익, 名 이름 명)
: 이름을 숨김. 또는 숨긴 이름이나 그 대신 쓰는 이름. '匿'는 두음 법칙에 의해 '닉'이 '익'으로 표기된다.
③ 이발 (理髮 : 理 다스릴 이, 髮 터럭 발)
: 머리털을 깎아 다듬음.
'理'는 두음 법칙에 의해 '리'가 '이'로 표기된다.

26 다음 밑줄 친 어휘의 사용이 가장 적절한 것은?

2017 경찰 2차

① 재계 3위의 갑부(甲富)는 과연 누구일까?
② 그분은 청년들의 애환(哀歡)을 감싸 주고 위로해 주었다.
③ 공무원은 불편부당(不偏不黨)하도록 최선을 다해야 합니다.
④ 김 부장의 사위는 훤칠한 키에 폭넓은 교양을 갖춘 재원(才媛)이다.

정답풀이) 불편부당 (不偏不黨 : 不 아닐 불, 偏 치우칠 편, 不 아닐 부, 黨 무리 당)
: 아주 공평하여 어느 쪽으로도 치우침이 없음.

[오답풀이] ① 갑부 (甲富 : 甲 첫째 갑, 富 부유할 부)
: 첫째가는 큰 부자.
재계 3위와 '갑부 (甲富)'는 어울리지 않는 표현이다.
② 애환 (哀歡 : 哀 슬플 애, 歡 기쁠 환)
: 슬픔과 기쁨을 아울러 이르는 말.
감싸 주고 위로해 주는 것으로 보아 '애환 (哀歡)'의 슬픔은 어울려도 기쁨과는 어울리지 않는 표현이다.
④ 재원 (才媛 : 才 재주 재, 媛 여자 원)
: 재주가 뛰어난 젊은 여자.
» 재자 (才子 : 才 재주 재, 子 아들 자)
: 재주가 뛰어난 젊은 남자.
사위는 딸의 남편, 즉 남자에 해당하므로 '재원 (才媛)'과는 어울리지 않는 표현이다.

27 다음 괄호 안에 들어갈 알맞은 한자를 바르게 나열한 것은? 2017 경찰 2차

> 미국 정부는 기밀(   ) 자료가 유출(   )된 정황을 인지 (   )하자마자 곧바로 유출자 색출(   )을 위한 대책 마련에 들어갔다.

① 記密 – 類出 – 認知 – 嗦出
② 記密 – 類出 – 認智 – 索出
③ 機密 – 流出 – 認知 – 索出
④ 機密 – 流出 – 認智 – 嗦出

[정답풀이] • 기밀 (機密 : 機 틀 기, 密 빽빽할 밀)
: 외부에 드러내서는 안 될 중요한 비밀.
• 유출 (流出 : 流 흐를 유, 出 날 출)
: 「1」 밖으로 흘러 나가거나 흘려 내보냄. 「2」 귀중한 물품이나 정보 따위가 불법적으로 나라나 조직의 밖으로 나가 버림. 또는 그것을 내보냄.
• 인지 (認知 : 認 알 인, 知 알 지) : 어떤 사실을 인정하여 앎.
• 색출 (索出 : 索 찾을 색, 出 날 출) : 샅샅이 뒤져서 찾아냄.

[오답풀이] 나머지는 모두 없는 단어들이다.
기밀 (記密 : 記 기록할 기, 密 빽빽할 밀)
유출 (類出 : 類 무리 유, 出 날 출)
인지 (認智 : 認 알 인, 智 지혜 지)
색출 (嗦出 : 嗦 핥을 색, 出 날 출)

28 다음 밑줄 친 단어를 한자로 표기할 때 올바른 것은? 2017 여경(재시험) 1차

> 일상생활에서도 말이나 표정, 옷차림 등으로 각자의 ㉠ 개성을 자연스럽게 드러낼 수 있지만 특히 자신을 소개할 때는 개성을 분명히 표현할 수 있어야 한다. 다른 사람과 구별되는 자신을 ㉡ 인상적으로 표현해서 상대에게 기억시키는 것이 자기소개의 목적이기 때문이다. 한편 문학, 미술, 음악 등의 예술 작품에서는 작가만의 개성을 잘 찾아내야 한다. 동일한 대상을 다룬 같은 ㉢ 제목의 작품이라도 창작 의도, 소재, 표현 방법에 따라, 궁극적으로는 작가의 개성에 따라 전혀 다른 작품이 된다.
> 그러므로 작품을 읽으면서 작가의 개성을 ㉣ 파악하는 것은 작품을 제대로 이해하는 하나의 방법이 된다.

① ㉠ : 個姓
② ㉡ : 印相
③ ㉢ : 提目
④ ㉣ : 把握

[정답풀이] 파악 (把握 : 把 잡을 파, 握 쥘 악)
: 「1」 손으로 잡아 쥠. 「2」 어떤 대상의 내용이나 본질을 확실하게 이해하여 앎.

[오답풀이] ① 姓 성씨 성(×) → 性 성품 성(○)
• 개성 (個姓 : 個 낱 개, 姓 성씨 성) : 없는 단어이다.
• 개성 (個性 : 個 낱 개, 性 성품 성) : 다른 사람이나 개체와 구별되는 고유의 특성.
② 相 서로 상(×) → 象 코끼리 상(○)
• 인상 (印相 : 印 도장 인, 相 서로 상)
: 「1」 새긴 모양에 따라 길흉이 결정된다는 도장(圖章)의 모양. 「2」 부처가 자기의 내심(內心)의 깨달음을 나타내기 위하여 열 손가락으로 만든 갖가지 표상(表象).
• 인상 (印象 : 印 도장 인, 象 코끼리 상)
: 어떤 대상에 대하여 마음속에 새겨지는 느낌.
③ 提 끌 제(×) → 題 제목 제(○)
• 제목 (提目 : 提 끌 제, 目 눈 목) : 없는 단어이다.
• 제목 (題目 : 題 제목 제, 目 눈 목)
: 작품이나 강연, 보고 따위에서, 그것을 대표하거나 내용을 보이기 위해 붙이는 이름.

Answer
24 ② 25 ④ 26 ③ 27 ③ 28 ④

2018 기타직렬 9급

29 ㉠의 함축적 의미로 가장 적절한 것은? 2018 교육행정직 9급

> 두류산(頭流山) 양단수(兩端水)를 녜 듯고 이제 보니
> 도화(桃花) 뜬 묽은 물에 산영(山影)조추 잠겻셰라
> 아희야 ㉠ <u>무릉(武陵)</u>이 어듸오 나는 옌가 ᄒ노라
> — 조식 —

① 고향(故鄕) ② 낙원(樂園)
③ 오지(奧地) ④ 정상(頂上)

30 괄호 안의 ㉠, ㉡에 들어갈 한자끼리 바르게 묶인 것은? 2018 교육행정직 9급

> 박 아무개는 41세에 (㉠)宴을, 77세에 喜壽宴을, 88세에 (㉡)宴을, 99세에 白壽宴을 가졌다.

	㉠	㉡
①	望五	美壽
②	忘五	米壽
③	望五	米壽
④	忘五	美壽

[정답풀이] 낙원 (樂園: 樂 즐길 낙, 園 동산 원)
: 「1」아무런 괴로움이나 고통이 없이 안락하게 살 수 있는 즐거운 곳. 「2」고난과 슬픔 따위를 느낄 수 없는 곳이라는 뜻에서, 죽은 뒤의 세계를 비유적으로 이르는 말.
'무릉(武陵)'은 무릉도원의 준말로, '이상향(유토피아)', '별천지'를 비유적으로 이르는 말이다. 따라서 '무릉(武陵)'의 함축적 의미로 가장 적절한 것은 '낙원(樂園)'이다.

[오답풀이] ① 고향 (故鄕: 故 연고 고, 鄕 시골 향)
: 자기가 태어나서 자란 곳. 또는 마음속에 깊이 간직한 그립고 정든 곳.
③ 오지 (奧地: 奧 깊을 오, 地 땅 지)
: 해안이나 도시에서 멀리 떨어진 대륙 내부의 땅.
④ 정상 (頂上: 頂 정수리 정, 上 윗 상): 산의 맨 꼭대기.

📖 **작품해설** 〈두류산 양단수를~〉, 조식

> [현대어 풀이]
> 두류산(頭流山) 양단수(兩端水)를 녜 듯고 이제 보니
> : 지리산 양단수를 옛날에 듣고 이제 와 보니
> 도화(桃花) 뜬 묽은 물에 산영(山影)조추 잠겻셰라
> : 복숭아꽃이 떠내려가는 맑은 물에 산 그림자까지 잠겨 있구나.
> 아희야 ㉠ <u>무릉(武陵)</u>이 어듸오 나는 옌가 ᄒ노라
> : 아이야, ㉠ <u>무릉도원</u>이 어디냐? 나는 여기인가 하노라.

[정답풀이] • 망오 (望五: 望 바랄 망, 五 다섯 오)
: 쉰을 바라본다는 뜻으로, 나이 41세.
• 미수 (米壽: 米 쌀 미, 壽 목숨 수): 나이 88세.

》 희수 (喜壽: 喜 기쁠 희, 壽 목숨 수): 나이 77세.
》 백수 (白壽: 白 흰 백, 壽 목숨 수): 나이 99세.

[오답풀이] 나머지는 모두 없는 단어들이다.
망오 (忘五: 忘 잊을 망, 五 다섯 오)
미수 (美壽: 美 아름다울 미, 壽 목숨 수)

》 **나이 관련 한자어**
지학(志學): 나이 15세.
과년(瓜年): 나이 16세.
약관(弱冠) / 방년(芳年) / 묘령(妙齡): 나이 20세(안팎).
이립(而立): 나이 30세.
불혹(不惑): 나이 40세.
상수(桑壽): 나이 48세.
지천명(知天命): 나이 50세.
이순(耳順): 나이 60세.
회갑(回甲) / 환갑(還甲) / 화갑(華甲): 나이 61세.
진갑(進甲): 나이 62세.
고희(古稀) / 종심(從心): 나이 70세.
산수(傘壽) / 팔순(八旬): 나이 80세.
졸수(卒壽) / 동리(凍梨) / 구순(九旬): 나이 90세.
상수(上壽) / 기이지수(期頤之壽): 나이 100세.

31 밑줄 친 ㉠~㉣을 한자로 바꾸었을 때 틀린 것은?
2018 교육행정직 9급(한문포함)

역사는 사실(事實) 속에서 사실(史實)을 뽑아내어 ㉠ 원형대로 재생하여 놓은 것이라는 생각이 상당히 오랫동안 통용되었다. 역사가는 사실로부터 사실(史實)을 추출할 뿐 그것을 해석하여 그 속에 들어있는 의미를 드러내는 것은 ㉡ 금물로 여겼다. 그렇게 하면 사실(史實)의 본래적이고 객관적인 모습을 그르친다고 생각하였기 때문이다. 이러한 생각에는 사실 중에서 사실(史實)을 뽑아내는 데 적용되는 역사가의 주관성은 어느 정도 인정하지만 사실(史實)의 의미를 추구하는 데에는 역사가의 주관성이 배제되어야 한다는 뜻이 담겨 있다.

그러나 역사가의 주관적인 ㉢ 안목 없이 사실(史實)을 원형대로 재생하는 일은 그 자체가 불가능하다. 또 그것만으로는 수많은 사실 속에서 어렵게 사실(史實)을 뽑아낸 보람도 그다지 살아나지 못할 뿐만 아니라 역사가 가지는 의미를 충분히 드러내지도 못한다.

역사가 사실(史實)을 ㉣ 재생하는 일에 한정되면 그것은 『삼국사기』는 김부식에 의해 쓰였고, 임진왜란은 1592년에 일어났다는 정도의 사실(史實)들로만 엮이기 쉽다. 바꾸어 말하면, 사실(史實)의 집적만이 역사가 될 것이며 그것을 잘 기억하는 일만이 역사 공부가 되기 쉽다.

(하략)

① ㉠ 圓形 ② ㉡ 禁物
③ ㉢ 眼目 ④ ㉣ 再生

정답풀이) 圓 둥글 원(×) → 原 근원 원(○)
- 원형 (圓形 : 圓 둥글 원, 形 모양 형) : 둥근 모양.
- 원형 (原形 : 原 근원 원, 形 모양 형)
  : 「1」 본디의 꼴. 「2」 복잡하고 다양한 모습으로 바뀌기 이전의 단순한 모습.

오답풀이) ② 금물 (禁物 : 禁 금할 금, 物 물건 물)
  : 「1」 해서는 안 되는 일. 「2」 법적으로 사고팔거나 사용하는 일이 금지되어 있는 물건.
③ 안목 (眼目 : 眼 눈 안, 目 눈 목)
  : 「1」 사물을 보고 분별하는 견식. 「2」 주된 목표.
④ 재생 (再生 : 再 두 재, 生 날 생)
  : 「1」 죽게 되었다가 다시 살아남. 「2」 타락하거나 희망이 없어졌던 사람이 다시 올바른 길을 찾아 살아감.

32 다음 밑줄 친 어휘의 쓰임이 가장 적절한 것은?
2018 경찰 1차

① 그의 논문이 유명 학회지에 개재(介在)되었다.
② 경치가 좋은 곳을 관광지로 계발(啓發)하려 한다.
③ 무더위로 최대 전력 수요 경신(更新)이 계속되고 있다.
④ 그 회사는 어음을 결재(決裁)하지 못해 부도 처리가 되었다.

정답풀이) '更新'은 '경신'으로도 읽히고, '갱신'으로도 읽힌다. 문맥상 전력 수요의 최대치를 계속 깨드리고 있다를 의미하므로 '갱신'보다 '경신'으로 읽는 것이 더 적절하다.

» 경신 (更新 : 更 고칠 경, 新 새 신)
  : 이미 있던 것을 고쳐 새롭게 함. / 기록경기 따위에서, 종전의 기록을 깨뜨림. / 어떤 분야의 종전 최고치나 최저치를 깨뜨림.
» 갱신 (更新 : 更 다시 갱, 新 새 신)
  : 법률관계의 존속 기간이 끝났을 때 그 기간을 연장하는 일 / 기존의 내용을 변동된 사실에 따라 변경, 추가, 삭제하는 일.

오답풀이) ① 문맥상 논문이 유명 학회지에 실렸다는 것을 의미하므로 '개재 (介在)'보다 '게재 (揭載)'가 더 적절하다.

» 개재 (介在 : 介 낄 개, 在 있을 재)
  : 어떤 것들 사이에 끼여 있음. '끼어듦.' '끼어있음.'
» 게재 (揭載 : 揭 높이 들 게, 載 실을 재)
  : 글이나 사진, 그림 따위를 신문이나 잡지에 실음.

② 문맥상 관광지로 발전시킨다는 의미이므로 '계발 (啓發)'보다 '개발 (開發)'이 더 적절하다.

» 계발 (啓發 : 啓 열 계, 發 필 발)
  : 슬기와 재능, 사상 따위를 일깨워줌.
» 개발 (開發 : 開 열 개, 發 필 발)
  : 토지나 천연자원 따위를 유용하게 만듦. / 지식이나 재능 따위를 발달하게 함. / 산업이나 경제 따위를 발전하게 함. / 새로운 물건을 만들거나 새로운 생각을 내어놓음.

④ 문맥상 대금을 주고받는 거래 관계를 의미하므로 '결재 (決裁)'보다 '결제 (決濟)'가 더 적절하다.

» 결재 (決裁 : 決 결단할 결, 裁 마를 재)
  : 결정할 권한이 있는 상관이 부하가 제출한 안건을 검토하여 허가하거나 승인함.
» 결제 (決濟 : 決 결단할 결, 濟 건널 제)
  : 증권 또는 대금을 주고받아 매매 당사자 사이의 거래 관계를 끝맺는 일.

Answer
29 ② 30 ③ 31 ① 32 ③

33. 밑줄 친 단어를 한자로 표기한 것으로 모두 적절한 것은? 2018 경찰 1차

> 집에 오래 지탱할 수 없이 퇴락한 행랑채 세 칸이 있어서 나는 부득이 그것을 모두 수리하게 되었다. 이때 앞서 그중 두 칸은 비가 샌 지 오래되었는데, 나는 그것을 알고도 어물어물하다가 미처 수리하지 못하였고, 다른 한 칸은 한 번밖에 비를 맞지 않았기 때문에 급히 기와를 갈게 하였다.
>
> 그런데 수리하고 보니, 비가 샌 지 오래된 것은 서까래, 추녀, 기둥, 들보가 모두 썩어서 못 쓰게 되었으므로 경비가 많이 들었고, 한 번밖에 비를 맞지 않은 것은 재목들이 모두 완전하여 다시 쓸 수 있었기 때문에 경비가 적게 들었다.
>
> 나는 여기에서 이렇게 생각한다. 사람의 몸에 있어서도 역시 마찬가지이다. 잘못을 알고서도 곧 고치지 않으면 몸의 ㉠ <u>패망</u>하는 것이 나무가 썩어서 못 쓰게 되는 이상으로 될 것이고, 잘못이 있더라도 고치기를 꺼려하지 않으면 다시 좋은 사람이 되는 것이 집 재목이 다시 쓰일 수 있는 이상으로 될 것이다. 이뿐만 아니라, 나라의 ㉡ <u>정사</u>도 이와 마찬가지다. 모든 일에 있어서, 백성에게 심한 해가 될 것을 머뭇거리고 ㉢ <u>개혁</u>하지 않다가, 백성이 못살게 되고 나라가 위태하게 된 뒤에 갑자기 변경하려 하면, 곧 붙잡아 일으키기가 어렵다. 삼가지 않을 수 있겠는가?

	㉠	㉡	㉢
①	敗亡	政事	改革
②	敗亡	正使	開革
③	敗忙	政事	改革
④	敗忙	正使	開革

[정답풀이] ㉠ 패망 (敗亡: 敗 패할 패, 亡 망할 망): 싸움에 져서 망함.
㉡ 정사 (政事: 政 정사 정, 事 일 사)
  : 「1」 정치 또는 행정상의 일. 「2」 예전에, 벼슬아치의 임명과 해임에 관한 일.
㉢ 개혁 (改革: 改 고칠 개, 革 가죽 혁)
  : 제도나 기구 따위를 새롭게 뜯어고침.

[오답풀이] ㉠ 패망 (敗忙: 敗 패할 패, 忙 바쁠 망): 없는 단어이다.
㉡ 정사 (正使: 正 바를 정, 使 하여금 사)
  : 사신 가운데 우두머리가 되는 사람. 또는 그런 지위.
㉢ 개혁 (開革: 開 열 개, 革 가죽 혁): 없는 단어이다.

34. 다음 중 ㉠~㉤의 독음이 모두 적절한 것은? 2018 경찰 2차

> 梅花는 確實히 春風이 ㉠ <u>駘蕩</u>한 季節에 ㉡ <u>爛漫</u>히 피는 濃艶한 白花와는 달라, 現世的인, 享樂的인 꽃이 아님은 勿論이요, 가장 超高하고 ㉢ <u>狷介</u>한 꽃이 아니면 안 될 것이다. 그 꽃이 淸楚하고 佳香이 넘칠 뿐 아니라, 氣品과 雅趣가 比할 곳 없는 것도 先驅者的 性格과 相通하거니와, 그 忍耐와 그 ㉣ <u>覇氣</u>와 그 ㉤ <u>辛酸</u>에서 結果된 梅實은 先驅者로서의 苦衷을 흠뻑 象徵함이겠다

① ㉠ 태탕 ㉡ 난만 ㉢ 견개 ㉣ 패기 ㉤ 신산
② ㉠ 태탕 ㉡ 문만 ㉢ 견개 ㉣ 패기 ㉤ 행준
③ ㉠ 야장 ㉡ 난만 ㉢ 연개 ㉣ 염기 ㉤ 신산
④ ㉠ 야장 ㉡ 문만 ㉢ 연개 ㉣ 염기 ㉤ 행준

[정답풀이] ㉠ 駘蕩의 독음은 '야장'이 아니라 '태탕'이 옳다.
• 태탕 (駘蕩: 駘 둔마 태, 蕩 방탕할 탕)
  : 「1」 넓고 큼. 「2」 봄날의 바람이나 날씨가 화창하다.
㉡ 爛漫의 독음은 '문만'이 아니라 '난만'이 옳다.
• 난만 (爛漫: 爛 빛날 난, 漫 흩어질 만)
  : 「1」 꽃이 활짝 많이 피어 화려함. 「2」 광채가 강하고 선명함. 「3」 주고받는 의견이 충분히 많음.
㉢ 狷介의 독음은 '연개'가 아니라 '견개'가 옳다.
• 견개 (狷介: 狷 성급할 견, 介 낄 개)
  : 굳게 절개를 지키고 구차하게 타협하지 아니함.
㉣ 覇氣의 독음은 '염기'가 아니라 '패기'가 옳다.
• 패기 (覇氣: 覇 으뜸 패, 氣 기운 기)
  : 어떤 어려운 일이라도 해내려는 굳센 기상이나 정신.
㉤ 辛酸의 독음은 '행준'이 아니라 '신산'이 옳다.
• 신산 (辛酸: 辛 매울 신, 酸 실 산)
  : 「1」 맛이 맵고 심. 「2」 세상살이가 힘들고 고생스러움을 비유적으로 이르는 말.

35. 다음 중 ㉠~㉣의 독음이 모두 적절한 것은? 2018 경찰 3차

무궁화는 어떤 의미에 있어, 아니 어떤 의미에서가 아니라, 무엇보다도 은자의 꽃이라 할 수 있겠다. 외인은 혹 우리 한국을 불러 '은자의 나라'라고 하는데, 그 연유를 자세히는 알지 못하나, 과연 은자의 나라다운 꽃이 있다면, 무궁화는 따라서 우리나라를 잘 상징하는 꽃이 되겠다. 무궁화는 첫째, 성을 따진다면 결코 여성이 아니다. 중성이다. 요염한 색채도 없고 ㉠ <u>馥郁</u>한 방향도 없다. 양귀비를 너무 요염하다 해서 뜰에 넣지 않는 우리 선인의 취미에 맞을 뿐 아니라 향기를 기피하여 목서까지 뜰에서 추방한 아나톨 프랑스의 사제도 타협할 수 있을 은일의 꽃이다. 그리고 은자로서의 우리의 선인의 풍모를 잠깐 상상한다면 수수한 베옷이나 무명옷을 입고, 쥘부채를 들고 조그만 초당 뜰을 거니는 모습이 나타나는데, 이 모습에 잘 어울리는 꽃으로 무궁화 이외의 꽃을 쉬이 상상할 수가 없을 것 같다. 그뿐 아니라 무궁화는 은자가 구하고 높이는 모든 덕을 구비하였다. 무궁화에는 은자가 대기하는 ㉡ <u>俗臭</u>라든가, 세속적 탐욕 내지 ㉢ <u>齷齪</u>을 암시하는 데가 미진도 없고, 덕이 있는 사람이 ㉣ <u>唾棄</u>하는 요사라든가 망첩이라든가 오만이라든가를 찾아볼 구석이 없다. 어디까지든지 점잖고, 은근하고 겸허하여, 너그러운 대인 군자의 풍모를 가졌다.

① ㉠ 풍부 - ㉡ 욕취 - ㉢ 집착 - ㉣ 타엽
② ㉠ 복욱 - ㉡ 속취 - ㉢ 악착 - ㉣ 타기
③ ㉠ 풍부 - ㉡ 속취 - ㉢ 집착 - ㉣ 타기
④ ㉠ 복욱 - ㉡ 욕취 - ㉢ 악착 - ㉣ 타엽

정답풀이) ㉠ 복욱 (馥郁: 馥 향기 복, 郁 성할 욱)
: 풍기는 향기가 그윽함.
㉡ 속취 (俗臭: 俗 풍속 속, 臭 냄새 취)
: 「1」 세속의 더러운 냄새. 「2」 돈이나 헛된 명예에 집착하는 천한 기풍.
㉢ 악착 (齷齪: 齷 악착할 악, 齪 악착할 착)
: 「1」 일을 해 나가는 태도가 매우 모질고 끈덕짐. 또는 그런 사람. 「2」 도량이 몹시 좁음. 「3」 잔인하고 끔찍스러움.
㉣ 타기 (唾棄: 唾 침 타, 棄 버릴 기)
: '침을 뱉듯이 버린다'는 뜻으로, 업신여기거나 아주 더럽게 생각하여 돌아보지 않고 버림을 이르는 말.

2019 기타직렬 9급

36. ㉠~㉣의 밑줄 친 단어를 한자로 바르게 표기한 것은? 2019 경찰 1차

(중략)
정약용은 목민심서에서 "의복의 사치는 뭇사람들이 꺼리는 바이고 귀신도 미워하는 것이자 복을 깎아 내리는 것이다."라고 말한 후 "여자가 방물장수를 널리 불러들여 진귀한 비단, 가는 모시 베, 고운 삼베, 용을 아로새긴 비녀, 나비 모양의 노리개 등을 사들여 치장하면 식자(識者)들은 벌써 그 남편이 바르지 못함을 알 것이다."라고 했다. 그러므로 공직자의 부인은 무릇 "나무비녀에 베치마를 입어서 성장(盛裝)한 다른 부인들을 부끄럽게 만들어야 한다."라고 말했다.
여기서 부는 ㉠ <u>부패</u>와 그대로 ㉡ <u>직결</u>되는 것으로 여겨진다. 현대 사회에서도 ㉢ <u>사치</u>와 낭비를 죄악으로 여기고 합리적인 지출과 검소를 중시하는 금욕적 도덕주의가 완강하게 자리 잡고 있다. 간간이 언론에서 ㉣ <u>낭비</u>를 마치 큰 범죄나 되는 듯이 비판하는 것을 보면, 소비에 대한 경직된 사고가 우리의 의식 속에 여전히 남아 있는 것을 알 수 있다. (하략)

① ㉠ 膚敗　② ㉡ 直決　③ ㉢ 奢移　④ ㉣ 浪費

정답풀이) 낭비 (浪費: 浪 물결 낭, 費 쓸 비)
: 시간이나 재물 따위를 헛되이 헤프게 씀.

오답풀이) ① 膚 살갗 부(×) → 腐 썩을 부(○)
• 부패 (膚敗: 膚 살갗 부, 敗 패할 패): 없는 단어이다.
• 부패 (腐敗: 腐 썩을 부, 敗 패할 패)
: 「1」 정치, 사상, 의식 따위가 타락함. 「2」 단백질이나 지방 따위의 유기물이 미생물의 작용에 의하여 분해되는 과정. 또는 그런 현상.
② 決 결단할 결(×) → 結 맺을 결(○)
• 직결 (直決: 直 곧을 직, 決 결단할 결)
: 그 자리에서 곧 결정함. 또는 그런 결정에 따라 마무리를 지음.
• 직결 (直結: 直 곧을 직, 結 맺을 결)
: 사이에 다른 것이 개입되지 않고 직접 연결됨. 또는 사이에 다른 것을 개입하지 않고 직접 연결함.
③ 移 크게 할 치(×) → 侈 사치할 치(○)
• 사치 (奢移: 奢 사치할 사, 移 크게 할 치): 없는 단어이다.
• 사치 (奢侈: 奢 사치할 사, 侈 사치할 치)
: 필요 이상의 돈이나 물건을 쓰거나 분수에 지나친 생활을 함.

Answer
33 ①　34 ①　35 ②　36 ④

37 다음 밑줄 친 어휘의 사용이 가장 적절한 것은? 2019 경찰 2차

① 이것은 사장님의 결제(決濟)를 받아야 하는 서류입니다.
② 이 선수가 앞으로 한국 신기록을 경신(更新)할 것으로 기대됩니다.
③ 무명의 신인이 강력한 우승 후보로 부상(負傷)했습니다.
④ 저 사람이 헌법 소원(所願)을 낸 사람입니다.

[정답풀이] '更新'은 '경신'으로도 읽히고, '갱신'으로도 읽힌다. 문맥상 '선수가 한국 신기록을 깨뜨릴 것으로 기대됩니다'를 의미하므로 '갱신'보다 '경신'으로 읽는 것이 더 적절하다.

> 경신 (更新 : 更 고칠 경, 新 새 신)
> : 이미 있던 것을 고쳐 새롭게 함. / 기록경기 따위에서, 종전의 기록을 깨뜨림. / 어떤 분야의 종전 최고치나 최저치를 깨뜨림.
> 갱신 (更新 : 更 다시 갱, 新 새 신)
> : 법률관계의 존속 기간이 끝났을 때 그 기간을 연장하는 일. / 기존의 내용을 변동된 사실에 따라 변경, 추가, 삭제하는 일.

[오답풀이] ① 문맥상 상관(사장님)에게 승인을 받아야 하는 것을 의미하므로 '결제(決濟)'보다 '결재(決裁)'가 더 적절하다.

> 결재 (決裁 : 決 결단할 결, 裁 마를 재)
> : 결정할 권한이 있는 상관이 부하가 제출한 안건을 검토하여 허가하거나 승인함.
> 결제 (決濟 : 決 결단할 결, 濟 건널 제)
> : 증권 또는 대금을 주고받아 매매 당사자 사이의 거래 관계를 끝맺는 일.

③ 문맥상 신인이 우승 후보로 관심의 대상이 되었다는 것을 의미하므로 '부상(負傷)'보다 '부상(浮上)'이 더 적절하다.

> 부상 (負傷 : 負 질 부, 傷 다칠 상)
> : 몸에 상처를 입음.
> 부상 (浮上 : 浮 뜰 부, 上 윗 상)
> : 물 위로 떠오름. / 어떤 현상이 관심의 대상이 되거나 어떤 사람이 훨씬 좋은 위치로 올라섬.

④ 문맥상 헌법 소원인 법률 용어를 의미하므로 '소원(所願)'보다 '소원(訴願)'이 더 적절하다.

> 소원 (所願 : 所 바 소, 願 원할 원)
> : 어떤 일이 이루어지기를 바람. 또는 그런 일.
> 소원 (訴願 : 訴 호소할 소, 願 원할 원)
> : 행정 관청의 위법 또는 부당한 처분으로 권리와 이익을 침해받을 때에, 그 상급 관청에 대하여 처분의 취소 또는 변경을 청구하는 일.

38 다음 밑줄 친 단어에 대한 설명으로 옳지 않은 것은? 2019 경찰 2차

- 고전의 반열에 올라 있는 책들은 수많은 사람들에 의해서 전승되고 있다는 점에서 역사 그 자체라고 할 수 있습니다.
- 미디어의 변화는 시서화(詩書畵)의 세계마저 영상 서사로 바꾸어 가고 있는 것이 오늘의 현실입니다. 책과 종이 그리고 독서의 종말을 예단하기도 합니다.
- 사실 왜곡과 여론 호도가 끊임없이 시도되고 있습니다.
- 기술이 우리에게 미치는 영향을 반추할 여유를 잃어서는 안됩니다.

① 반열(班列) : 품계나 신분, 등급의 차례
② 예단(豫斷) : 미리 짐작하여 판단함
③ 호도(糊塗) : 경망스럽게 떠벌림
④ 반추(反芻) : 어떤 일을 되풀이하여 음미함

[정답풀이] 호도 (糊塗 : 糊 풀칠할 호, 塗 칠할 도)
: '풀을 바르다'는 뜻으로, 명확하게 결말을 내지 않고 일시적으로 감추거나 흐지부지 덮어 버림을 비유적으로 이르는 말.

[오답풀이] ① 반열 (班列 : 班 나눌 반, 列 벌일 열)
: 품계나 신분, 등급의 차례.
② 예단 (豫斷 : 豫 미리 예, 斷 끊을 단) : 미리 짐작하여 판단함.
④ 반추 (反芻 : 反 돌이킬 반, 芻 꼴 추)
: 「1」 한번 삼킨 먹이를 다시 게워 내어 씹음. 또는 그런 일. 「2」 어떤 일을 되풀이하여 음미하거나 생각함. 또는 그런 일.

2020 기타직렬 9급

39 ㉠~㉣의 밑줄 친 단어를 한자로 바르게 표기한 것은?

2020 경찰 1차

　　기존의 지식 생산 메커니즘은 특정 지식 집단에 집중되어 있었다. 예를 들어 과거 지식의 총아라 일컬어졌던 백과사전의 경우 특정 학문 분야의 권위자만 서술과 편집의 권한을 가지고 백과사전을 출판할 수 있었다. 이러한 메커니즘에서는 전문가가 아닌 보통 사람에게는 지식 생산의 ㉠ <u>기회</u>가 주어지지 않았으며, 설령 지식을 생산한다 하더라도 그들이 생산한 지식은 저평가되기 일쑤였다. 과거에는 지성이란 특정 사람에게만 주어진 능력으로 간주되었다. 지성의 ㉡ <u>역할</u>은 새로운 지식을 창조하는 것이며 이러한 과정은 축적된 지식을 지닌 지성인, 곧 전문가에 의해서만 이루어질 수 있다고 여겨진 것이다. 스탱어스는 지성이 하는 가장 중요한 일은 지식 창조이며, 이는 누구나 할 수 있는 것이 아니라 축적된 지식을 가지고 이를 활용할 수 있는 능력을 보유한 소위 전문가만이 가능하다고 주장했다. 또한 일반인의 지성에 대한 ㉢ <u>회의</u>적인 시각을 근대적 관점에서 제기한 이로는 매카이가 있다. 매카이는 중요한 결정을 할 때 대중의 판단에 의존하는 것은 위험하며, 그렇기 때문에 대중의 판단은 무용하다고 했다. 그러나 이러한 인식과 다르게 현대 사회에서는 누구나 인터넷을 통해 다른 사람이 제공한 지식을 검색하여 읽을 수 있고, 자신이 가진 지식을 다른 사람들과 나눌 수 있도록 글을 쓸 수 있으며, 잘못된 정보를 고치는 것 또한 자유롭게 되었다. 이처럼 현대 사회에서 교육 수준의 상승과 정보 기술의 발달에 힘입어 전문가로 공인받지 않은 일반인도 자신들이 생활에서 체험한 지식을 서로 ㉣ <u>공유</u>하는 과정을 통해 궁극적으로 지식 생산에 기여하는 것을 집단 지성이라 부른다. 집단 지성은 정보 사회의 특징을 설명해 주는 핵심 개념으로 각광받고 있다. 특히 인터넷상에서 활동하는 개별 누리꾼이 서로 힘을 모아 사회적 영향력을 발휘하는 현상이 뚜렷하게 포착되고 있는데, 이렇게 모인 힘을 표현하는 개념으로서 집단 지성이 자리를 잡아가고 있다. (하략)

① ㉠ 機會　② ㉡ 役活
③ ㉢ 會議　④ ㉣ 公有

정답풀이) 기회(機會 : 機 틀 기, 會 모일 회)
: 「1」 어떠한 일을 하는 데 적절한 시기나 경우. 「2」 겨를이나 짬.
나머지 선지들의 한자어는 적절하지 않다.

오답풀이) ② 活 살 활(×) → 割 벨 할(○)
- 역할 (役活 : 役 부릴 역, 活 살 활) : 없는 단어이다.
- 역할 (役割 : 役 부릴 역, 割 벨 할)
  : 자기가 마땅히 하여야 할 맡은 바 직책이나 임무.
③ 會 모일 회, 議 의논할 의(×) → 懷 품을 회, 疑 의심할 의(○)
- 회의 (會議 : 會 모일 회, 議 의논할 의)
  : 「1」 여럿이 모여 의논함. 또는 그런 모임. 「2」 어떤 사항을 여럿이 모여 의견을 교환하여 의논하는 기관.
- 회의 (懷疑 : 懷 품을 회, 疑 의심할 의)
  : 의심을 품음. 또는 마음속에 품고 있는 의심.
문맥상 지성에 대해 의심을 품는다는 의미가 들어가야 하므로 '회의(會議)'보다 '회의(懷疑)'가 더 적절하다.
④ 公 공평할 공(×) → 共 함께 공(○)
- 공유 (公有 : 公 공평할 공, 有 있을 유)
  : 국가나 지방자치단체의 소유.
- 공유 (共有 : 共 함께 공, 有 있을 유)
  : 두 사람 이상이 한 물건을 공동으로 소유함.
문맥상 지식을 서로 함께 소유함을 의미하므로 '공유(公有)'보다 '공유(共有)'가 더 적절하다.

Answer
37 ② 38 ③ 39 ①

2021 기타직렬 9급

40 밑줄 친 ㉠~㉤ 중 한자 표기가 옳은 것만을 모두 고르면? 2021 국회직 9급

> 중국에서 발생한 ㉠ 유교(儒校)는 주변 지역인 한국, 일본, 베트남 등에 오랜 시간에 걸쳐 보급되었다. 이 지역을 동아시아 유교 문화권이라고 부르기도 하는데, 그중에서도 한국은 유교의 영향을 가장 깊이 받은 곳이다. 일본은 유학은 받아들였지만 유교는 받아들이지 않았다는 이야기가 있다. 그것은 ㉡ 학문(學文)으로서 또는 통치자의 ㉢ 교양(教養)으로서는 유교를 ㉣ 수용(收容)했지만 일상생활을 규정하는 예로서는 유교를 수용하지 않았다는 뜻일 것이다. 이러한 견해에는 ㉤ 이론(異論)도 있겠지만, 일본의 경우 관혼상제와 일상의 생활 규범 또는 가족과 친족 제도 등에서 비유교적인 면이 두드러진다. 베트남의 유교 수용도 일본과 비슷한 점이 많아서 일상생활에서는 불교의 영향이 지배적이다.

① ㉠, ㉣
② ㉠, ㉤
③ ㉡, ㉢
④ ㉡, ㉤
⑤ ㉢, ㉤

[정답풀이] ㉢ 교양 (敎養: 敎 가르칠 교, 養 기를 양)
: 「1」 가르치어 기름. 「2」 학문, 지식, 사회생활을 바탕으로 이루어지는 품위. 또는 문화에 대한 폭넓은 지식.
㉤ 이론 (異論: 異 다를 이, 論 논할 론)
: 달리 논함. 또는 다른 이론(理論)이나 의견.
» 이론 (理論: 理 다스릴 이, 論 논할 론): 사물의 이치나 지식 따위를 해명하기 위하여 논리적으로 정연하게 일반화한 명제의 체계.

[오답풀이] ㉠ 校 학교 교(×) → 敎 가르칠 교(○)
• 유교 (儒校: 儒 선비 유, 校 학교 교): 없는 단어이다.
• 유교 (儒敎: 儒 선비 유, 敎 가르칠 교)
: '유학'을 종교적인 관점에서 이르는 말. 삼강오륜을 덕목으로 하며 사서삼경을 경전으로 한다.
㉡ 文 글월 문(×) → 問 물을 문(○)
• 학문 (學文: 學 배울 학, 文 글월 문)
: ≪서경≫, ≪시경≫, ≪주역≫, ≪춘추≫, 예(禮), 악(樂) 따위의 시서·육예를 배우는 일.
• 학문 (學問: 學 배울 학, 問 물을 문)
: 어떤 분야를 체계적으로 배워서 익힘. 또는 그런 지식.
㉣ 收 거둘 수(×) → 受 받을 수(○)
• 수용 (收容: 收 거둘 수, 容 얼굴 용)
: 범법자, 포로, 난민, 관객, 물품 따위를 일정한 장소나 시설에 모아 넣음.
• 수용 (受容: 受 받을 수, 容 얼굴 용)
: 「1」 어떠한 것을 받아들임. 「2」 감상(鑑賞)의 기초를 이루는 작용으로, 예술 작품 따위를 감성으로 받아들여 즐김.

41 다음 글의 밑줄 친 '자(恣)'와 같은 한자를 사용한 것은? 2021 경찰 1차

> 우리나라에서 '개'라고 불리는 동물을 영국인은 'dog[도그]'라고 부르고, 독일인은 'hund[훈트]'라고 부르는 것처럼 하나의 의미가 언어에 따라 여러 가지 형식으로 나타날 수 있다. 이렇듯 언어의 내용과 형식 사이에 필연성이 없다는 특성을 언어의 자의성(恣意性)이라고 한다.

① 지자체는 '지방 자치 단체'의 줄임말이다.
② 그의 방자한 태도가 언제나 문제였습니다.
③ 향후 계획을 자세히 설명하시오.
④ 지리산은 웅장한 자태를 뽐냈다.

[정답풀이] • 자의성 (恣意性: 恣 마음대로 자, 意 뜻 의, 性 성품 성)
: 언어에서, 소리와 의미의 관계가 필연적이지 않은 특성.
• 방자 (放恣: 放 놓을 방, 恣 마음대로 자)
: 「1」 어려워하거나 조심스러워하는 태도(態度)가 없이 무례하고 건방짐. 「2」 제멋대로 거리낌 없이 노는 태도.

[오답풀이] ① 지자체 (地自體: 地 땅 지, 自 스스로 자, 體 몸 체)
: 지방자치단체(地方自治團體)를 줄여 이르는 말.
③ 자세히 (仔細히: 仔 자세할 자, 細 가늘 세)
: 사소한 부분까지 아주 구체적이고 분명히.
④ 자태 (姿態: 姿 모양 자, 態 모습 태)
: 어떤 모습이나 모양. 주로 사람의 맵시나 태도에 대하여 이르며, 식물, 건축물, 강, 산 따위를 사람에 비유하여 이르는 말.

42 ㉠~㉣을 한자로 표기할 때 가장 적절한 것은?

2021 경찰 2차

현대의 디지털 문명은 로마자를 ㉠ 기반으로 이루어졌다. 그만큼 로마자가 디지털 기기를 사용하는 데 유리한 것이 사실이다. 그러나 한글처럼 비교적 후대에 만들어진 문자 중에서 디지털 문명에 가장 잘 적응하는 문자는 한글이 거의 유일하다고 할 수 있다. 한글이 디지털 문명을 마음껏 향유할 수 있는 '편리한 문자'라는 사실만으로도 대한민국이 세계적인 정보 기술 강국으로 성장할 수 있는 토대가 되기에 충분하다. 타자기 시대에 한글은 한자나 가나와 같은 음절 문자보다 기계화에 ㉡ 유리한 점이 분명 있었지만 '모아쓰기'라는 ㉢ 창제 당시의 표기법 때문에 로마자 타자기의 효율성을 따라가기 어려웠다. 이러한 이유로 한때 '풀어쓰기' 주장이 있었다. 예를 들어 '병아리'를 'ㅂㅕㅇㅏㄹㅣ'로 풀어 쓰자는 것이다. 그러나 이 주장은 결국 디지털 문명의 발전으로 인해 역사의 뒤안길로 사라지고 말았다. 컴퓨터 프로그램을 이용해 '모아쓰기'를 자동적으로 ㉣ 구현할 수 있게 되었기 때문이다

① ㉠: 碁盤
② ㉡: 有利
③ ㉢: 唱題
④ ㉣: 俱現

[정답풀이] 유리 (有利: 有 있을 유, 利 이로울 리)
: 이익이 있음.

[오답풀이] ① 碁 바둑 기(×) → 基 터 기(○)
- 기반 (碁盤: 碁 바둑 기, 盤 소반 반): 바둑판.
- 기반 (基盤: 基 터 기, 盤 소반 반)
  : 기초가 되는 바탕. 또는 사물의 토대.
③ 唱 부를 창, 題 제목 제(×) → 創 비롯할 창, 製 지을 제(○)
- 창제 (唱題: 唱 부를 창, 題 제목 제)
  : 경전의 제목만을 입으로 부름.
- 창제 (創製: 創 비롯할 창, 製 지을 제)
  : 전에 없던 것을 처음으로 만들거나 제정함.
④ 俱 함께 구(×) → 具 갖출 구(○)
- 구현 (俱現: 俱 함께 구, 現 나타날 현)
  : 내용이 속속들이 다 드러남.
- 구현 (具現: 具 갖출 구, 現 나타날 현)
  : 어떤 내용이 구체적인 사실로 나타나게 함.

Answer
40 ⑤ 41 ② 42 ②

박혜선
국 어
亦功 기본서
출좋포 어휘·한자

PART

02

어휘

CHAPTER 01 亦功 관용 표현
CHAPTER 02 亦功 속담
CHAPTER 03 亦功 고유어

Chapter 01 亦功 관용 표현

Part 02 어휘

관용어란 두 개 이상의 단어로 이루어져 있으면서 그 단어들의 의미만으로는 전체의 의미를 알 수 없는, 특수한 의미를 나타내는 어구(語句)를 의미한다.

01 신체 관련 관용어

❶ 머리	• 머리가 썩다 : 사고방식이나 사상 따위가 낡아서 쓰지 못하게 되다. • 머리가 세다 : 복잡하거나 안타까운 일에 너무 골몰하거나 걱정하다.
❷ 눈	• 눈에 밟히다 : 잊히지 않고 자꾸 눈에 떠오르다. • 눈에 어리다 : 지난 일이나 대상의 모습이 눈에 보이는 듯 기억에 생생하다. • 눈이 여리다 : 감정이 모질지 못하여 눈물을 잘 보이다. • 길눈이 밝다 : 한두 번 가 본 길을 잊지 않고 찾아갈 만큼 길을 잘 기억하다. • 흰 눈으로 보다 : 업신여기거나 못마땅하게 여기다. • 눈에서 황이 나다 : 몹시 억울하거나 질투가 날 때 이르는 말. • 생눈을 뽑다 : 1) 사람을 꾀어서 재물을 빼앗다. 2) 당치도 아니한 허물을 억지로 덮어씌우다. • 군눈을 뜨다 : 외도에 눈을 뜨다. • 제 눈에 안경 : 보잘것없는 물건이라도 제 마음에 들면 좋게 보인다는 말. • 눈에 거칠다 : 보기가 싫어 눈에 들지 아니하다. • 눈이 무디다 : 사물을 보고 깨닫는 힘이 약하다. • 눈을 맞추다 : 서로 눈을 마주 보다. • 눈에 콩깍지(콩꺼풀)가 씌다 : 앞이 가려져 사물이나 일을 분간하지 못한다는 말. • 눈을 돌리다 : 관심을 돌리다. • 눈 가리고 아웅 : 1) 얕은수로 남을 속이려 한다는 말. 2) 실제로 보람도 없을 일을 공연히 형식적으로 하는 체하며 부질없는 짓을 함을 비유적으로 이르는 말. • 눈이 높다 : 1) 정도 이상의 좋은 것만 찾는 버릇이 있다. 2) 안목이 높다
❸ 코	• 코가 빠지다 : 근심에 싸여 기가 죽고 맥이 빠지다. • 코를 떼다 : 무안을 당하거나 핀잔을 맞다. • 코를 싸쥐다 : 무안이나 핀잔으로 얼굴을 들 수 없게 되다. • 코 아래 입 : 사이가 매우 가까움을 이르는 말. • 입 아래 코 : 일의 순서가 바뀐 경우를 비유적으로 이르는 말 • 코에 걸다 : 무엇을 자랑삼아 내세우다 • 코에서 단내가 난다 : 몹시 고되게 일하여 힘이 들고 몸이 피로하다는 말. • 코를 빠뜨리다 : 못 쓰게 만들거나 일을 망치다. • 콧등이 시다 : 매우 아니꼽다. • 코가 꿰이다 : 약점이 잡히다.

❹ 입	• 입이 높다 : 보통 음식으로 만족하지 아니하고 맛있고 좋은 음식만을 바라는 버릇이 있다.	
	• 입이 뜨다 : 입이 무겁거나 하여 말수가 적다.	
	• 입이 밭다[짧다] : 음식을 심하게 가리거나 적게 먹다.	
	• 입이 쓰다 : 어떤 일이나 말 따위가 못마땅하여 기분이 언짢다.	
	• 입이 달다 : 입맛이 당기어 음식이 맛있다.	
	• 입이 질다 : 1) 속된 말씨로 거리낌 없이 말을 함부로 하다. 2) 말을 수다스럽게 많이 하는 버릇이 있다.	
	• 말소리를 입에 넣다 : (사람이) 다른 사람에게 들리지 않게, 입안에서 어물어물 낮은 목소리로 말하다.	
	• 입을 닦다 : 이익 따위를 혼자 차지하거나 가로채고서는 시치미를 떼다.	
	• 입의 혀 같다 : 일을 시키는 사람의 뜻대로 움직여 주다.	
❺ 귀	• 귀가 뚫리다 : 말을 잘 알아듣게 되다.	
	• 귀가 아프다 : 너무 여러 번 들어서 듣기가 싫다. = 귀가 따갑다	
	• 귀(가) 얇다 : 남의 말에 줏대 없이 잘 흔들린다.	
	• 귀가 여리다 : 속는 줄도 모르고 남의 말을 그대로 잘 믿다.	
	• 귀가 질기다 : 1) 둔하여 남의 말을 잘 이해하지 못하다. 2) 말을 싹싹하게 잘 듣지 않고 끈덕지다.	
	• 귀밑머리 풀다 : 처녀 때 땋았던 귀밑머리를 푼다는 뜻으로, 여자가 시집감을 이르는 말.	
	• 귀를 재우다 : 말썽을 무마하여 평온하게 만들다.	
	• 귀를 주다 : 1) 남의 말을 엿듣다. 2) 남에게 살그머니 알려 조심하게 하다.	
	• 귀가 가렵다 : 남이 제 말을 한다고 느끼다.	
	• 귀에 거칠다 : (말이나 이야기가) 온당하지 않아 듣기에 거북하다.	
❻ 손	• 손이 걸다[크다] : 1) 씀씀이가 후하고 크다. 2) 수단이 좋고 많다.	
	• 손(을) 치르다 : 큰일에 여러 손님을 대접하다.	
	• 손이 뜨다 : 일하는 동작이 매우 굼뜨다.	
	• 손이 놀다 : 일거리가 없어 쉬는 상태에 있다.	
	• 손(끝)을 맺다 : (사람이) 할 일이 있는데도 아무 일도 안 하다.	
	• 손이 떨어지다 : 일이 끝나다.	
	• 손을 늦추다 : 긴장을 풀고 일을 더디게 하다.	
	• 손을 맞잡다 : 서로 뜻을 같이 하여 긴밀하게 협력하다.	
	• 손이 거칠다 : 1) (사람이) 일을 다루는 솜씨가 세밀하지 못하다. 2) (사람이) 도둑질하는 손버릇이 있다.	
	• 손을 넘기다 : 1) (사람이) 물건을 셀 때 그 번수를 잘못 계산하여 더하거나 덜하다. 2) (어떤 일이) 제 시기를 놓치다.	
	• 손을 뻗치다 : 1) (사람이) 이제까지 하지 아니하던 일까지 활동 범위를 넓히거나 그 일을 한번 해보다. 2) (대상이) 적극적인 도움이나 간섭 따위의 행위가 멀리까지 미치게 하다.	
	• 손이 비다 : 1) 할 일이 없어 아무 일도 하지 아니하고 있다. 2) 수중에 돈이 없다.	
	• 손이 나다 : (사람이) 어떤 일에서 조금 쉬거나 다른 것을 할 틈이 생기다.	
	• 손을 나누다 : 1) 서로 헤어지다. 2) 일을 여럿이 나누어 하다.	
	• 손[손길]을 뻗다 : 의도적으로 남에게 어떤 영향을 미치게 하다.	
	• 손이 싸다 : 일 처리가 빠르다.	
	• 손톱도 안 들어가다 : 사람됨이 몹시 야무지고 인색하다.	

❼ 발	• 발(씨)가 익다 : 여러번 다니어서 길에 익숙하다.	
	• 발을 달다 : 끝난 말이나 이미 있는 말에 말을 덧붙이다.	
	• 발이 뜨다 : 이따금씩 다니다.	
	• 발이 빠르다 : 알맞은 조치를 신속히 취하다.	
	• 발이 길다 : 음식 먹는 자리에 우연히 가게 되어 먹을 복이 있다.	
	• 발을 구르다 : 매우 안타까워하거나 다급해하다.	
	• 발이 넓다 : 사귀어 아는 사람이 많아 활동하는 범위가 넓다.	
	• 발에 채다 : (무엇이) 여기저기 흔하게 널려 있다.	
❽ 목	• 목을 조이다 : (어떤 사람이 다른 사람의) 약점을 잡아 꼼짝 못 하게 하다.	
	• 목이 곧다 : 남에게 호락호락 굽히지 아니하며 억지가 세다.	
	• 목이 막히다 : 설움이 북받치다.	
	• 목에 거미줄 치다 : 곤궁하여 아무것도 먹지 못하는 처지가 되다.	
❾ 어깨	• 어깨를 나란히 하다 : 1) 서로 비슷한 지위나 힘을 가지다.	
	2) 나란히 서거나 나란히 서서 걷다.	
	3) 같은 목적으로 함께 일하다.	
	• 어깨를 견주다 : 서로 비슷한 지위나 힘을 가지다.	
	• 어깨가 가볍다 : (사람이) 무거운 책임에서 벗어나 마음이 홀가분하다.	
	• 어깨가 무겁다 : 무거운 책임을 져서 마음에 부담이 크다.	
	• 어깨가 올라가다 : 칭찬을 받거나 하여 기분이 으쓱해지다.	
	• 어깨를 낮추다 : 겸손하게 자기를 낮추다.	
	• 어깨를 겯다 : 같은 목적을 위하여 행동을 서로 같이하다.	
	• 어깨를 들이밀다(들이대다) : 어떤 일에 몸을 아끼지 아니하고 뛰어들다.	
	• 어깨에 걸머지다 : 무거운 책임 따위를 맡게 되다.	
❿ 가슴	• 가슴을 불태우다 : 어떤 의욕이나 기세가 몹시 끓어오른 상태에서 활동하다.	
	• 가슴을 치다 : 마음에 큰 충격을 받다.	
	• 가슴이 숯등걸이 되다 : 애가 타서 마음이 상할 대로 상함을 비유적으로 이르는 말.	
⓫ 허리	• 허리가 꼿꼿하다 : 1) (사람이) 나이에 비하여 젊다. 2) (사람이) 몸이 약간 피로하다.	
	• 허리를 꺾다. 허리를 굽히다 : 1) 남에게 겸손한 태도를 취하다. 2) 정중히 인사하다. 3) 남에게 굴복하다.	
	• 허리를 펴다 : 어려운 고비를 넘기고 편하게 지낼 수 있게 되다.	
⓬ 다리	• 다리를 들리다 : (사람이) 미리 손쓸 기회를 빼앗기다.	
	• 다리를 잇다 : 끊어진 관계를 다시 맺어 통하게 되다.	
	• 다리를 놓다 : 일이 잘되게 하기 위하여 둘 또는 여럿을 연결하다.	
	• 다리가 길다 : 음식 먹는 자리에 우연히 가게 되어 먹을 복이 있다.	
⓭ 오금	• 오금이 저리다 : (사람이) 공포감 따위에 맥이 풀리고 마음이 졸아들다.	
	• 오금을 떼다 : 걸음을 옮기다.	
	• 오금을 못 쓰다 : (사람이) 몹시 마음이 끌리거나 위세에 눌려 매인 꼴이 되다.	
⓮ 턱	• 턱을 대다 : (어떤 사람이 다른 사람에게) 의지하거나 전적으로 믿다.	

02 동물 관련 관용어

관용어	뜻
개 콧구멍으로 알다	시시한 것으로 알아 대수롭지 아니하게 여기다.
개발에 (주석) 편자	옷차림이나 지닌 물건 따위가 제격에 맞지 아니하여 어울리지 않음을 비유적으로 이르는 말.
말 죽은 데 체 장수 모이듯	쳇불로 쓸 말총을 구하기 위하여 말이 죽은 집에 체 장수가 모인다는 뜻으로, 남의 불행은 아랑곳없이 제 이익만 채우려고 많은 사람이 모여드는 것을 이르는 말.
부엉이 곳간	부엉이는 둥지에 먹을 것을 많이 모아 두는 버릇이 있다는 데서, 없는 것이 없이 무엇이나 다 갖추어져 있는 경우를 비유적으로 이르는 말.
범에게 날개	힘이 세고 사나운 범이 날개까지 돋쳐 하늘을 날게 되었으니 아무것도 무서울 것이 없게 되었다는 뜻으로, 힘이나 능력이 있는 사람이 더욱 힘을 얻게 된 경우를 비유적으로 이르는 말.
범의 아가리	매우 위태한 지경
범의 어금니	없어서는 안 될 매우 요긴한 것.
범 잡은 포수	뜻한 일을 이루어 의기양양한 사람을 비유적으로 이르는 말.
인왕산 호랑이	몹시 무서운 대상을 비유적으로 이르는 말.
물 건너 온 범	한풀 꺾인 사람을 비유적으로 이르는 말. cf 물 건너 범 보듯 한다 : 자신과 아무런 상관이 없다는 듯이 무심하게 바라보는 모양을 비유적으로 이르는 말.
물 밖에 난 고기	1) 제 능력을 발휘할 수 없는 처지에 몰린 사람을 이르는 말. 2) 운명이 이미 결정 나 벗어날 수 없음을 비유적으로 이르는 말.
물 찬 제비	1) 물을 차고 날아오른 제비처럼 몸매가 아주 매끈하여 보기 좋은 사람을 비유하여 이르는 말. 2) 동작이 민첩하고 깔끔하여 보기 좋은 행동을 함을 비유적으로 이르는 말.
개밥에 도토리	개는 도토리를 먹지 아니하기 때문에 밥 속에 있어도 먹지 아니하고 남긴다는 뜻에서, 따돌림을 받아서 여럿의 축에 끼지 못하는 사람을 비유적으로 이르는 말.
낙동강 오리알	무리에서 떨어져 나오거나 홀로 소외되어 처량하게 된 신세를 비유적으로 이르는 말.
병아리 눈물만큼 새 발의 피	매우 적은 수량을 비유적으로 이르는 말.

소같이 먹다 소 먹듯 하다 소가 뜨물 켜듯이	엄청나게 많이 먹다.
소 잡아 먹다	아주 음흉한 일을 하다
소한테 물렸다	순하고 잘 따르는 짐승인 소한테 물렸다는 뜻으로, 엉뚱한 데에서 뜻밖의 손해를 본 경우를 이르는 말.
개천에 든 소 도랑에 든 소	도랑 양편에 우거진 풀을 다 먹을 수 있는 소라는 뜻으로, 이리하거나 저리하거나 풍족한 형편에 놓인 사람 또는 그런 형편을 비유적으로 이르는 말.
소 죽은 귀신같다	소가 고집이 세고 힘줄이 질기다는 데서, 몹시 고집 세고 질긴 사람의 성격을 비유적으로 이르는 말.
굴레 벗은 말	1) 거칠게 행동하는 사람을 이르는 말. 2) 구속이나 통제에서 벗어나 몸이 자유로움을 이르는 말.
굴레 쓴 말	일이나 구속에 얽매여 벗어나지 못하는 사람을 비유적으로 이르는 말.

03 주요 관용어

가락이 나다	일하는 기운이나 능률이 오르다.
가살을 쓰다	1) 경망스럽게 가살을 부리다. 2) 정신없고 부산스러운 행동을 하다. » 가살: 간사하고 얄미운 태도.
개가를 올리다	큰 성과를 거두다.
관물이 들다	오랜 관리 생활로 관료적인 영향을 받다.
경을 치다	호된 꾸지람이나 나무람을 듣거나 벌을 받다.
곁다리 들다	당사자가 아닌 사람이 참견하여 말하다.
곁(을) 주다	다른 사람으로 하여금 자기에게 가까이 할 수 있도록 속을 터 주다.
금(을)놓다	1) 물건을 사고팔 때에 값을 부르다. 2) 어떤 대상의 수준이나 정도를 평가하여 규정하다.
깐깐오월	해가 길어서 일하기 지루한 달이라는 뜻으로, 음력 5월을 이르는 말
꼬리표가 붙다	어떤 사람에게 나쁜 평가나 평판이 내려지다.
꼭뒤를 누(지)르다	세력이나 힘이 위에서 누리다.
꼭지가 무르다	기회가 완전히 무르익다.
낯을 깎다	체면을 잃게 만들다.

관용 표현	뜻
도로 아미타불	애쓴 일이 소용없게 되어, 처음의 상태로 되돌아간 것과 같음을 이르는 말.
등이 달다	마음대로 되지 아니하여 몹시 안타까워하다.
대추나무에 연 걸리듯	여기저기에 빚을 많이 진 것을 비유적으로 이르는 말.
떡이 되다	크게 곤욕을 당하거나 매를 많이 맞다.
떡이 생기다	뜻밖의 잇속이 생기다.
떡을 치다	양이나 정도가 충분하다.
땀을 들이다	1) 몸을 시원하게 하여 땀을 없애다. 2) 잠시 휴식하다.
말길(이) 되다	남에게 소개하는 의논의 길이 트이다.
말꼬리를 물다	남의 말이 끝나자마자 이어 말하다.
말소리를 입에 넣다	다른 사람에게 들리지 아니하도록 중얼중얼 낮은 목소리로 말하다.
머리를 올리다✦	여자가 시집을 가다.
모과나무 심사	모과나무처럼 뒤틀려서 심술궂고 순수하지 못한 마음씨를 이르는 말
물로 보다	보거나 쉽게 생각하다.
물인지 불인지 모르다	사리를 분간하지 못하거나 따져 보지 않고 함부로 행동하다.
메주 밟듯	여러 곳을 빠짐없이 골고루 돌아다님을 비유적으로 이르는 말.
미립이 트다	경험에 의하여 묘한 이치를 깨닫다.
바늘로 찔러도 피 한 방울 안 난다	사람의 성격이 빈틈이 없거나 융통성이 없음을 비유적으로 이르는 말.
바늘뼈에 두부살	바늘처럼 가는 뼈에 두부같이 힘없는 살이라는 뜻으로, 몸이 아주 연약한 사람을 이르는 말.
반죽이 좋다✦	노여움이나 부끄러움을 타지 아니하다.
발(을) 끊다	오가지 않거나 관계를 끊다.
발(을) 타다	강아지 따위가 걸음을 걷기 시작하다.
배가 등에 붙다	먹은 것이 없어서 배가 홀쭉하고 몹시 허기지다.
변죽을 치다 = 변죽(을) 울리다	1) 바로 집어 말을 하지 않고 둘러서 말을 하다. 2) 화살이 과녁의 변죽을 맞고 밖으로 튕겨 나가다

벙어리 재판	말 못 하는 벙어리를 대상으로 재판을 한다는 뜻으로, 옳고 그름을 판단하기 매우 어렵거나 곤란한 경우를 비유적으로 이르는 말.
사개(가) 맞다	말이나 사리의 앞뒤 관계가 빈틈없이 딱 들어맞다.
상투를 틀다	총각이 장가들어 어른이 되다
속(이) 달다	안타깝거나 조마조마하며 마음이 몹시 조급해지다.
속이 마르다	1) 성격이 꼬장꼬장하다. 2) 생각하는 것이 답답하고 너그럽지 못하다.
속(을) 뽑다	일부러 남의 마음을 떠보고 그 속내를 드러나게 하다.
속이 살다	겉으로는 수그러진 듯하나 속에는 반항하는 마음이 있다.
쌍지팡이를 짚고 나서다	어떤 일에 대하여 적극적으로 반대하거나 간섭하여 나서다.
아귀를 맞추다	일정한 기준에 들어맞게 하다.
아퀴(를) 짓다	일이나 말을 끝마무리하다.
알토란 같다	내용이 충실하거나 옹골차고 실속이 있다.
억지 춘향이	원치 않는 일을 어쩔 수 없이 함을 이르는 말.
얼음에 박 밀듯	말이나 글을 거침없이 줄줄 내리읽거나 내리외는 모양을 비유적으로 이르는 말.
엉너리를 치다	남의 환심을 사기 위하여 어벌쩡하게 서두르다.
오뉴월 엿가락	행동이나 말이 느리거나 길게 늘어진 모양.
이골이 나다	어떤 방면으로 길이 들어서 그 버릇이 익숙해지다.
오금이 저리다	저지른 잘못이 들통이 나거나 그 때문에 나쁜 결과가 있지 않을까 마음을 졸이다.
입추의 여지가 없다	발을 들여놓을 데가 없을 정도로 많은 사람들이 꽉 들어찬 경우를 이르는 말
자웅을 겨루다	우열, 승부를 가리다.
첫 삽을 푸다[뜨다]	어떤 일을 처음으로 시작하다.
틀(을) 잡다	일정한 형태나 구성을 갖추다.
허방 짚다	1) 발을 잘못 디디어 허방에 빠지다. 2) 잘못 알거나 잘못 예산하여 실패하다.
회(蛔)가 동하다	구미가 당기거나 무엇을 하고 싶은 마음이 생기다.
흘게(가) 늦다	1) 흘게가 조금 풀려 느슨하다. 2) 성격이나 하는 짓이 야무지지 못하다.

콤단문으로 보는 대표 기출

관용 표현 ㉠ ~ ㉣의 의미를 풀이한 것으로 적절하지 않은 것은?

- 그의 회사는 작년에 노사 갈등으로 ㉠홍역을 치렀다.
- 우리 교장 선생님은 교육계에서 ㉡잔뼈가 굵은 분이십니다.
- 유원지로 이어지는 국도에는 차가 밀려 ㉢입추의 여지가 없었다.
- 그분은 세계 유수의 연구자들과 ㉣어깨를 나란히 하는 물리학자이다.

① ㉠ : 심한 어려움을 겪었다
② ㉡ : 오랫동안 일을 하여 그 일에 익숙한
③ ㉢ : 돌아서 갈 수 있는 방법이 없었다
④ ㉣ : 비슷한 지위나 힘을 가지는

[정답풀이] '송곳 끝도 세울 수 없을 정도'라는 뜻으로 발 들여놓을 데가 없을 정도로 많은 사람들이 꽉 들어찬 경우를 이르는 관용구이다.
[오답풀이] ① '(무엇이) 아주 감당하기 어려운 일을 겪다'라는 의미의 관용구이다.
② '오랜 기간 일정한 곳이나 직장에서 일을 하여 그 일에 익숙하다'라는 의미의 관용구이다.
④ '서로 비슷한 지위나 힘을 가지다', '나란히 서거나 나란히 서서 걷다', '같은 목적으로 함께 일하다'라는 의미의 관용구이다.

▶ ③

Chapter 02 亦功 속담

Part 02 어휘

속담과 관련한 문제는 다양한 형태로 출제되고 있으나 속담의 뜻을 알고 있으면 대부분 쉽게 문제를 해결할 수 있다. 속담은 관용어보다는 그 의미를 비교적 쉽게 추론할 수 있으나 뜻을 짐작하기 어려운 것도 있으므로 평소에 따로 암기해 두어야 한다. 속담을 공부할 때는 주제나 소재 면에서 관련성이 있는 것끼리 묶어서 공부하는 것이 기억하기에 좋다.

01 '가난'과 관련된 속담

가난이 소 아들이라	소처럼 죽도록 일해도 가난에서 벗어날 수 없음을 이르는 말
가난한 집 신주 굶듯	가난한 집에서는 산 사람도 배를 곯는 형편이므로 신주까지도 제사 음식을 제대로 받아보지 못하게 된다는 뜻으로, 줄곧 굶기만 한다는 말
가난한 집에 자식이 많다	가난한 집에는 먹고 살아 나갈 걱정이 큰데 자식까지 많다는 뜻으로, 이래저래 부담되는 것이 많음을 이르는 말
가난한 집 제사 돌아오듯	살아가기도 어려운 가난한 집에 제삿날이 자꾸 돌아와서 매우 어려움을 겪는다는 뜻으로, 힘든 일이 자주 닥쳐옴을 이르는 말
가난할수록 기와집 짓는다	1) 가난한 사람이 남에게 업신여김을 당하기 싫어서 허세를 부림. 2) 가난하다고 주저앉는 것이 아니라 어떻게든 잘살아 보려고 용단을 내어 큰일을 벌임.

02 '언행(言行)'과 관련된 속담

말 안하면 귀신도 모른다	마음속으로만 애태울 것이 아니라 시원스럽게 말을 하여야 한다는 말
말 한마디에 천 냥 빚도 갚는다	말만 잘하면 어려운 일이나 불가능해 보이는 일도 해결할 수 있다는 말
말로 온 공을 갚는다	1) 말은 큰 영향을 끼치는 것이니 말할 때는 애써 조심하라는 말 2) 말을 잘하는 사람은 처세에 유리하다는 말
말은 꾸밀 탓으로 간다	같은 내용의 말이라도 하기에 달렸다는 말 = 말은 할 탓이다.
말을 해야 맛이고 고기는 씹어야 맛이다	마땅히 할 말은 해야 한다는 말
말이란 아 해 다르고 어 해 다르다	말이란 같은 내용이라도 표현하는 데 따라서 아주 다르게 들린다는 말
실없는 말이 송사 간다	무심하게 한 말 때문에 큰 소동이 벌어질 수도 있음을 이르는 말
머리는 끝부터 가르고 말은 밑부터 한다	말은 시작부터 요령 있게 하여야 한다는 말

03 '먹는 것'과 관련된 속담

속담	뜻
꿩 구워 먹은 자리	1) 어떠한 일의 흔적이 전혀 없음을 이르는 말 2) 일은 하였으나 뒤에 아무런 결과도 드러나지 아니함을 이르는 말
깻묵에도 씨가 있다	1) 언뜻 보면 없을 듯한 곳에도 자세히 살펴보면 혹 있을 수 있음. 2) 아무리 하찮아 보이는 물건에도 제 속은 있음.
눈치가 빠르면 절에 가도 젓갈을 얻어먹는다	눈치가 있으면 어디를 가도 군색한 일이 없다는 말
달걀에도 뼈가 있다	늘 일이 잘 안되던 사람이 모처럼 좋은 기회를 만났건만, 그 일마저 역시 잘 안됨을 이르는 말
떡 먹은 입 쓸어 치듯	떡을 먹고도 안 먹은 듯 입을 쓸어 내며 시치미를 뚝 뗀다는 말
떡 해 먹을 집안	떡을 하여 고사를 지내야 할 집안이라는 뜻으로, 화합하지 못하고 어려운 일만 계속해서 일어나는 집안을 이르는 말
뚝배기보다 장맛이 좋다	겉모양은 보잘것없으나 내용은 훨씬 훌륭함을 이르는 말
먹는 데는 관발이요 일에는 송곳이라	제 이익이 되는 일 특히 먹는 일에는 남보다 먼저 덤비나, 일할 때는 꽁무니만 뺀다는 말
먹던 술도 떨어진다	늘 하던 숟가락질도 간혹 잘못하여 숟가락을 떨어뜨릴 수 있다는 뜻으로, 매사에 잘 살피고 조심하여서 잘못이 없도록 하라는 말
물에 물 탄 듯 술에 술 탄 듯	1) 주견이나 주책이 없이 말이나 행동이 분명하지 않음. 2) 아무리 가공을 하여도 본바탕은 조금도 변하지 않는 상태
바늘뼈에 두부살	바늘처럼 가는 뼈에 두부같이 힘없는 살이란 뜻으로, 몸이 아주 연약한 사람을 비유적으로 이르는 말
보기 좋은 떡이 먹기도 좋다	1) 내용이 좋으면 겉모양도 반반함을 비유하는 말 2) 겉모양새를 잘 꾸미는 것도 필요함을 비유하는 말
볶은 콩에 싹이 날까	불에다 볶은 콩은 싹이 날 리가 없다는 뜻으로, 아주 가망이 없음을 비유적으로 이르는 말
빛 좋은 개살구	먹음직스러운 빛깔을 띠고 있지만 맛은 없는 개살구라는 뜻으로, 겉만 그럴듯하고 실속이 없음.
석류는 떨어져도 안 떨어지는 유자를 부러워하지 않는다	석류와 유자는 모두 신맛이 나는 열매이지만 석류는 익으면 떨어지고 유자는 안 떨어져 서로 다른 특성을 가지고 있는 데서 누구나 다 저 잘난 멋에 살게 마련이라는 말
설 쇤 무	가을에 뽑아 둔 무가 해를 넘기면 속이 비고 맛이 없다는 뜻으로 한창때가 지나 볼 것이 없게 됨을 이르는 말
소경 머루 먹듯	좋고 나쁜 것을 분별하지 못하고 이것저것 아무것이나 취하는 모양을 비유적으로 이르는 말
소금 먹은 놈이 물켠다	무슨 일이든 거기에는 반드시 그렇게 된 까닭이 있음을 비유적으로 이르는 말
술 익자 체 장수 간다	술이 익어 체로 걸러야 할 때에 마침 체 장수가 지나간다는 뜻으로, 일이 공교롭게 잘 맞아 감.

씻은 배추 줄기 같다	얼굴이 희고 키가 헌칠함을 비유적으로 이르는 말 = 씻어 놓은 흰 죽사발 같다.
우물에 가 숭늉 찾는다	모든 일에는 질서와 차례가 있는 법인데 일의 순서도 모르고 성급하게 덤빔을 비유적으로 이르는 말
우선 먹기는 곶감이 달다	앞일은 생각해 보지도 아니하고 당장 좋은 것만 취하는 경우를 이르는 말
절에 가서 젓국 달라 한다	엉뚱한 짓을 하는 경우를 이르는 말 = 과부 집에 가서 바깥양반 찾기
주인 많은 나그네 밥 굶는다	1) 어떤 일에 관계된 사람이 많으면 서로 믿고 미루다가 결국 일을 그르치게 됨. 2) 무슨 일이든 한 곳으로만 하라는 말
첫술에 배부르랴	어떤 일이든지 단번에 만족할 수는 없다는 말
호박씨 까서 한 입에 털어 넣는다	애써 조금씩 모았다가 한꺼번에 털어 없애는 경우를 이르는 말

콤단문으로 보는 대표 기출

01 '먹다'가 들어간 속담의 의미에 대한 설명으로 옳지 않은 것은? 2019. 국회직 8급

① 꿩 구워 먹은 자리 : 어떠한 일의 흔적이 전혀 없음을 비유적으로 이르는 말
② 소금 먹은 놈이 물켠다 : 무슨 일이든 반드시 그렇게 된 이유가 있다는 말
③ 먹던 술도 떨어진다 : 매사에 조심하여 잘못이 없도록 하라는 말
④ 먹는 데는 관발이요 일에는 송곳이라 : 제 이익이 되는 일, 특히 먹는 일에는 남보다 먼저 덤비나 일할 때는 꽁무니만 뺀다는 말
⑤ 노루 때린 막대기 세 번이나 국 끓여 먹는다 : 어떤 일을 성공하기 위해서는 반복해야 한다는 것을 강조하는 말

정답풀이 '노루 때린 막대기 세 번이나 국 끓여 먹는다'는 조금이라도 이용 가치가 있을까 하여 보잘것없는 것을 두고두고 되풀이하여 이용함을 비유적으로 이르는 말이므로 적절하지 않다.

오답풀이 ① 꿩 구워 먹은 자리 : 어떤 일을 하고도 아무 흔적이 보이지 않음을 일컬음
② 소금 먹은 놈이 물켠다 : 무슨 일이든 거기에는 반드시 그렇게 된 까닭이 있음을 비유적으로 이르는 말.
③ 먹던 술도 떨어진다 : 늘 하던 숟가락질도 잘못하여 간혹 숟가락을 떨어뜨리는 수가 있다는 뜻으로, 무슨 일이든 잘 살피고 조심하여 잘못이 없도록 하라는 말.
④ 먹는 데는 관발이요 일에는 송곳이라 : 제 이익이 되는 일 특히 먹는 일에는 남보다 먼저 덤비나, 일할 때는 꽁무니만 뺀다는 말.

▶ ⑤

02 다음에 제시된 의미와 가장 가까운 속담은? 2016. 지방직 9급

> 가난한 사람이 남에게 업신여김을 당하기 싫어서 허세를 부리려는 심리를 비유적으로 이르는 말

① 가난한 집 신주 굶듯
② 가난한 집에 자식이 많다.
③ 가난할수록 기와집 짓는다.
④ 가난한 집 제사 돌아오듯

정답풀이 가난할수록 기와집 짓는다 : 1) 당장 먹을 것이나 입을 것이 넉넉지 못한 가난한 살림일수록 기와집을 짓는다는 뜻으로, 실상은 가난한 사람이 남에게 업신여김을 당하기 싫어서 허세를 부리려는 심리를 비유적으로 이르는 말. 2) 가난하다고 주저앉고 마는 것이 아니라 어떻게든 잘살아 보려고 용단을 내어 큰일을 벌인다는 말.

오답풀이 ① 가난한 집 신주 굶듯 : 가난한 집에서는 산 사람도 배를 곯는 형편이므로 신주까지도 제사 음식을 제대로 받아 보지 못하게 된다는 뜻으로, 줄곧 굶기만 한다는 말.
② 가난한 집에 자식이 많다 : 가난한 집에는 먹고 살아 나갈 걱정이 큰데 자식까지 많다는 뜻으로, 이래저래 부담되는 것이 많음을 이르는 말
④ 가난한 집 제사 돌아오듯 : 제사 지낼 형편이 안될 정도로 경제적 여유가 안되는 가난한 집안에서도 때가 되면 제사를 치러야 하는 것처럼 괴롭고 견디기 힘든 일이 자꾸 닥친다는 의미

▶ ③

04 '개(犬)'와 관련된 속담

개같이 벌어서 정승같이 쓴다	돈을 벌 때는 천한 일이라도 하면서 벌고 쓸 때는 떳떳하고 보람 있게 씀을 이르는 말
개 꼬리 삼 년 묵어도 황모 되지 않는다	아무리 마음에 들어도 이용할 수 없거나 차지할 수 없는 경우를 이르는 말
개 발에 (주석) 편자	옷차림이나 지닌 물건 따위가 제격에 맞지 아니하여 어울리지 않음을 이르는 말
개똥도 약에 쓰려면 없다	평소에 흔하던 것도 막상 긴하게 쓰려고 구하면 없다는 말 = 까마귀 똥도 약에 쓰려면 오백 냥이라.
개밥에 도토리	개는 밥 속의 도토리를 먹지 않고 남긴다는 뜻에서, 따돌림을 받아서 여럿의 축에 끼지 못하는 사람을 이르는 말
닭 쫓던 개 지붕 쳐다보듯	애써 하던 일이 실패로 돌아가거나 남보다 뒤떨어져 어찌할 도리가 없이 됨을 비유적으로 이르는 말
젖 떨어진 강아지 같다	젖 뗀 강아지가 어미젖이 그리워 짖듯이, 몹시 보챔을 이르는 말
하룻강아지 범 무서운 줄 모른다	철없이 함부로 덤비는 경우를 비유적으로 이르는 말

05 '동물'과 관련된 속담

갈치가 갈치 꼬리 문다	동류(同類)나 친척 간에 서로 싸움을 비유적으로 이르는 말
개천에 든 소	개천 양편에 우거진 풀을 다 먹을 수 있는 소라는 뜻으로, 이리하거나 저리하거나 풍족한 형편에 놓인 사람 또는 그런 형편을 비유적으로 이르는 말
게도 구멍이 크면 죽는다	분수에 지나치면 도리어 화를 당하게 된다는 말
고양이 쥐 생각	속으로는 해칠 마음을 품고 있으면서, 겉으로는 생각해 주는 척함을 비유적으로 이르는 말
고양이 목에 방울 달기	실행하기 어려운 것을 공연히 의논함을 이르는 말
곰이라 발바닥을 핥으랴	먹을 것이라고는 전혀 없어 굶주림을 면하기 어려울 때를 이르는 말
구운 게도 다리를 떼고 [매놓고] 먹는다	1) 만일의 경우를 생각하여 세심한 주의를 기울여야 낭패가 없음. 2) 겁이 지나치게 많은 사람을 놀림조로 이르는 말
까마귀 미역 감듯 [목욕하듯]	1) 까마귀는 미역을 감아도 그냥 검다는 데서, 일한 자취나 보람이 드러나지 않음을 비유적으로 이르는 말 2) 일을 처리함에 있어 세밀하지 못하고 거친 것을 비유적으로 이르는 말
노루 때린 막대기 세 번이나 국 끓여 먹는다	조금이라도 이용 가치가 있을까 하여 보잘것없는 것을 두고두고 되풀이하여 이용함을 비유적으로 이르는 말
눈 먹던 토끼 얼음 먹던 토끼가 제각각	사람은 자기가 겪어 온 환경에 따라서 그 능력이 다르고 생각이 다름을 비유적으로 이르는 말

속담	뜻
눈먼 말 워낭 소리 따라 간다	무식한 사람이 남이 일러 준 대로 무비판적으로 따라한다는 말
독을 보아 쥐를 못 친다	무엇을 처리하여 없애야 하나 오히려 자기에게 손해가 생길까 두려워서 이러지도 저러지도 못하고 내버려 둠.
무는 호랑이는 뿔이 없다	한 사람이 여러 가지 재주나 복을 다 가질 수 없다는 말
물 건너온 범	한풀 꺾인 사람을 비유적으로 이르는 말
빈대 잡으려고 초가삼간 태운다	손해를 크게 볼 것을 생각지 아니하고 자기에게 마땅치 아니한 것을 없애려고 그저 덤비기만 하는 경우 = 빈대 미워 집에 불 놓는다.
서리 맞은 구렁이	1) 행동이 굼뜨고 힘이 없는 사람 2) 세력이 다하여 모든 희망이 좌절된 사람
소 잃고 외양간 고친다	소를 도둑맞은 다음에서야 빈 외양간의 허물어진 데를 고치느라 수선을 떤다는 뜻으로, 일이 이미 잘못된 뒤에는 손을 써도 소용이 없음을 비유적으로 이르는 말
송충이가 갈잎을 먹으면 죽는다 [떨어진다]	솔잎만 먹고 사는 송충이가 갈잎을 먹게 되면 죽게 된다는 뜻으로, 자기 분수에 맞지 않는 짓을 하다가는 낭패를 봄을 이르는 말
식혜 먹은 고양이 속	죄를 짓고 그것이 탄로 날까 봐 근심하는 마음을 비유적으로 이르는 말
식혜 먹은 고양이[괴] 상	잔뜩 찌푸려서 추하게 생긴 얼굴을 비유적으로 이르는 말
오뉴월 닭이 여북해서 지붕을 허비랴	낟알이 귀한 여름에 배곯은 닭이 모이를 찾아 지붕을 올라간다는 뜻으로, 아쉬운 때에 행여나 하고 무엇을 구함을 이르는 말
재미난 골에 범 난다	1) 편하고 재미있다고 위험한 일이나 나쁜 일을 계속하면 나중에는 큰 화를 당하게 됨. 2) 지나치게 재미있으면 그 끝에 가서는 좋지 않은 일이 생김. = 오래 앉으면 새도 살을 맞는다.
쥐구멍으로 소 몰려 한다	도저히 되지 아니할 일을 억지로 하려고 함을 비꼬는 말
키 큰 암소[염소] 똥 누듯	1) 일을 쉽게 함. 2) 하는 짓이 어설프게 보임.
토끼 덫에 여우 걸린다	처음 계획했던 것보다 의외로 더 큰 이익을 얻게 된다는 말
하룻망아지 서울 다녀오듯	보기는 보았으나 무엇을 보았는지 어떻게 된 내용인지 모르는 경우를 비유적으로 이르는 말
호랑이 없는 골에 토끼가 왕 노릇 한다	뛰어난 사람이 없는 곳에서 보잘것없는 사람이 득세함을 비유적으로 이르는 말

06 '바람'과 관련된 속담

가지 많은 나무 바람 잘 날이 없다	자식을 많이 둔 어버이에게는 근심, 걱정이 끊일 날이 없음을 이르는 말
동풍 닷 냥이다	난봉이 나서 돈을 함부로 날려 버림을 조롱하는 말
동풍 맞은 익모초	무슨 일인지 알지도 못하면서 부화뇌동한다는 말 cf 부화뇌동: 줏대없이 남의 의견에 따라 움직임.
동풍 안개 속에 수수 잎 꼬이듯	심술이 사납고 마음이 토라진 사람을 비유적으로 이르는 말
마파람에 게 눈 감추듯	음식을 매우 빨리 먹어 버리는 모습을 비유적으로 이르는 말
바람세가 좋아야 돛을 단다	바람이 꽤 기세 있게 불어야 돛을 단다는 뜻으로, 조건이 알맞아야 일을 벌이게 됨을 비유적으로 이르는 말

07 '자연물'과 관련된 속담

가물에 돌 친다 = 가뭄	물이 없는 가뭄에 도랑을 미리 치워서 물길을 낸다는 뜻으로, 무슨 일이든지 사전에 미리 준비를 해야 함을 이르는 말
감나무 밑에 누워도 삿갓 미사리를 대어라	의당 자기에게 올 기회나 이익이라도 그것을 놓치지 않으려는 노력이 필요함을 이르는 말
강물이 돌을 굴리지 못한다	강물이 아무리 흘러도 돌을 굴리지는 못한다는 뜻으로, 세태에 흔들리지 아니하고 지조 있게 꿋꿋이 행동함을 이르는 말
굽은 나무가 선산을 지킨다	쓸모없어 보이는 것이 도리어 제구실을 하게 됨을 비유적으로 이르는 말
꽃이 시들면 오던 나비도 안 온다	사람이 세도가 좋을 때는 늘 찾아오다가 그 처지가 보잘것없게 되면 찾아오지 아니한다는 말
낙숫물이 댓돌을 뚫는다	작은 힘이라도 꾸준히 계속하면 큰일을 이룰 수 있음을 비유적으로 이르는 말
달도 차면 기운다	1) 세상의 온갖 것이 한번 번성하면 다시 쇠하기 마련이라는 말 2) 행운이 언제까지나 계속되는 것은 아님을 비유적으로 이르는 말
마디가 있어야 새순이 난다	마디는 새순이 나는 곳으로, 마디가 있어야 나무가 성장할 수 있듯이 어떤 계기나 역경이 있어야 좋은 결과가 생긴다는 말
마당 벌어진 데 웬 솔뿌리 걱정	마당이 벌어졌는데 그릇이 터졌을 때 필요한 솔뿌리를 걱정한다는 뜻으로, 당치도 아니한 것으로 사건을 수습하려 하는 어리석음을 비웃는 말
마른 나무를 태우면 생나무도 탄다	안 되는 일도 대세를 타면 잘될 수 있음을 비유적으로 이르는 말

물도 가다 구비를 친다	사람의 한평생에는 전환기가 있기 마련이라는 말
솔밭에 가서 고기 낚기	물에서 사는 물고기를 산에서 구한다는 뜻으로 도저히 불가능한 일을 하려고 애쓰는 어리석음을 비유적으로 이르는 말
수양산 그늘이 강동 팔십 리를 간다	어떤 한 사람이 크게 되면 친척이나 친구들까지 그 덕을 입게 됨을 비유적으로 이르는 말
열흘 붉은 꽃이 없다	부귀영화란 일시적인 것이어서 그 한때가 지나면 그만이라는 말 = 봄꽃도 한때

08 '계절'과 관련된 속담

눈 온 뒤에는 거지가 빨래를 한다	눈이 온 다음 날은 거지가 입고 있던 옷을 벗어 빨아 입을 만큼 따스하다는 말
대한이 소한의 집에 가서 얼어 죽는다	글자 뜻으로만 보면 대한이 소한보다 추워야 할 것이나 사실은 소한 무렵이 더 추운 것을 비유적으로 이르는 말
서리 맞은 구렁이	1) 행동이 굼뜨고 힘이 없는 사람을 비유적으로 이르는 말 2) 세력이 다하여 모든 희망이 좌절된 사람을 비유적으로 이르는 말
양반은 얼어 죽어도 겻불은 안 쬔다	아무리 궁하거나 다급한 경우라도 체면을 깎는 짓은 하지 아니한다는 말
언 발에 오줌 누기	임시변통은 될지 모르나 그 효력이 오래가지 못할 뿐만 아니라 결국에는 사태가 더 나빠짐.
여름 겻불도 쬐다 나면 섭섭하다	오랫동안 해 오던 일을 그만두기는 퍽 어렵다는 말
오뉴월 소나기는 쇠등을 두고 다툰다	여름의 소나기는 국지성이 매우 강하므로 소의 등을 경계로 한쪽에는 내리고 다른 한쪽에는 내리지 아니할 수도 있다는 뜻으로, 여름 소나기는 가까운 거리에서도 오는 수가 있고 안오는 수가 있다는 말

콤단문 으로 보는 대표 기출

01 '권력의 무상함'을 나타내는 속담으로 가장 옳지 않은 것은? 2018. 서울시 9급

① 달도 차면 기운다.
② 열흘 붉은 꽃이 없다.
③ 물도 가다 구비를 친다.
④ 꽃이 시들면 오던 나비도 안 온다.

정답풀이) '물도 가다 구비를 친다.'는 속담은 사람의 한평생에는 전환기가 있기 마련이라는 말이다.

오답풀이) ① 달도 차면 기운다 : 1) 세상의 온갖 것이 한번 번성하면 다시 쇠하기 마련이라는 말 2) 행운이 언제까지나 계속되는 것은 아니라는 말
② 열흘 붉은 꽃이 없다 : 부귀영화란 일시적인 것이어서 그 한때가 지나면 그만이라는 말 = 봄꽃도 한때
④ 꽃이 시들면 오던 나비도 안 온다 : 사람이 세도가 좋을 때는 늘 찾아오다가 그 처지가 보잘것없게 되면 찾아오지 아니한다는 말

▶ ③

02 다음 중 속담의 뜻풀이로 적절하지 않은 것은? 2017. 경찰 1차

① 소경 머루 먹듯 : 좋고 나쁜 것을 분별하지 못하고 아무것이나 취함.
② 재미난 골에 범 난다 : 즐거운 일을 찾아 계속하다 보면 큰 인물이 될 수 있음.
③ 깻묵에도 씨가 있다 : 아무리 하찮아 보이는 물건에도 제 속은 있음.
④ 가물에 돌 친다 : 가물에 도랑을 미리 치워 물길을 낸다는 뜻으로 사전에 미리 준비해야 함.

정답풀이) 재미난 골에 범 난다 : 1) 편하고 재미있다고 위험한 일이나 나쁜 일을 계속하면 나중에는 큰 화를 당하게 됨을 이르는 말 2) 지나치게 재미있으면 그 끝에 가서는 좋지 않은 일이 생김을 이르는 말

▶ ②

09 나머지

속담	뜻
가는 날이 장날	일을 보러 가니 장이 서는 날이라는 뜻으로, 어떤 일을 하려고 하는데 뜻하지 않은 일을 공교롭게 당함.
갓 쓰고 나가자 파장된다	1) 몹시 행동이 굼뜸을 비유적으로 이르는 말 2) 게으르면 무슨 일이나 성공하기 어렵다는 말
곤장을 메고 매 맞으러 간다	공연한 일을 하여 스스로 화를 자초함을 비유적으로 이르는 말
공든 탑이 무너지랴	공들여 쌓은 탑은 무너질 리 없다는 뜻으로, 힘을 다하고 정성을 다하여 한 일은 그 결과가 반드시 헛되지 아니함을 비유적으로 이르는 말
기둥 치면 들보가 운다	1) 직접 맞대고 탓하지 않고 간접적으로 넌지시 말을 하여도 알아들을 수가 있음. 2) 주(主)가 되는 대상을 탓하거나 또는 그 대상에 일격을 가하면 그와 관련된 대상들이 자연히 영향을 입게 됨.
내 코가 석 자다	내 사정이 급하고 어려워서 남을 돌볼 여유가 없음을 비유적으로 이르는 말
내가 부를 노래를 사돈집에서 부른다	자기가 하려고 하는 말이나 마땅히 할 말을 도리어 남이 함을 비유적으로 이르는 말
동냥은 못 줘도 쪽박은 깨지 마라	남을 도와주지는 못할망정 방해는 하지 말라는 말
뒤웅박 차고 바람 잡는다	맹랑하고 허황된 짓을 하는 사람을 비유적으로 이르는 말
등치고 간 내먹다	겉으로는 위하여 주는 체하면서 속으로는 해를 끼친다는 말
때리는 시늉하면 우는 시늉을 한다	서로 손발이 잘 맞는다는 말
망건 쓰고 세수한다	세수를 하고 머리를 빗고 그 다음에 망건을 쓰는 법인데 망건을 먼저 쓰고 세수를 한다는 뜻으로, 일의 순서를 바꾸어 함을 놀림조로 이르는 말
매를 맞아도 은가락지 낀 손에 맞는 것이 좋다	이왕 꾸지람을 듣거나 벌을 받을 바에는 권위 있고 덕망 있는 사람에게 당하는 것이 낫다는 말
밑 빠진 독에 물 붓기	밑 빠진 독에 아무리 물을 부어도 독이 채워질 수 없다는 뜻으로, 아무리 힘이나 밑천을 들여도 보람 없이 헛된 일이 되는 상태를 이르는 말
바늘허리 실 매어 못 쓴다	아무리 급해도 일에는 일정한 순서와 절차가 있다는 말
벙어리 재판	말 못 하는 벙어리를 대상으로 재판을 한다는 뜻으로, 옳고 그름을 판단하기 매우 어렵거나 곤란한 경우를 비유적으로 이르는 말

비단옷 입고 밤길 걷기	생색이 나지 않는 공연한 일에 애쓰고도 보람이 없는 경우를 비유적으로 이르는 말
빛 좋은 개살구	겉보기에는 먹음직스러운 빛깔을 띠고 있지만 맛은 없는 개살구라는 뜻으로, 겉만 그럴듯하고 실속이 없는 경우를 비유적으로 이르는 말
선무당이 장구만 나무란다	자기 기술이나 능력이 부족한 것은 생각하지 않고 애매한 도구나 조건만 가지고 나쁘다고 탓함을 비꼬는 말
섣달이 둘[열아홉]이라도 시원치 않다	섣달이 아무리 많아도 모자란다는 뜻으로, 시일을 아무리 늦추어도 일의 성공을 기약하기 어려움.
소경이 개천 나무란다	자기의 과실은 생각지 않고 상대만 원망한다는 말
아닌 보살 하다	시치미를 떼고 모르는 척한다는 말
앞집 처녀 믿다가 장가 못 간다	남은 생각지도 않는데 자기 혼자 지레짐작으로 믿고만 있다가 낭패를 보게 됨을 비유적으로 이르는 말
양지가 음지 되고 음지가 양지 된다	운이 나쁜 사람도 좋은 수를 만날 수 있고, 운이 좋은 사람도 늘 좋기만 한 것이 아니라 어려운 시기가 있다는 말로, 세상사는 늘 돌고 돈다는 말
외손뼉이 못 울고 한 다리로 가지 못한다	일은 상대가 같이 응하여야지 혼자서만 해서는 잘되는 것이 아님을 비유적으로 이르는 말 = 외손뼉이 소리 날까.
원님 덕에 나팔 분다	남의 덕으로 당치도 아니한 행세를 하게 되거나 그런 대접을 받고 우쭐대는 모양을 비유적으로 이르는 말
인정은 바리로 싣고 진상은 꼬치로 꿴다	1) 임금에게 바치는 물건보다 관원에게 보내는 뇌물이 많다는 뜻으로, 자신과 이해관계에 있는 일에 더 마음을 쓰게 됨. 2) 뇌물을 받는 아래 벼슬아치들의 권세가 더 큼.
자식 죽는 건 봐도 곡식 타는 건 못 본다	농부들이 농사짓는 일에 온 정성을 다함을 이르는 말
죽은 자식 나이 세기	이왕 그릇된 일을 자꾸 생각하여 보아야 소용없다는 말
절에 간 색시	1) 남이 시키는 대로 따라 하는 사람을 이르는 말 2) 아무리 싫어도 남이 시키는 대로 따라 하지 아니할 수 없는 처지에 있는 사람을 이르는 말
철나자 망령 난다	1) 지각없이 굴던 사람이 정신을 차릴 만하니까 망령이 들어 일을 그르치게 됨. 2) 무슨 일이든 때를 놓치지 말고 제때에 힘쓰라는 말 3) 나이 먹은 사람이 몰상식한 짓을 함.
첫술에 배부르랴	어떤 일이든지 단번에 만족할 수는 없다는 말
털을 뽑아 신을 삼겠다	자신의 온 정성을 다하여 은혜를 꼭 갚겠다는 말
칼날이 날카로워도 제 자루 못 깎는다	1) 자신이 관계된 일은 자신이 하기가 더 어려움. 2) 자신의 허물은 자기가 고치기 어려움.
포도청의 문고리 빼겠다	대담하고 겁이 없는 사람의 행동을 비유적으로 이르는 말

콤단문 으로 보는 대표 기출

01 '欲速則不達, 見小利則大事不成'과 뜻이 가장 잘 통하는 속담은? 2019. 서울시 7급

① 첫술에 배부르랴.
② 내 코가 석 자다.
③ 공든 탑이 무너지랴.
④ 바늘허리 실 매어 못 쓴다.

[정답풀이] 欲速則不達, 見小利則大事不成(욕속즉부달, 견소리즉대사불성) : 빨리 하고자 하면 도달하지 못하고, 작은 이익을 보려 하면 큰 일이 이루어지지 않는다. - ≪논어≫
• 바늘허리 실 매어 못 쓴다 : 아무리 급해도 일에는 일정한 순서와 절차가 있다는 말

[오답풀이] ① 첫술에 배부르랴 : 어떤 일이든지 단번에 만족할 수는 없다는 말
② 내 코가 석 자다 : 내 사정이 급하고 어려워서 남을 돌볼 여유가 없음을 비유적으로 이르는 말
③ 공든 탑이 무너지랴 : 공들여 쌓은 탑은 무너질 리 없다는 뜻으로, 힘을 다하고 정성을 다하여 한 일은 그 결과가 반드시 헛되지 아니함을 비유적으로 이르는 말

▶ ④

02 다음 중 속담의 뜻풀이로 적절하지 않은 것은? 2016. 경찰 2차

① 기둥 치면 들보가 운다 : 전혀 관계가 없는 일에 억울하게 배상을 하게 된다.
② 게도 구멍이 크면 죽는다 : 분수에 지나치면 도리어 화를 당하게 된다.
③ 토끼 덫에 여우 걸린다 : 처음 계획했던 것보다 의외로 더 큰 이익을 얻게 된다.
④ 소경이 개천 나무란다 : 자기의 과실은 생각지 않고 상대만 원망한다.

[정답풀이] 기둥 치면 들보가 운다 : 1) 직접 맞대고 탓하지 않고 간접적으로 넌지시 말을 하여도 알아들을 수가 있음을 비유적으로 이르는 말 2) 주(主)가 되는 대상을 탓하거나 또는 그 대상에 일격을 가하거나 하면 그와 관련된 대상들이 자연히 영향을 입게 됨을 비유적으로 이르는 말

▶ ①

03 다음 문장과 관련된 속담으로 가장 적절한 것은? 2014. 지방직 9급

> 그 동네에 있는 레스토랑의 음식은 보기와는 달리 너무 맛이 없었어.

① 보기 좋은 떡이 먹기도 좋다.
② 볶은 콩에 싹이 날까?
③ 빛 좋은 개살구
④ 뚝배기보다 장맛이 좋다.

정답풀이) 식당의 음식이 '보기와는 달리' 맛이 없다고 했기 때문에, 겉으로 드러나는 것은 훌륭한데 실제는 실망스럽다는 의미의 ③ '빛 좋은 개살구'와 부합한다.

오답풀이) ① 보기 좋은 떡이 먹기도 좋다 : 1) 내용이 좋으면 겉모양도 반반함을 비유적으로 이르는 말 2) 겉모양새를 잘 꾸미는 것도 필요함을 비유적으로 이르는 말
② 볶은 콩에 싹이 날까 : 아주 가망이 없음을 비유적으로 이르는 말
④ 뚝배기보다 장맛이 좋다 : 겉모양은 보잘것없으나 내용은 훨씬 훌륭함을 이르는 말

▶ ③

Part 02 어휘

Chapter 03 亦功 고유어

1 주제별 고유어

01 '의(衣)·식(食)·주(住)' 관련 단위 명사

의	
	벌 – 옷이나 그릇 따위가 두 개 또는 여러 개 모여 갖추는 덩어리
	죽 – 옷, 그릇 따위의 열 벌을 묶어 세는 단위. 버선 10장 또는 옷 10벌
	켤레 – 신, 버선, 방망이 따위의 둘을 한 벌로 세는 단위
	쌈 – 1) 바늘을 묶어 세는 단위. 한 쌈은 바늘 24개
	2) 금의 무게를 나타내는 단위. 한 쌈은 금100냥쭝
	가마 – 갈모나 쌈지 같은 것을 셀 때 100개를 이르는 말

식	
	손 – 1) 조기·고등어 따위의 생선 2마리
	2) 배추는 2통, 미나리·파 따위는 한 줌씩을 이름.
	갓 – 1) 비웃, 굴비 따위의 10마리
	2) 고사리, 고비 따위의 10모숨
	뭇 – 생선 10마리나 미역 10장, 또는 자반 10개를 이르는 단위
	두름 – 1) 조기, 청어 따위의 생선을 10마리씩 두 줄로 묶은 20마리
	2) 산나물을 10모숨쯤 묶은 것
	쾌 – 1) 북어를 묶어 세는 단위. 한 쾌는 북어 20마리
	2) 엽전을 묶어 세던 단위. 한 쾌는 엽전 10냥
	축 – 말린 오징어 20마리를 이르는 말
	톳 – 김 100장씩을 한 묶음으로 세는 단위
	꾸러미 – 달걀 10개를 꾸리어 싼 것, 또는 꾸리어 싼 것을 세는 단위
	판 – 달걀 30개, 또는 승부를 겨루는 일을 세는 단위
	거리 – 오이, 가지 따위의 50개를 이르는 단위
	접 – 과일, 무, 배추, 마늘 따위의 100개를 이르는 말
	채 – 가공하지 아니한 인삼을 묶어 세는 단위. 한 채는 인삼 100근
	제 – 한약의 분량을 나타내는 단위. 한 제는 탕약 20첩
	가리 – 곡식이나 장작 따위의 더미를 세는 단위. 한 가리는 20단
	담불 – 벼 100섬을 단위로 이르는 말

주	
	강다리 – 쪼갠 장작 100개비를 한 단위로 이르는 말
	우리 – 기와 2,000장을 이르는 말

02 나이

나이	나이를 나타내는 말
10세	충년(沖年) : 열 살 안팎의 어린 나이
15세	지학(志學) : 열다섯 살을 달리 이르는 말 » 공자가 열다섯 살에 학문에 뜻을 두었다고 한 데서 유래한다.
20세	• 약관(弱冠) : 스무 살을 달리 이르는 말 → 남자 20세 » 공자가 스무 살에 관례를 한다고 한 데서 유래한다. • 방년(芳年) : 이십 세 전후의 한창 젊은 꽃다운 나이 → 여자 20세
30세	이립(而立) : 서른 살을 달리 이르는 말 » 공자가 서른 살에 자립했다고 한 데서 유래한다.
40세	불혹(不惑) : 마흔 살을 달리 이르는 말 » 공자가 마흔 살부터 세상일에 미혹되지 않았다고 한데서 유래한다.
41세	망오(望五) : 쉰을 바라본다는 뜻으로, 나이 마흔하나를 이르는 말
50세	지천명(知天命) : 쉰 살을 달리 이르는 말 » 공자가 쉰 살에 하늘의 뜻을 알았다고 한 데서 유래한다.
60세	이순(耳順) : 예순 살을 달리 이르는 말 » 공자가 예순 살부터 생각하는 것이 원만하여 어떤 일을 들으면 곧 이해가 된다고 한 데서 유래한다.
61세	환갑(還甲)[= 화갑(華甲)◆/회갑(回甲)] : 육십갑자의 '갑(甲)'으로 되돌아온다는 뜻으로, 예순한 살을 이르는 말
62세	진갑(進甲) : 환갑의 이듬해. 또는 그해의 생일
70세	• 종심(從心) : 일흔 살을 달리 이르는 말 » 칠십이 되면 하고 싶은 대로 하여도 법도를 어기지 않는다는 의미가 있다. • 고희(古稀) : 고래(古來)로 드문 나이란 뜻으로, 일흔 살을 이르는 말 = 희수(稀壽)
77세	희수(喜壽) : 나이 일흔일곱 살을 달리 이르는 말. 기쁜 나이
88세	미수(米壽) : 여든여덟 살을 달리 이르는 말 » '미(米)' 자를 분해하면 팔십팔(八十八)이 되는 것에서 유래한다.
99세	백수(白壽) : 아흔아홉 살 » '百'에서 '一'을 빼면 99가 되고 '白' 자가 되는 데서 유래한다.
100세	기이지수(期頤之壽) : 백 살의 나이. 또는 그 나이의 사람 » '기(期)'는 사람의 수명은 100년을 1기(期)로 함을 의미하고, '이(頤)[= 양(養)]'는 몸이 늙어 다른 사람에게 의탁함을 뜻한다.

콤단문으로 보는 대표 기출

01 괄호에 들어갈 숫자의 합은? 2017. 지방직 9급

- 쌈 : 바늘 ( )개를 묶어 세는 단위
- 제(劑) : 한약의 분량을 나타내는 단위. 한 제는 탕약(湯藥) ( )첩
- 거리 : 한 거리는 오이나 가지 ( )개

① 80　　　　② 82　　　　③ 90　　　　④ 94

정답풀이) '쌈'은 바늘을 묶어 세는 단위. 한 쌈은 바늘 스물네 개를 의미한다.
'제'는 한약의 분량을 나타내는 단위로 한 제는 탕약(湯藥) 스무 첩을 의미한다.
'거리'는 오이나 가지 따위를 묶어 세는 단위로 한 거리는 오이나 가지 오십 개이므로 모두 합하면 94이다. 24 + 20 + 50 = 94

▶ ④

02 다음 밑줄 친 부분 중 물건을 세는 단위가 옳지 않은 것은? 2015. 국회직 9급

① 여기요, 접시 두 죽만 주세요.
② 이 북어 한 쾌는 얼마입니까?
③ 어이구, 장작을 세 우리나 팼네.
④ 올해는 마늘 한 접이 얼마일까?
⑤ 삼치 한 뭇 값이 올랐네.

정답풀이) '우리'는 기와를 세는 단위. 한 우리는 기와 2천 장을 의미한다. '강다리'는 쪼갠 장작을 묶어 세는 단위. 한 강다리는 쪼갠 장작 백 개비를 의미한다. 그러므로 장작을 '우리'라고 하면 옳지 않다.

오답풀이) ① '접시 두 죽'에서 '죽'은 옷, 그릇 따위의 열 벌을 묶어 이르는 말이다.
② '북어 한 쾌'에서 '쾌'는 북어를 묶어 세는 단위. 한 쾌는 북어 스무 마리를 이른다.
④ '마늘 한 접'에서 '접'은 채소나 과일 따위를 묶어 세는 단위. 한 접은 채소나 과일 백 개를 이른다.
⑤ '삼치 한 뭇'에서 '뭇'은 생선을 묶어 세는 단위. 한 뭇은 생선 열 마리를 이른다.

▶ ③

2 나올 가능성이 있는 최소의 고유어

1. 가을갈이: 다음 해의 농사에 대비하여, 가을에 논밭을 미리 갈아 두는 일
2. 말곁: 남이 말하는 곁에서 덩달아 참견하는 말
3. 밀뜨리다: 갑자기 힘 있게 밀어 버리다.
4. 수사돈: 사위 쪽의 사돈
5. 아서, 아서라 앗아, 앗아라: 하지 말라고 금지하는 말
6. 봉죽: 일을 주장하는 사람을 곁에서 도와줌.
7. 끄나풀: 1) 길지 않은 끈의 나부랭이. 2) 남의 앞잡이 노릇을 하는 사람.
8. 뻗정다리: 구부렸다 폈다 하지 못하고 늘 뻗어 있는 다리. 또는 그런 다리를 가진 사람
9. 미장이: 건축 공사에서 벽이나 천장, 바닥 따위에 흙, 회, 시멘트 따위를 바르는 일을 직업으로 하는 사람
10. 강퍅하다: 성미가 까다롭고 고집이 세다.
11. 퍅하다: 성질이 좁고 비꼬여 걸핏하면 성을 내고 뾰로통하다.
12. 퍅성: 너그럽지 못하고 까다로워 걸핏하면 화를 내는 성질.
13. 시러베아들: 실없는 사람을 낮잡아 이르는 말
14. 보퉁이: 보자기
15. 튀기: 1) 혈통이 다른 종족 사이에서 태어난 아이. 혼혈아. 잡종아(兒).
    2) 종이 다른 두 동물 사이에서 난 새끼. 잡종.
    3) 수탕나귀와 암소 사이에서 난 짐승.
16. 주추: 기둥 밑에 괴는 돌 따위
17. 웃국: 간장이나 술 따위를 담가서 익힌 뒤에 맨 처음에 떠낸 진한 국
18. 웃기: 떡, 포, 과일 따위를 괸 위에 모양을 내기 위하여 얹는 재료
19. 웃비: 아직 우기(雨氣)는 있으나 좍좍 내리다가 그친 비
20. 내왕꾼: 절에서 심부름하는 일반 사람[속인(俗人)]
21. 퇴박맞다: 마음에 들지 아니하여 거절당하거나 물리침을 받다.
22. 한통치다: 나누지 아니하고 한곳에 합치다.
23. 거든그리다: 거든하게(후련하게, 가볍게) 거두어 싸다.
24. 구어박다: 사람이 한곳에서만 지내다.
25. 반빗아치: 예전에, 반찬을 만드는 일을 맡아 하던 여자 하인.
26. 본새: 어떤 물건의 본디의 생김새 / 어떠한 동작이나 버릇의 됨됨이
27. 천정부지: 천정을 모른다는 뜻으로, 물가 따위가 한없이 오르기만 함을 이르는 말
28. 오금팽이: 구부러진 물건에서 오목하게 굽은 자리의 안쪽. 오금을 낮잡아 이르는 말
29. 흉업다: 말이나 행동 따위가 불쾌할 정도로 흉하다.
30. 교기(=갸기): 교만한 태도
31. 난봉: 허랑방탕한 짓. 허랑방탕한 짓을 일삼는 사람(=난봉꾼)
32. 꼭지미역: 한 줌 안에 들어올 만큼을 모아서 잡아맨 미역
33. 떡암죽: 말린 횐무리(=시루떡)를 빻아 묽게 쑨 죽(볍씨를 심기 전에 마른갈이를 함)
34. 마른갈이: 마른논에 물을 넣지 않고 논을 가는 일
35. 밥소라: 밥, 떡국, 국수 따위를 담는 큰 놋그릇
36. 움파: 움 속에서 자란, 빛이 누런 파
37. 조-당수(미음): 좁쌀을 물에 불린 다음 갈아서 묽게 쑨 음식

38. 고봉(高捧)-밥: 그릇 위로 수북하게 높이 담은 밥
39. 마방(馬房)-집: 말을 두고 삯짐 싣는 일을 업으로 하는 집
40. 면구(面灸)-스럽다: 민망하다
41. 방(房)고래: 방의 구들장(바닥) 밑으로 나 있는, 불길과 연기가 통하여 나가는 길
42. 심돋우개: 등잔의 심지를 돋우는 쇠꼬챙이
43. 어질병(病): 정신이 어지럽고 혼미해지는 병
44. 윤달: 윤년에 드는 달. 달력의 계절과 실제 계절과의 차이를 조절하기 위하여, 1년 중의 달수가 어느 해보다 많은 달을 이른다.
45. 장력(壯力)-세다: 씩씩하고 굳세어 무서움을 타지 아니하다.
46. 제석(祭席): 제사를 지낼 때 까는 돗자리
47. 수삼(水蔘): 말리지 않은 인삼.
48. 생인손: 손가락 끝에 나는 종기.
49. 골목쟁이: 골목에서 좀 더 깊숙이 들어간 좁은 곳
50. 괴통: 자루를 박는 부분
51. 군표: 전쟁 지역이나 점령지에서 쓰는 긴급 통화
52. 납도리: 모가 나게 만든 도리(목조 건물의 골격이 되는 재료)
53. 농지거리: 점잖지 않게 마구 하는 농담.
54. 다사스럽다: 1) 쓸데없는 일에 간섭하기를 좋아하다. 2) 바쁜 데가 있다.
55. 마뜩잖다: 마음에 들 만하지 아니하다. ↔ 마뜩하다
56. 뒤져-내다: 샅샅이 뒤져서 들춰내거나 찾아내다.
57. 떡-보: 떡을 남달리 잘 먹는 사람.
58. 며느리-발톱: 사람의 새끼발톱 뒤에 덧달린 작은 발톱
59. 버젓이: 버젓하게.
60. 빙충이: 똘똘하지 못하고 어리석으며 수줍음을 잘 타는 사람
61. 새앙손이: 손가락 모양이 생강처럼 생긴 사람
62. 쌍동밤: 한 톨 안에 두 쪽이 들어 있는 밤.
63. 안다미-씌우다: 제가 담당할 책임을 남에게 넘기다.
64. 가는-허리/잔-허리: 잘록 들어간, 허리의 뒷부분.
65. 거위-배/횟-배: 회충으로 인한 배앓이
66. 교정보다/준보다: 인쇄물의 오자·배열·색 따위를 바로잡다
67. 구들-재/구재: 방고래에 앉은 그을음과 재
68. 깃저고리/배내옷/배냇저고리: 깃과 섶을 달지 않은, 갓난아이의 저고리
69. 꼬까/때때/고까: 어린아이의 말로, 알록달록하게 곱게 만든 아이의 옷이나 신발 따위를 이르는 말.
70. 다기-지다/다기-차다: 마음이 굳고 야무지다.
 ♦ 다기(多氣): 여간한 일에는 두려움이 없이 마음이 단단함.
71. 닭의-장/닭-장: 닭을 가두어 두는 집
72. 독장-치다/독판-치다: 어떠한 판을 혼자서 휩쓸다.
73. 돼지감자/뚱딴지: 국화과의 여러해살이풀. 땅속줄기는 감자 모양이고 줄기에는 잔털이 났으며, 늦여름에 황색 꽃이 핌. 덩이줄기는 사료나 알코올의 원료로 씀.
74. 마-파람/앞-바람: 뱃사람들의 은어로, '남풍'을 이르는 말

75. 매갈이/매조미 : 벼를 매통에 갈아서 왕겨만 벗기고 속겨는 벗기지 아니한 쌀을 만드는 일
76. 먹-새/먹음-새 : 음식을 먹는 태도.
77. 멱통/산-멱/산-멱통 : 살아 있는 동물의 목구멍
78. 물부리/빨부리 : 담배를 끼워서 빠는 물건
79. 성글다/성기다 : 물건의 사이가 배지 않고 뜨다.
80. 신주-보/독보(褓) : 예전에, 신주를 모셔 두는 나무 궤를 덮던 보.
81. 알은-척/알은-체 : '어떤 일에 관심을 가지는 듯한 태도를 보임', '사람을 보고 인사하는 표정을 지음'이라는 뜻
82. 언덕바지/언덕배기 : 언덕의 꼭대기
83. 책씻이/책거리 : 글방 따위에서 학생이 책 한 권을 다 읽어 떼거나 다 베껴 쓰고 난 뒤에 선생과 동료들에게 한턱내는 일
84. 추어-올리다/추어-주다/ 추켜올리다, 치켜올리다 : 실제보다 과장되게 칭찬하다.
85. 파자-쟁이/해자-쟁이 : 점치는 이
86. 남사스럽다/남우세스럽다 : 남에게 놀림과 비웃음을 받을 만한 데가 있다.
87. 등물/목물 : 상체를 굽혀 엎드린 채로 다른 사람의 도움을 받아 허리에서부터 목까지 물로 씻는 일.
88. 휭하니/휭허케 : 지체하지 않고 매우 빨리 가는 모양.
89. 야멸차다/야멸치다 : 남의 사정을 돌보지 않고 제 일만 생각하다.
90. 구안와사/구안괘사 : 입과 눈이 한쪽으로 쏠리어 비뚤어지는 병.
91. 애면글면 : 몹시 힘에 겨운 일을 이루려고 갖은 애를 쓰는 모양
92. 인두겁 : 사람의 형상이나 탈
93. 희떱다 : 1) 행동이나 말이 실속이 없고 매우 거만하고 건방지다.
            2) 속은 텅텅 비어 있어도 겉으로는 호화롭다. 3) 한 푼 없어도 손이 크며 마음이 넓다.
94. 가멸다 : 재산이 많다. 살림이 넉넉하다.
95. 벼훑이 : 벼의 알을 훑는 농구
96. 굽도리 : 방 안 벽의 밑 부분.
97. 무녀리 : 1) 한배의 새끼 중에서 맨 먼저 태어난 새끼. 2) <속> 말과 행동이 좀 모자라서 못난 사람의 비유.
98. 끌탕 : 속을 태우는 걱정.
99. 잗주름 : 옷 등에 잡은 잔주름.
100. 실쭉하다 : 1) 한쪽으로 실그러져(비뚤어져) 있다. 2) 싫어서 한쪽으로 비켜서려는 태도가 있다.
101. 실큼하다 : 싫은 생각이 있다.
102. 더펄이 : 성미가 침착하지 못하고 덜렁대는 사람.
103. 얼루기 : 얼룩얼룩한 점이나 무늬. 또는 그런 점이나 무늬가 있는 짐승이나 물건.
104. 상없다 : 보통의 이치에서 벗어나 막되고 상스럽다.
105. 바장이다 : 부질없이 짧은 거리를 왔다 갔다 하다.
106. 자리끼 : 자다가 마시기 위해 잠자리의 머리맡에 두는 물.
107. 사달 : 사고나 탈.
108. 아귀다툼 : 1) <속> 말다툼. 2) 서로 헐뜯고 기를 쓰며 다투는 일.
109. 온새미로 : 가르거나 쪼개지 않고 생긴 그대로.
110. 모꼬지 : 놀이·잔치 또는 그 밖의 일로 여러 사람이 모임.
111. 지청구 : 1) 꾸지람. 2) 까닭 없이 남을 탓하고 원망함.
112. 짜장 : 참. 과연.
113. 국으로 : 제 생긴 그대로. 또는 자기 주제에 알맞게.

114. 시망스럽다 : 몹시 짓궂은 데가 있다.
115. 바야흐로 : 이제 한창. 이제 막.
116. 시쁘다 : 마음에 차지 않아 시틋하다.
117. 하릴없다 : 1) 어떻게 할 도리가 없다. 2) 조금도 틀림이 없다.
118. 귀살쩍다 : 일이나 물건 따위가 마구 뒤얽혀 정신이 뒤숭숭하거나 산란하다.
119. 앙바틈하다 : 짤막하고 딱 바라져 있다.
120. 쌩이질 : '씨양이질'의 준말. 한창 바쁠 때 쓸데없는 일로 남을 귀찮게 하는 짓.
121. 쏘개질 : 있는 일 없는 일을 얽어서 몰래 일러바치어 방해하는 짓.
122. 해망쩍다 : 총명하지 못하고 아둔하다.
123. 맵자하다 : 모양이 제격에 어울려서 맞다.
124. 옹골지다 : 실속 있게 꽉 차다.
125. 저어하다 : 두려워하다.
126. 생때같다 : 아무 탈 없이 멀쩡하다. 공을 많이 들여 매우 소중하다.
127. 용트림 : 거드름을 피우느라고 짐짓 크게 힘을 들여 하는 트림.
128. 데생기다 : 생김새나 성품의 됨됨이가 완전하게 이루어지지 못하여 못나게 생기다.
129. 보늬 : 밤이나 도토리 따위의 속껍질.
130. 드팀전 : 예전에, 여러 가지 피륙(=천)을 팔던 가게.
131. 골막하다 : 그릇에 거의 차 있다.
132. 열없다 : 1) 조금 겸연쩍고 부끄럽다. 2) 성질이 다부지지 못하고 묽다. 3) 담이 작고 겁이 많다.
133. 시나브로 : 모르는 사이에 조금씩.
134. 푼푼하다 : 1) 모자람이 없이 넉넉하다. 2) 옹졸하지 않고 활달하며 너그럽다.
135. 미쁘다 : 믿음직하다. 미덥다.

박혜선

주요 약력

고려대학교 국어국문학과 최우수 수석 졸업
고려대학교 국어국문학과 심화 전공
고려대학교 국어국문학과 중등학교 정교사 2급 자격증
前) 대치, 반포 산에듀 온라인 오프라인 최연소 대표 강사
現) 박문각 공무원 국어 1타 강사

주요 저서

2024 박문각 공무원 입문서 시작! 박혜선 국어
박혜선 국어 기본서 출좋포 문법
박혜선 국어 기본서 출좋포 문학
박혜선 국어 기본서 출좋포 어휘·한자
박혜선 국어 기본서 출좋포 독해
박혜선의 콤팩트 어문규정
박혜선 국어 문법 출.좋.포 80
박혜선의 고전 운문 완전 격파
박혜선의 신기록 문법 기출
박혜선의 신기록 문학 기출
박혜선의 콤팩트한 단원별 문제 풀이(문법 편)
박혜선의 콤팩트한 단원별 문제 풀이(독해 편)
박혜선의 ALL IN ONE 문법의 왕도
박혜선의 ALL IN ONE 문학의 왕도
박혜선의 ALL IN ONE 한자의 왕도

박혜선 국어
亦功 기본서
출좋포 어휘·한자

초판발행 | 2023. 7. 25. **2쇄발행** | 2023. 11. 10. **편저자** | 박혜선 **발행인** | 박 용 **발행처** | (주)박문각출판
등록 | 2015년 4월 29일 제2015-000104호 **주소** | 06654 서울시 서초구 효령로 283 서경 B/D 4층
팩스 | (02)584-2927 **전화** | 교재 주문·내용 문의 (02)6466-7202

저자와의
협의하에
인지생략

이 책의 무단 전재 또는 복제 행위를 금합니다.

정가 19,000원　ISBN 979-11-6987-374-1
　　　　　　　　ISBN 979-11-6987-371-0(세트)

* 본 교재의 정오표는 박문각출판 홈페이지에서 확인하실 수 있습니다.